COMPRENDRE ET PRÉVENIR LES ÉCHECS SCOLAIRES

GABRIEL WAHL
CLAUDE MADELIN-MITJAVILE

COMPRENDRE ET PRÉVENIR LES ÉCHECS SCOLAIRES

Odile Jacob

15, RUE SOUFFLOT, 75005 PARIS

www.odilejacob.fr

ISBN 978-2-7381-1991-9

À Cyrielle, Clément, François-David et Matthieu

INTRODUCTION

Laissez mûrir l'enfance

L'échec scolaire représente le motif de consultation le plus fréquent en pédopsychiatrie. Ces consultations témoignent de la reconnaissance implicite de la possibilité d'une origine médico-psychologique des difficultés scolaires, mais révèlent aussi l'inquiétude grandissante face à la compétition scolaire. Médecins généralistes et pédiatres sont également de plus en plus sollicités par les parents et les enseignants. La constatation qu'il existe un lien entre l'échec scolaire et un trouble tel que, par exemple, une dyslexie, une hyperactivité ou un syndrome anxio-dépressif ne récuse en rien l'importance des facteurs socio-culturels ou pédagogiques. Depuis plusieurs décennies, la réalité d'une vulnérabilité affective et cognitive associée à des facteurs d'environnement dans la genèse des difficultés scolaires a été maintes fois établie. Mais chaque communauté de pensée ou de recherche reste sur son quant à soi. Les sociologues soupçonnent les médecins de cautionner les injustices sociales par les inégalités biologiques. Les pédagogues s'inquiètent d'une emprise de la psychologie ou de la psychiatrie sur leur discipline. L'idée que tout élève en difficulté devrait bénéficier d'un bilan médical et psychologique se heurte parfois à la crainte d'une « médicalisation » ou d'une « psychiatrisation » de l'échec scolaire. Tous ces slogans moralisateurs concourent finalement autant que les obstacles sociaux et culturels à l'inégalité dans l'accès aux soins. S'il existe en effet une correspondance entre la faiblesse des revenus parentaux et l'échec scolaire, il faut savoir que ce gradient de discrimination s'exerce plus encore dans l'accès à une consultation de pédopsychiatrie : on consulte d'autant plus précocement que le niveau socio-économique est élevé, notamment parce que l'accès aux consultations publiques (centres médico-psychologiques et centres médico-pédagogiques) relève souvent d'un parcours très endurant. Il faut souvent six mois, parfois même plus d'une année, pour obtenir un premier rendez-vous.

La lutte contre l'échec scolaire commence par le dépistage précoce des troubles dont les premiers signes cliniques peuvent apparaître dès les premières années de scolarité. Les enseignants sont en première ligne pour informer les parents et conseiller consultations et bilans. La démarche diagnostique suivie de la décision thérapeutique est tout aussi importante. Nous insistons face à toute difficulté scolaire pérenne sur la nécessité d'un bilan complet. Le danger serait de privilégier soit l'approche neurocognitive, soit l'approche affective. La compréhension de toute situation d'échec scolaire devrait être multidisciplinaire ou plus précisément « multi-idéologique ». La psychiatrie de l'enfant ne représente pas la spécialité médicale où les antagonismes conceptuels s'expriment le plus paisiblement. Pour simplifier, on peut désigner deux grandes « écoles de pensée » : pour nombre de pédopsychiatres ou psychologues français, les théories de Freud sont la principale référence. Ils donnent de l'échec scolaire une explication psycho-familiale et proposent (parfois sans l'expliciter) psychanalyse ou « psychothérapie d'inspiration analytique ». Nous pensons, pour notre part, que la psychiatrie est une spécialité médicale à l'interface de la psychologie et de la biologie. Tous les échecs scolaires ne relèvent pas d'une souffrance familiale ou sociale, et la pratique des psychothérapies ne doit être exclusive d'aucune autre approche. Un bilan diagnostique complet devrait idéalement inclure l'examen pédiatrique, pédopsychiatrique, orthophonique, psychomoteur, neuropsychologique et psychologique. La fiabilité du diagnostic dépend de la capacité des spécialistes à travailler de concert, à additionner leurs compétences et à confronter leurs croyances. Proposer à tout enfant en échec scolaire une psychothérapie passe-partout alors qu'aucun bilan n'a été réalisé, aucun diagnostic formulé et aucun objectif clairement défini correspond à une « tradition » qui ne peut aider l'enfant ni sur le plan scolaire ni même sur le plan affectif.

L'accompagnement de l'enfant au quotidien, incombe essentiellement aux parents mais aussi aux enseignants. Assigner à un enfant un diagnostic de trouble du langage, d'anxiété ou de dépression ne peut définir toute une personnalité. Il est tout aussi important de se demander comment un enfant vit sa scolarité, comment il affronte ses conflits et ses tourments, comment il se perçoit dans sa fratrie, sa famille ou avec ses pairs… Il importe de l'aider à se délivrer de ses troubles, mais un enfant doit exister au-delà des symptômes médicaux et des bulletins scolaires.

Les parents ne sont pas des pédagogues. Dans plus de huit cas sur dix, les mères (oui ! plus souvent que les pères) déplorent les conflits inévitables avec leur enfant lorsqu'il est question de travailler, les cahiers à peine ouverts. Travail est alors synonyme d'insatisfaction, d'incapacité ou de colère, autant de sentiments qui ne peuvent donner le goût de l'école. Le suivi scolaire doit rester la mission des parents, mais non devenir une « obsession scolaire ». Dès lors qu'il devient source de conflit ou apparaît comme l'enjeu affectif dominant de la vie familiale, il semble utile de partager le contrôle du travail scolaire avec un enseignant, un « psy » ou tout autre adulte sans lien affectif familial.

Tout enfant est confronté quotidiennement à la compétition scolaire. Le statut de mauvais élève peut rapidement affecter le regard qu'il porte sur lui-même, ses sentiments et donc sa manière d'être au monde. Il risque de s'enfermer dans un système de pensées négatives, de démotivation et d'émotions douloureuses, entraîné alors dans une spirale d'échec. Les parents peuvent atténuer ces pensées d'autodépréciation et permettre à l'enfant d'acquérir confiance et estime de soi. Les décisions prises par l'école puis lors de consultations et bilans laissent peu de place à son libre arbitre. Toute situation dans laquelle il pourra décider, organiser et fournir un effort librement consenti est une expérience positive. Si ce n'est la priorité de l'école, que ce soit celle des parents ! Cultivons en lui l'énergie, le plaisir d'agir et le désir de découvrir, afin qu'il puisse progressivement prendre sa vie en main. La scolarité exige un certain conformisme. Acceptons, voire privilégions, ce qui peut le différencier. Aidons-le à trouver son individualité. Kant, essentiellement connu pour ses grands ouvrages philosophiques, s'est intéressé à la pédagogie. Influencé par l'*Émile* de J.-J. Rousseau, il a donné des cours de pédagogie et notamment les « Réflexions sur l'éducation ». Il y reprend certaines maximes dont il dit qu'elles sont la base de l'éducation morale. Plus de deux siècles plus tard, certaines d'entre elles peuvent toujours être mises en exergue de toute éducation : « Laissez mûrir l'enfance dans les enfants. La nature veut que les enfants soient enfants avant que d'être des hommes. Si nous voulons pervertir cet ordre, nous produirons des fruits précoces qui n'auront ni maturité ni saveur… » Tout enfant a besoin d'espaces de liberté. Évitons les punitions et les jugements trop sévères qui ne peuvent que démotiver et ne renonçons jamais à l'encourager ou le féliciter. L'éducation de tout enfant doit viser à le rendre autonome et responsable. L'enfant n'y parviendra qu'au prix d'une présence parentale vigilante. Il est vrai qu'il est difficile de trouver la juste mesure entre l'exigence indispensable du respect de certaines règles et l'acceptation de paroles ou comportements parfois peu conformes. Mais accepter n'est pas démissionner. Seule une autorité authentique qui laisse place à la communication permet l'accès à la liberté. Culpabilité, troubles de l'estime de soi sont des fardeaux que beaucoup d'adultes portent depuis leur enfance à la suite d'incompréhensions et d'échecs.

Pour nombre des chapitres que nous développons dans ce livre, nous parlerons aussi de biologie du cerveau, de génétique, de tests diagnostiques, de bilans neuropsychologiques, de psychomotricité, ainsi que de thérapies cognitives, comportementales éducatives et médicales. La psychiatrie et la psychologie sont des spécialités imparfaites qui méritent plus de prudence et de modestie que de certitudes et d'idéologies. Nous espérons avec ce livre n'avoir ni sacrifié aux premières ni succombé aux secondes.

CHAPITRE PREMIER

Les troubles spécifiques des apprentissages : troubles du langage, dyslexies, dyscalculies, dyspraxies

Dans le langage courant et littéraire, « trouble » évoque tout événement qui perturbe l'ordre, la paix ou les sentiments : « Un je-ne-sais-quel trouble empoisonne ma joie. » (*Esther*, Racine.) Dans le langage scientifique et médical, un trouble est une modification pathologique des activités de l'organisme ou du comportement de l'être vivant, encore appelé dysfonctionnement.

Ce dont il va être question ici, les troubles spécifiques du langage, les dyslexies, les dyscalculies, les dyspraxies, correspond effectivement à un dysfonctionnement du développement linguistique ou psychomoteur. Ceci justifie le concept de « troubles spécifiques des apprentissages » ou « TSA », terme médical adopté par le monde enseignant depuis plus de vingt ans. Dans les écoles publiques notamment, à la suite de la circulaire du 10 avril 1990, ont été mis en place les RASED* (réseaux d'aides spécialisées aux élèves en difficultés), dont la fonction est de dépister les TSA et d'y répondre par des « besoins pédagogiques spécifiques ».

---

* Les mots suivis d'un astérisque renvoient au glossaire et à la liste des sigles situés en fin d'ouvrage.

Ces *troubles* d'origine neurophysiologique sont donc à différencier des *difficultés d'apprentissage*, traduction des « *learning disabilities* » qui incluent les dimensions psychologique, pédagogique, socioculturelle et familiale. Mais nous parlons ici des troubles spécifiques d'apprentissage : le projet thérapeutique est alors élaboré par les professionnels de la santé en articulation avec les équipes pédagogiques.

Dix à 12 % des enfants scolarisés présentent des troubles spécifiques d'apprentissage.

Ces troubles sont répertoriés par l'Organisation mondiale de la santé dans les classifications internationales des maladies et problèmes de santé. Ils ont également fait l'objet d'un rapport du ministère de l'Éducation nationale publié en juillet 2000, afin d'améliorer le *dépistage* et la *prise en charge* des enfants concernés.

La définition de ces troubles est la suivante : « Ensemble hétérogène de troubles causés par une dysfonction, détectée ou non du système nerveux central, mais n'ayant pas pour origine un handicap visuel, auditif ou moteur, une arriération mentale, un trouble affectif ou un milieu défavorisé. » Il ne faut pas se méprendre sur le terme de dysfonction qui ne signifie pas lésion cérébrale mais défaut de maturité neurologique. Par définition, ces troubles ne sont pas liés à un problème relationnel ou socioculturel. Ils entraînent une altération des modalités d'apprentissage dès les premiers stades du développement et entravent les acquis scolaires, conduisant le plus souvent l'enfant à l'*échec scolaire.*

Nous distinguons :

– les *troubles spécifiques du développement du langage* ;

– les *dyslexies, dysorthographies* ou troubles de l'acquisition de la lecture, de l'orthographe ;

– les *dyscalculies* ou troubles de l'acquisition de l'arithmétique ;

– les *dyspraxies* ou troubles des habiletés motrices, de l'acquisition de la coordination.

Ces troubles peuvent être associés. Il n'est pas rare qu'un enfant dyspraxique présente une dyscalculie. Un enfant dyslexique peut également souffrir d'un trouble déficitaire de l'attention avec ou sans hyperactivité.

Ces troubles auront souvent des conséquences psychologiques et peuvent induire des *troubles du comportement.* C'est ainsi qu'évoluent des états dépressifs, des conflits avec le milieu familial, masquant parfois les TSA qui en sont l'origine. Il est donc *essentiel d'en faire un dépistage précoce,* afin de mettre en place une prise en charge spécifique, un suivi de l'enfant et de sa famille et de collaborer avec l'école. Par exemple, les enfants ayant des troubles du langage non traités sont en échec scolaire après deux à trois ans de scolarité. De même, les enfants dyslexiques non rééduqués risquent de devenir des adultes illettrés, très exposés au chômage.

Les TSA ne doivent en aucun cas être assimilés à des handicaps nécessitant une éducation spécialisée. La politique actuelle tend au maintien et à l'intégration dans le milieu scolaire ou à la création de classes proposant une pédagogie spécifique au sein des écoles ou des collèges.

Nous allons donner la définition de chacun de ces TSA, l'illustrer par un « cas clinique », décrire les signes qui doivent permettre aux parents ou enseignants de le dépister, présenter les moyens de diagnostic par les professionnels, médecins ou paramédicaux, conseiller les parents et proches, aborder les différents traitements.

Les troubles spécifiques du développement du langage oral

La maîtrise du langage oral est fondamentale pour le développement harmonieux de l'enfant et sa réussite scolaire. Depuis 2002, les programmes scolaires donnent la priorité à l'apprentissage du langage oral et écrit, dès l'école maternelle jusqu'à la fin du cycle élémentaire. De nombreuses mesures ont été prises pour repérer les enfants qui souffrent d'un trouble spécifique du développement du langage.

Leur fréquence est estimée à environ 5 % de la population d'âge scolaire, deux à trois fois plus chez les garçons que chez les filles.

Appelés aussi troubles de la communication, ils sont définis par l'OMS comme des troubles dans lesquels « les modalités normales d'acquisition du langage sont altérées dès les premiers stades du développement. Ces troubles ne sont pas directement attribuables à des anomalies neurologiques, des anomalies anatomiques de l'appareil phonatoire, des altérations sensorielles, un retard mental ou des facteurs de l'environnement. Ils s'accompagnent souvent de problèmes associés, tels que des difficultés de la lecture et de l'orthographe, une perturbation des relations interpersonnelles, des troubles émotionnels et des troubles du comportement ».

Histoire de Gaspard

Gaspard, tout juste âgé de 7 ans, consulte à la demande de l'orthophoniste qui le suit depuis l'âge de 4 ans, à raison de deux séances hebdomadaires, pour un *retard de parole et de langage*. L'orthophoniste souhaite un avis médical, constatant que les progrès sont lents. Gaspard est en CP, les premiers apprentissages scolaires sont difficiles en lecture, en orthographe et en calcul. Le père assure chaque soir le suivi scolaire de son fils, avec toute la bienveillance et la patience souhaitables. La relation avec la mère est encore fusionnelle, Gaspard fait appel à elle à la moindre occasion, pour s'habiller, lors des repas, « pour gagner du temps », s'empresse-t-elle d'ajouter. Dès le mois de novembre, soit après deux mois de CP, Gaspard s'est plaint régulièrement de maux de ventre le matin au réveil, manifestant le désir de rester à la maison. Les parents n'ont jamais cédé. Devant la persistance des troubles physiques, ils ont consulté le pédiatre qui a éliminé toute maladie et a conseillé un suivi psychologique. Deux entretiens mensuels lui ont permis un meilleur contrôle de ses manifestations anxieuses.

L'entretien ne retrouve aucun antécédent médical notoire. Le père, évoquant sa scolarité, se souvient de difficultés d'apprentissage de lecture. Il subsiste une orthographe approximative. Le frère aîné, âgé de 13 ans, est suivi depuis cinq ans pour une dysorthographie sévère sans atteinte du langage oral.

Pour ce qui est du développement de Gaspard, il a marché à 15 mois, dit ses premiers mots vers 18 mois. Dès la première année de maternelle, l'enseignante a alerté la famille constatant un décalage avec les autres enfants pour le langage et le graphisme. Au cours de la deuxième année de maternelle, l'institutrice a conseillé avec insistance de consulter une orthophoniste qui a diagnostiqué un retard de parole et de langage, mettant en place une rééducation deux fois par semaine. Un *audiogramme* a été réalisé, comme il se doit, afin d'éliminer une surdité ou une hypoacousie.

Lorsque je m'adresse à Gaspard pour le questionner sur ses jeux préférés, ses copains, je remarque aussitôt un langage pauvre avec des simplifications phonétiques, il devient vite mal à l'aise, regardant sans cesse sa mère, espérant qu'elle répondra pour lui. Je m'abstiens de le faire lire, pour éviter de le mettre en situation d'échec, et lui propose de dessiner, mais le graphisme n'est pas son fort, je n'insiste pas.

Un bilan psychologique et psychomoteur est demandé afin d'explorer l'ensemble des fonctions cognitives de Gaspard.

Les tests psychologiques mettent en évidence des capacités globales normales, mais un décalage très important entre les épreuves verbales et celles plus concrètes, dites de performance. La psychologue ne trouve ni troubles anxieux majeurs ni éléments dépressifs, mais une immaturité liée en partie à un manque de confiance en lui.

Le bilan psychomoteur décèle un retard d'environ deux ans pour de nombreuses épreuves : schéma corporel, organisation spatiale, graphisme, latéralité. Des troubles de l'attention apparaissent au cours de certains tests.

Afin de ne pas surcharger Gaspard de différentes rééducations qui favoriseraient une dispersion et une assistance trop importantes, il est décidé d'intensifier le rythme des séances d'orthophonie et de passer à trois séances hebdomadaires, ce que Gaspard accepte très volontiers. Sa relation est très bonne avec l'orthophoniste ; il comprend l'intérêt de cette aide. Par ailleurs, je demande à Gaspard de choisir une activité physique qui pourrait lui plaire : il évoque le judo, qu'il poursuivra plusieurs années en étant assez performant.

Un contact est pris avec l'école, en accord avec la famille afin d'informer l'enseignante des différents bilans et conclusions.

Gaspard a suivi plusieurs années de rééducation orthophonique, il a souhaité arrêter le suivi psychologique après un an de séances bimensuelles. Il a redoublé le CE2, fait un CM2 dans une école à petits effectifs. Il est actuellement en 6e dans un collège privé dans lequel il a suivi une année dite de 6e préparatoire. Il exprime clairement un désir d'autonomie, entretient de bonnes relations avec les autres jeunes de son âge. Il n'a probablement pas une estime de soi optimale, mais ne présente pas de troubles psychologiques sévères. L'orthophoniste lui propose maintenant des séances de gestion mentale, ce qui est pour lui très motivant.

➤ *Comment dépister un trouble du langage ?*

Les troubles du langage sont isolés ou peuvent révéler de nombreuses pathologies, déficiences intellectuelles, psychoses ; aussi est-il important d'en faire le dépistage précoce pour un diagnostic précis.

Le développement du langage procède par étapes successives qu'il est assez facile de repérer, avec des variantes d'âge d'acquisitions selon les enfants. Chez l'enfant normal, on distingue :

- Dès le 1er mois, le babil, fait de sons non spécifiques, suivi, vers les 6e-8e mois de l'apparition des sons du langage sous forme d'exclamations et onomatopées, l'enfant répondant à l'adulte par une succession de sons assez homogènes. Une période de silence peut suivre, avant que n'apparaissent :
- Les premiers mots, vers 12 mois, puis vers 18 mois, les mots phrases : « papa pati, pas dodo. » Le nombre de mots va s'accroître, avec apparition d'énoncés de négation, interrogation. Le « parler bébé », marqué par des simplifications articulatoires, syntaxiques peut persister jusqu'à 3-4 ans.

- Entre 3 et 5 ans, l'enfant accède au langage adulte par l'introduction du « je » ainsi que par l'enrichissement quantitatif et qualitatif avec une organisation syntaxique de plus en plus précise.

  Lorsque le développement du langage s'écarte nettement de ces étapes, babil pauvre, persistance d'un jargon, absence de réaction aux bruits, reconnaissance limitée des objets, les parents doivent consulter un *pédiatre* ou un *pédopsychiatre*. De même, un comportement trop passif ou au contraire très agité avec de fortes colères peut être révélateur d'un trouble du langage.

La consultation médicale commence toujours par l'histoire de l'enfant, son développement, ses antécédents médicaux, ainsi que ceux de la famille. Doivent être recherchés systématiquement d'éventuelles difficultés durant la grossesse ou l'accouchement, des antécédents de pathologie du langage parmi les membres de la famille proche.

Des outils de repérage des troubles du langage à l'usage des médecins sont disponibles depuis quelques années, permettant non pas un diagnostic précis, mais une suspicion, qui doit alors faire consulter un *orthophoniste*. Deux batteries de tests sont utilisables par les professionnels de la santé : l'ERTL 4 qui explore les capacités langagières des enfants de 3 ans et 9 mois à 4 ans et 6 mois, l'ERTL 6 qui s'adresse aux enfants de 6 ans et évalue les prérequis du langage écrit. Le premier examen à conseiller devant tout retard de développement du langage est un audiogramme.

Le retentissement d'un trouble du langage sur la scolarité peut être tel que de nombreux enseignants et spécialistes de l'éducation se sont intéressés aux premières acquisitions langagières. Un plan d'action a été mis en place par le ministère de l'Éducation nationale concernant essentiellement le dépistage précoce. C'est ainsi que, depuis une dizaine d'années, des tests de dépistage précoce des troubles du langage sont à la disposition des écoles maternelles. Le questionnaire de Chevrie-Müller permet de repérer les enfants à risque en petite section de maternelle, sans pouvoir porter un diagnostic qui serait prématuré. Un bilan doit alors être fait par une orthophoniste afin de préciser et évaluer les déficits éventuels. L'avantage de la précocité d'un dépistage est de pouvoir apporter un soutien à une période où la plasticité cérébrale est optimale : le cerveau de l'enfant jeune répond mieux à certaines stimulations, est plus apte aux compensations.

En grande section de maternelle, la batterie de dépistage BSEDS (Bilan de santé évaluation du développement pour la scolarité 5 à 6 ans) permet d'explorer le langage et la perception visuo-spatiale. Elle propose pour les enfants moins performants des exercices d'entraînement par petits groupes.

Le bilinguisme

Contrairement à ce qui a été affirmé pendant des années, le bilinguisme ne doit plus être considéré comme une cause éventuelle de trouble du langage. Le « handicap bilingue » est un mythe, répètent les linguistes. Toutefois, chez les enfants de migrants, les variables familiales et socio-économiques interfèrent avec l'acquisition de la langue seconde et le maintien d'un bon niveau de la langue maternelle. Privilégier la langue seconde au détriment de la langue maternelle serait à l'origine d'échecs scolaires. Conseiller l'abandon de la langue maternelle au sein de la famille est une erreur. C'est ainsi que certains enfants s'isolent dans un mutisme par perte totale de leurs repères.

La prudence s'impose avant de diagnostiquer un trouble du développement du langage. L'évaluation du niveau de développement doit se faire dans les deux langues, ce qui demande le plus souvent l'intervention d'un interprète. Un trouble dépisté dans la langue maternelle implique un trouble dans la langue seconde alors qu'un retard d'acquisition de la langue seconde n'est pas révélateur d'un trouble dans la langue maternelle. Chez les enfants présentant des troubles du langage, les recherches les plus récentes tendent à prouver que l'utilisation de la langue maternelle permet une assimilation plus rapide des premiers apprentissages scolaires. Au Canada, des « para-éducateurs » de même origine que les élèves interviennent dans les classes et obtiennent, semble-t-il, des résultats probants.

➤ *Qui établit le diagnostic ?*

L'orthophoniste dispose d'un grand nombre de tests qui lui permettent de faire le diagnostic de pathologie du langage et de spécifier le type de trouble dont l'enfant souffre.

Plusieurs types de troubles du langage existent. On distingue :

- *Le trouble phonologique et/ou le trouble spécifique d'acquisition de l'articulation* : les capacités d'articulation sont inférieures aux normes, l'expression et la compréhension se situent dans les normes à deux écarts types près. Ce trouble, s'il est isolé, n'entraînera pas de difficultés scolaires durables.
- *Le trouble de l'acquisition du langage de type expressif* : les difficultés portent essentiellement sur le vocabulaire, la syntaxe, l'utilisation des temps. Il n'y a pas, le plus souvent, de problème de compréhension.
- *Le trouble de l'acquisition du langage de type réceptif* : le déficit porte essentiellement sur la compréhension du langage.
- *Le trouble du langage réceptif-expressif ou dysphasie* : le déficit porte sur l'expression et la compréhension. Les formes sévères sont repérables dès l'âge de 2 ans, l'enfant ne pouvant émettre de sons vers l'âge de 20 mois. L'enfant se présente parfois comme un sourd. Les troubles auditifs doivent bien sûr être écartés par l'audiogramme. Les manifestations cliniques des dysphasies sont très variées, mais on retrouve toujours :
  – un déficit des deux versants du langage, expression et compréhension, avec cependant un désir de communiquer ;
  – d'autres troubles associés : mauvaise coordination, troubles de l'organisation spatiale et parfois temporelle, troubles mnésiques portant sur la mémoire à court terme, troubles de l'attention-concentration avec ou sans hyperactivité.

Sur le plan scolaire, l'enfant dysphasique se trouve rapidement en situation d'échec. Toutefois, en mathématiques, les erreurs portent sur les noms des nombres complexes, leur transcription, alors que les techniques opératoires peuvent être comprises et parfaitement assimilées.

Le diagnostic étant fait, il est important de commencer la rééducation orthophonique.

D'autres bilans seront demandés : des tests psychologiques afin d'éliminer d'autres pathologies associées, telles qu'un retard mental ou un trouble grave de la personnalité, un bilan psychomoteur, pour explorer le graphisme, la motricité générale et fine.

➤ *Quels traitements proposer ?*

La rééducation orthophonique

Pratiquée par l'orthophoniste, sur ordonnance médicale, le rythme est souvent bihebdomadaire, mais variable en fonction de l'intensité des troubles et de la motivation de l'enfant. L'évaluation précise des troubles par les bilans permet d'établir un programme de rééducation individualisé.

Elle peut commencer dès l'âge de 3 ans (nous excluons ici les surdités pour lesquelles la rééducation bébé-parents commence dès les premiers mois) et va souvent durer plusieurs années. Elle consiste en exercices sur les sons, le vocabulaire, la syntaxe, exercices de mémorisation, de reconnaissance des sons… L'orthophoniste propose donc des activités choisies en fonction du type de difficultés observées dans les bilans, mais aussi en fonction de l'enfant, de son vécu. La relation rééducateur-enfant doit être harmonieuse, condition indispensable pour que l'enfant progresse.

Le suivi médical

Le médecin, lors de consultations régulières, une à deux fois par trimestre, poursuit le dialogue avec l'enfant. Il reste également très attentif aux réactions de l'entourage familial et scolaire. Certaines situations peuvent contribuer au maintien des troubles. La confiance en soi, l'estime de soi sont des facteurs déterminants pour la réussite ou l'échec des apprentissages. Toute personne intervenant auprès de l'enfant doit l'aider à être actif, comprendre et maîtriser au mieux ce qu'il doit faire pour progresser, ne pas subir et garder une bonne image de lui.

Après deux ou trois ans de rééducation, peuvent apparaître des phases de découragement, de mise en doute de l'efficacité du suivi, avec un sentiment d'échec de l'enfant, des parents. Il faut alors suggérer une « pause thérapeutique », sans l'imposer, en essayant de faire que l'enfant soit acteur dans la décision. Il ne doit pas se sentir prisonnier d'une prise en charge.

La guidance parentale consiste à soutenir les parents tout au long du parcours scolaire de leur enfant, parcours laborieux. Les parents ne doivent pas céder à la tentation du forcing scolaire ou des punitions injustifiées. Cette attitude ne fait que renforcer la situation d'échec. Le plus important est de trouver des moyens de valorisation de l'enfant, de motivation. La relation ne doit pas s'établir exclusivement autour des difficultés scolaires. Valoriser les parents est tout aussi nécessaire, ils se sentent facilement coupables de l'échec scolaire de leur enfant, réagissant alors par l'agressivité ou la résignation, attitudes très néfastes pour l'enfant.

La collaboration avec les *enseignants* est essentielle et fait partie de la prise en charge de tout enfant en situation d'échec scolaire, prise en charge toujours *pluridisciplinaire*. L'enseignant doit être informé des difficultés spécifiques de son élève et des traitements proposés. Tout contact est pris avec l'accord de la famille. Il est très utile au médecin et à l'orthophoniste d'avoir le point de vue de l'enseignant, de connaître non seulement les résultats scolaires, mais aussi le comportement de l'enfant en situation d'apprentissage scolaire. Le regard porté sur l'enfant par les enseignants détermine aussi en partie ses possibilités de progrès.

Lorsque les troubles du développement du langage sont sévères, certaines dysphasies par exemple, une pédagogie spécifique dans une classe ou école spécialisée peut améliorer le pronostic. Nous disposons aujourd'hui en France d'un certain nombre de structures scolaires adaptées à ces troubles du langage. Les associations de parents d'enfants souffrant de TSA ont largement contribué à la création de classes pour enfants dysphasiques, dyslexiques, etc. Dans les écoles publiques, l'enfant dysphasique peut bénéficier de programmes pédagogiques adaptés définis depuis septembre 2006 par le PPRE (programme personnalisé de réussite éducative) soit au sein de la classe, soit en collaboration avec le RASED : un maître spécialisé aide l'enfant deux ou trois fois par semaine individuellement, travaille en étroite collaboration avec l'enseignant.

➤ *Quelle évolution ?*

L'évolution est, bien sûr, fonction du trouble de langage, de son intensité, de l'existence ou non d'autres troubles associés.

S'il s'agit d'un trouble phonologique ou articulatoire, la rééducation est très efficace. Mais l'enfant peut être l'objet de moqueries de la part de ses pairs. Il est donc important de surveiller le comportement scolaire et d'intervenir par un soutien psychologique si nécessaire.

Le pronostic du trouble de langage de type expressif isolé dépend de l'intensité des déficits, de la motivation de l'enfant. Beaucoup acquièrent un langage normal, et peuvent avoir un cursus scolaire certes difficile mais d'évolution normale, sans orientation anticipée.

L'altération significative de la compréhension du langage chez certains dysphasiques est de pronostic moins favorable. Les troubles réceptifs majeurs sont un obstacle à l'accès au langage élaboré. Une orientation dans une classe à petits effectifs peut s'avérer alors nécessaire, voire dans une classe ou école spécialisée dès la scolarité primaire. Par la suite, une orientation vers un cycle court se fait dès la 5e ou la 3e. Un enseignement plus technique avec des stages professionnels est alors pour le jeune un moyen de se valoriser.

Comment dépister un trouble auditif

Toute déficience auditive bilatérale a pour conséquence un retard de développement du langage. Aussi est-il important de la dépister le plus tôt possible.

Quels sont les signes d'alerte pour les parents ?

À la naissance, l'observation du comportement du nouveau-né ne permet pas de suspecter une surdité, d'où l'importance du dépistage systématique. À 4 mois, les parents vigilants peuvent remarquer une absence de réaction aux bruits alors que l'enfant réagira au toucher. Ils le trouvent trop calme. À 9 mois, alors que l'enfant doit vocaliser et émettre plusieurs sons, l'absence de production de ces sons doit alerter, de même si, à 14 mois, l'enfant ne dit pas papa ou maman et ne répond pas à son prénom. À 2 ans, le plus souvent, il associe deux mots et montre les parties du corps que l'on nomme. À 3 ans, tout retard de développement du langage doit faire l'objet d'un examen audiométrique. Par la suite, dès l'âge de 5 ans et au-delà, l'enfant peut ne pas dire qu'il entend moins bien ou mal. La tendance à faire répéter et l'apparition de troubles du comportement tels qu'une agressivité ou une inhibition peuvent être des signes révélateurs.

Les examens de dépistage

Chez le nouveau-né, les tests avec stimulation sonore et enregistrement des réponses des réflexes archaïques font partie des explorations systématiques selon les circulaires ministérielles datant de 1977. Plus récemment, en septembre 2006, un groupe d'experts coordonné par l'Inserm a insisté de nouveau sur la nécessité du dépistage néonatal systématique grâce à des techniques fiables applicables dès les premiers jours de vie. À l'âge de 9 et de 24 mois, les tests utilisant alors des jouets sonores ou la voix chuchotée devraient être pratiqués chez le pédiatre. Lorsque ces tests ne sont pas satisfaisants, une consultation chez le médecin ORL s'impose pour un examen audiométrique précis, c'est-à-dire une étude et mesure de l'audition. Toute suspicion d'hypoacousie peut être confirmée par l'étude des potentiels évoqués auditifs réalisables dès la naissance : durant le sommeil obtenu par un sédatif léger, l'enregistrement des réponses électriques du nerf auditif lors de stimulations acoustiques d'intensité croissante renseigne sur le seuil auditif.

Quelles sont les causes d'hypoacousie ou de surdité ?

Il faut distinguer les surdités de perception par atteinte de l'oreille interne ou, plus rarement, des centres auditifs des surdités de transmission dues à une lésion de l'oreille externe ou moyenne. Les surdités de perception peuvent être bilatérales et sévères. Le diagnostic néonatal permet une prise en charge précoce qui peut limiter l'intensité du retard de langage. L'otite séreuse est la cause la plus fréquente des surdités de transmission entre 2 et 8 ans. L'examen du tympan suivi de l'évaluation de la pression de l'oreille moyenne ou tympanométrie permet d'en faire le diagnostic. Bouchons de cérumen, pathologie tumorale bénigne ou maligne, malformations sont d'autres causes possibles de surdité de transmission.

Les troubles spécifiques d'apprentissage du langage écrit ou dyslexies développementales

Si le mot dyslexie (du grec *dus* signifiant « mauvais » et *lexie* « lecture »), longtemps banni, est maintenant connu et accepté, voire utilisé à mauvais escient, il n'en reste pas moins que le diagnostic se fait encore trop souvent tardivement. L'illettrisme est la conséquence de dyslexies non dépistées donc non rééduquées, que l'on ne confondra pas avec l'analphabétisme, lié à une absence d'apprentissage, plus fréquent donc dans les pays où la scolarité n'est pas obligatoire.

Selon les études, la dyslexie développementale concerne 4 à 8 % des enfants d'âge scolaire (trois à quatre fois plus de garçons que de filles).

La dyslexie développementale est une *difficulté spécifique durable* d'apprentissage de la lecture chez des enfants qui ne présentent ni troubles sensoriels, ni handicaps moteurs, ni déficit intellectuel, ni trouble affectif. Il ne s'agit pas d'un simple retard d'acquisition de la lecture, mais d'*un trouble du développement linguistique* affectant les mécanismes de lecture. Ce trouble linguistique peut d'ailleurs également concerner le langage oral : 30 à 50 % des enfants dyslexiques ont un retard de langage.

➤ *Quelles sont les causes des dyslexies ?*

Plusieurs facteurs peuvent être à l'origine d'une dyslexie. Des antécédents familiaux de dyslexie sont retrouvés dans environ 50 % des cas, ce qui permet l'hypothèse d'une origine génétique. Le risque de dyslexie est également, comme pour tout trouble du langage, plus important en cas de prématurité ou dysmaturité (poids de naissance inférieur à ce qu'il devrait être par rapport au terme), ou complications durant la grossesse. Les hypothèses psychanalytiques invoquant le conflit œdipien susceptible d'inhiber le désir d'apprendre ne sont que spéculations. Des conflits affectifs peuvent perturber les apprentissages scolaires comme nous le verrons plus loin, mais les troubles alors constatés ne sont pas spécifiques. La fréquence de la dyslexie est la même quel que soit l'environnement socioculturel ; être issu d'un milieu défavorisé n'est pas une cause de dyslexie.

Histoire de Clémence

Clémence, âgée de 7 ans et 3 mois, est en CE1. Elle consulte à la fin du premier trimestre, ses parents s'inquiétant de ses résultats scolaires médiocres et des commentaires de l'institutrice assez péjoratifs : « Clémence est distraite, semble souvent absente, refuse parfois de faire les exercices écrits. Les cahiers sont peu soignés et le travail écrit est lent, alors qu'elle participe plus volontiers aux exercices oraux. Elle parvient à lire certains textes appris par cœur, mais ne peut en déchiffrer d'autres. » Depuis le mois d'octobre, elle souffre de maux de ventre, part moins volontiers à l'école et se plaint de difficultés d'endormissement. En reprenant l'histoire de Clémence depuis sa naissance, on constate que le développement psychomoteur a été normal ; aucun élément familial particulier n'est à signaler. Les années de maternelle se sont déroulées sans remarque inquiétante de la part des enseignants, si ce n'est, en troisième année un graphisme un peu maladroit. Tout au long du CP, la mère, chaque soir, a fait travailler sa fille en insistant sur l'apprentissage de la lecture et la mémorisation des mots. Les séances de travail étaient très conflictuelles, Clémence s'opposant, pleurant, mais, en fin d'année, le niveau de lecture semblait à peu près acquis. L'institutrice n'a fait que conseiller la révision du programme durant l'été, ce que les parents n'ont pas manqué de faire.

Je demande à Clémence de lire une page du livre de son choix. La lecture manque d'automatisme, interrompue par de nombreuses hésitations. Clémence s'agite sur sa chaise, je la sens mal à l'aise. La compréhension de ce qu'elle a lu est très approximative. Elle se perçoit comme « nulle », ce qui l'attriste et perturbe parfois ses relations avec ses camarades.

La situation scolaire de cette petite fille, l'apparition de quelques troubles du comportement, les commentaires de l'institutrice et un bref examen de lecture (qui devrait être systématique avec tout enfant) orientent vers le diagnostic de dyslexie. Un bilan pluridisciplinaire s'impose, à savoir un bilan orthophonique, un examen neuropsychologique et psychomoteur. Le premier pratiqué par une orthophoniste évaluera le niveau de langage oral et écrit, spécifiant le type de dyslexie et son intensité. Clémence présente une dyslexie moyenne, un retard d'acquisition du vocabulaire, un trouble de l'évocation (mot remplacé par un autre). Ses capacités intellectuelles évaluées par le psychologue sont normales, mais les différents tests ne sont pas homogènes, ce qui est assez fréquent chez les enfants dyslexiques. Les capacités mnésiques, d'orientation dans le temps et l'espace sont insuffisantes par rapport à son âge, ce qui justifie le bilan psychomoteur effectué par une psychomotricienne. Ce bilan confirme un léger retard dans la perception des rythmes, la représentation temporo-spatiale* et une latéralisation non homogène.

La synthèse de ce bilan complet conclut à l'indication d'une rééducation orthophonique à raison de deux séances par semaine dans un premier temps. En fonction de l'évolution, le rythme sera éventuellement réduit à une séance dans quelques mois, en associant alors une séance de psychomotricité. Je prévois de la revoir avec ses parents tous les deux mois afin de suivre l'évolution des signes d'anxiété et de son comportement.

➤ *Comment dépister les dyslexies ?*

Si le « dépistage enseignant » peut être initié dès les premiers signes précurseurs après quelques mois d'apprentissage de la lecture, le diagnostic médical ne peut être établi avec certitude avant la fin du CP.

Durant les années de maternelle, les parents doivent être vigilants au *développement du langage oral*. Un trouble majeur de structuration du langage tel qu'une dysphasie est facilement diagnostiqué, alors que des erreurs phonétiques, une mauvaise structuration des phrases, un vocabulaire restreint peuvent ne pas retenir l'attention. Ils sont cependant souvent prédictifs d'une dyslexie. Lors des premiers apprentissages de grande section de maternelle, d'autres difficultés peuvent être annonciatrices d'une dyslexie :

– mauvais repérage dans le temps : l'enfant ne sait pas raconter une histoire en images dans un ordre logique ;
– mauvais repérage dans l'espace : pas de distinction droite gauche, l'enfant ne peut reproduire des formes géométriques simples, est parfois maladroit, utilisant difficilement ciseaux, crayons, etc. ;
– mauvaise mémoire immédiate, c'est-à-dire difficultés à répéter une suite de mots ou chiffres immédiatement après qu'elle lui est énoncée ;
– lenteur marquée pour les tâches scolaires ;
– instabilité motrice avec troubles de l'attention-concentration (voir page 54).

Quelques réalisations que l'enfant doit réussir en fin de maternelle :
– écrire son nom ;
– dessiner un bonhomme complet ;

– reconnaître globalement quelques mots simples écrits ;
– copier certains mots.

Dès le CP, les signes évocateurs sont les suivants :
– l'enfant n'énonce pas les jours dans le bon ordre ;
– absence d'automatisme après six mois d'apprentissage, la lecture est hachée sans aucune intonation. L'enfant est vif à l'oral mais lent dès qu'il s'agit de lire ou d'écrire ;
– mauvaise compréhension de ce qui est lu ;
– erreurs de lecture systématiques et répétées malgré les corrections : il peut s'agir de confusions auditives : p-b, t-d, k-g, f-v, ch-f ; de confusions visuelles : b-d, p-q, p-t, m-n, ou-on ; d'omissions ou additions de consonnes (toi pour trois, crascade pour cascade…) ; d'inversions de lettres ou syllabes (bel pour blé…). Il peut s'agir essentiellement d'une mauvaise reconnaissance globale du mot avec confusions entre les petits mots du langage de base (articles, conjonctions), remplacements d'un mot par un autre de sens proche (symphonie pour orchestre, auto pour voiture).

Chez l'élève plus âgé, une dysorthographie est associée à une dyslexie ou peut exister isolément. La dysorthographie est une difficulté spécifique de la transcription portant sur l'orthographe des mots d'usage et sur l'orthographe grammaticale. Comme pour la lecture, les mêmes confusions auditives ou visuelles apparaissent, des ajouts ou omissions, des confusions d'homophones. Les erreurs portent sur les catégories grammaticales, les règles d'accord.

L'expression écrite est pauvre, comportant de nombreuses erreurs syntaxiques.

Un désintérêt progressif pour tout travail écrit pourra s'étendre à toute tâche scolaire en l'absence de diagnostic et de rééducation.

Tout changement de comportement dès les premières années de scolarité doit faire rechercher un trouble d'apprentissage et notamment une dyslexie.

Le dépistage à l'école

Depuis 1997, deux batteries de dépistage des troubles du langage oral et écrit à l'usage des professionnels de santé ont été élaborées par les services de santé scolaire de Grenoble. Le BSEDS56 (Bilan de santé évaluation du développement pour la scolarité 5 à 6 ans), que tout enfant de grande section de maternelle doit passer, permet le dépistage d'un trouble du langage ou le repérage d'un risque de dyslexie ultérieurement. L'ODEDYS (Outil de dépistage des dyslexies) est une batterie de tests conçue à l'usage des médecins, psychologues et orthophonistes pour le dépistage des enfants dyslexiques. Plusieurs épreuves sont proposées : épreuves de lecture (test de l'alouette et lecture de listes de mots et de pseudo-mots), épreuves d'orthographe, de mémoire et épreuves visuelles. Les résultats obtenus ne permettent pas un diagnostic. Ils doivent être confrontés aux résultats scolaires et aux informations recueillies auprès des parents sur les étapes du développement de leur enfant et leur milieu socioculturel. L'évaluation obtenue par l'ODEDYS doit mener si besoin à des examens complémentaires (bilan orthophonique, psychologique ou psychomoteur), pour un diagnostic précis. À l'heure actuelle, les enseignants de maternelle proposent de nombreux exercices de phonologie pour une meilleure préparation à l'apprentissage de la lecture.

Méthodes d'apprentissage de la lecture et dyslexie

Existe-t-il un lien de cause à effet ? Les mécanismes d'apprentissage de la lecture sont d'une telle complexité qu'il serait présomptueux actuellement de concevoir LA méthode la meilleure pour tous. L'Observatoire de la lecture, organisme qui dépend du ministère de l'Éducation nationale, rassemble des chercheurs, linguistes, neurologues et psychologues pour étudier différentes méthodes. Traditionnellement, il existe trois méthodes d'apprentissage de la lecture :

— la méthode syllabique propose un apprentissage progressif du déchiffrage de la lettre aux syllabes puis aux mots, puis aux phrases ;

— la méthode globale vise la compréhension globale du texte à partir de repères, puis la compréhension des phrases, puis celle des mots ;

— la méthode mixte propose l'utilisation des deux approches avec alternance des exercices. Cette méthode semble être la plus utilisée actuellement.

Il est étonnant que le 8 décembre 2005 le ministre de l'Éducation nationale ait annoncé la suppression de la méthode globale, ajoutant qu'elle est « l'une des causes fondamentales du non-apprentissage de la lecture ». Cette intervention n'a pas manqué de relancer le débat. Le secrétaire général du syndicat des enseignants a aussitôt réagi pour affirmer que la méthode globale a été « abandonnée depuis belle lurette ». Aucune étude scientifique n'a démontré le rôle de telle ou telle méthode de lecture sur l'incidence de la dyslexie. Ceci n'a rien de surprenant lorsque l'on sait qu'il existe plusieurs types de dyslexies. Les méthodes de rééducation peuvent être très différentes d'un enfant dyslexique à un autre.

➤ *Comment établir le diagnostic ?*

Tout médecin généraliste ou pédiatre devrait lors d'un examen pédiatrique prendre le temps de rechercher les signes prédictifs de dyslexie ou de faire lire et écrire l'enfant, et en cas de doute l'adresser à une orthophoniste pour un bilan de langage oral et écrit. Les médecins scolaires peuvent disposer d'épreuves de repérage des troubles du langage, ERTL, ainsi que les médecins de PMI. Il est vrai qu'un neuropédiatre ou pédopsychiatre est plus habilité à faire le diagnostic, à orienter vers les professionnels pour un bilan complet avant de mettre en place le suivi. La dyslexie est un trouble spécifique d'apprentissage rarement isolé. Aussi est-il indispensable de faire un examen médical et neuropsychologique* complet.

L'examen médical

Il commence par un entretien avec les parents à la recherche d'antécédents familiaux ou personnels périnataux. Comme tout examen médical, il retrace les différentes étapes du développement de l'enfant, et permet d'objectiver d'autres troubles éventuellement associés : troubles du développement du langage oral, troubles déficitaires de l'attention associés ou non à une hyperactivité, signes neurologiques mineurs traduisant l'immaturité de certaines fonctions cérébrales. Il est essentiel d'apprécier l'état général, l'*audition* et la *vision*, le comportement de l'enfant : la qualité du sommeil, les habitudes alimentaires ; se plaint-il de fatigue, de troubles somatiques divers ? A-t-il de bonnes relations avec les autres ? Comment se perçoit-il ? Nous verrons ultérieurement (voir « Le surmenage scolaire », page 110) qu'une bonne image de soi est déterminante pour parvenir à surmonter toute situation d'échec. Manque de confiance et autodévalorisation sont inhibiteurs ; tout effort reste infructueux. La plupart des études relatent que 70 % des dyslexiques souffrent de troubles psychologiques. Cet aspect sera, bien entendu, à prendre en considération dans la décision thérapeutique.

L'évaluation des facteurs dits extrinsèques* est également un temps important de cet examen, afin d'apprécier les caractéristiques du milieu familial et social et d'envisager les moyens thérapeutiques les plus adaptés.

Lors de ce premier entretien, le médecin demande à l'enfant de lire un texte court, d'écrire quelques phrases et regarde les cahiers ainsi que les appréciations de l'enseignant. Il pourra évoquer le diagnostic de dyslexie, prescrire alors un bilan orthophonique pour un examen du langage oral et écrit puis conseiller les examens nécessaires :

– psychomoteur si l'enfant est maladroit, ne se repère pas bien dans le temps, l'espace, a un mauvais graphisme, un retard de latéralisation, etc. ;
– bilan neuropsychologique* qui appréciera l'ensemble des compétences et déficiences ;
– tests de personnalité si les troubles psychologiques et du comportement sont importants.

Nous insistons sur la nécessité de ce premier *bilan pluridisciplinaire* qui, seul, permet une compréhension globale de l'enfant nécessaire pour lui apporter la meilleure aide.

Ce bilan pourra être complété par un examen visuel au moindre doute d'un déficit des capacités visuelles de l'enfant.

Dépistage des troubles visuels

Quinze à 20 % des enfants de moins de 6 ans présentent un trouble visuel. Le dépistage précoce est impératif ; en effet, certains troubles de la réfraction (hypermétropies et myopies) et les strabismes non traités risquent d'entraîner une amblyopie, c'est-à-dire une diminution uni- ou bilatérale de l'acuité visuelle. Les anomalies visuelles engendrent des problèmes d'apprentissage si elles ne sont pas traitées.

Le développement des fonctions visuelles se fait au cours des premières années de vie, raison pour laquelle la surveillance est essentielle avant l'âge de 3 ans. Le réflexe photomoteur est présent dès la naissance. Entre 2 et 4 semaines apparaît le réflexe de poursuite, à 3 mois le réflexe de convergence et de fixation sur un objet fixe. Entre 4 et 5 mois, la coordination regard-main apparaît. L'appréciation de l'acuité visuelle est possible dès l'âge de 2 ans.

Quels sont les signes évocateurs d'un trouble visuel ?

Une errance du regard, une indifférence visuelle, une incoordination oculaire sont des signes repérables par l'entourage, de même qu'un strabisme ou un nystagmus* ou toute anomalie de la pupille, de la cornée ou des conjonctives. Chez l'enfant plus grand, le comportement peut être révélateur : l'enfant se cogne, tombe fréquemment, il plisse les yeux, ne supporte pas les lumières vives.

Quels sont les examens de dépistage ?

Au cours de la grossesse, un premier examen est pratiqué par échographie. Des examens sont ensuite obligatoires au 8e jour, aux 4e, 9e et 24e mois pour rechercher un strabisme, un nystagmus ou un trouble de l'équilibre oculomoteur. Dès l'âge de 2 ans et demi, la mesure subjective de l'acuité visuelle est possible. Vers l'âge de 5 ans, l'Éducation nationale a rendu obligatoire un bilan visuel pratiqué par le médecin scolaire. Il est souhaitable que les parents y assistent ; ils peuvent pour cette circonstance demander une autorisation d'absence à leur employeur. Lorsque le médecin scolaire détecte un déficit visuel, il conseille alors une consultation auprès d'un ophtalmologiste et d'un orthoptiste pour des examens approfondis.

Le traitement d'une amblyopie est long : une rééducation orthoptique peut débuter dès l'âge de 2 ans et dure souvent plusieurs années. Le port de verres correcteurs est nécessaire même au-delà de la rééducation. Les pourcentages de guérison sont d'autant plus élevés que le traitement est précoce. En cas de strabisme simple sans amblyopie et de prise en charge dès l'âge de 2 ans, tout est en général normalisé avant l'âge de 5 ans, donc sans conséquence sur la scolarité.

Les troubles de la motricité oculaire fréquents chez les enfants souffrant d'une infirmité motrice cérébrale mais aussi chez certains enfants dyspraxiques (voir page 47) perturbent les apprentissages scolaires. Les troubles de la fixation du regard, les mauvais balayages visuels rendent difficile la prise des informations visuelles. L'intervention orthoptique précoce en collaboration avec le psychomotricien permet à l'enfant une utilisation optimale de son potentiel visuel.

Le bilan orthophonique

Le bilan orthophonique ainsi que la rééducation se feront sur prescription médicale. Une première ordonnance de « *bilan orthophonique du langage oral et écrit avec rééducation si nécessaire* » doit être remise à l'orthophoniste pour la réalisation de ce bilan pris en charge par la Sécurité sociale.

Nous avons détaillé le bilan de langage oral antérieurement, qu'en est-il du bilan de la *lecture* ?

Il permet non seulement l'appréciation des capacités lexicales, rapidité et qualité de ce qui est déchiffré, mais aussi de la compréhension et mémorisation de ce qui est lu.

Il va préciser ou infirmer le diagnostic et le type de dyslexie : il existe deux types de dyslexies, un troisième étant une forme mixte, chacun correspondant à des erreurs spécifiques. Pour parvenir à lire, nous utilisons deux voies de lecture :

– la voie dite « phonologique » : le lecteur segmente le mot en unités orthographiques ou graphèmes* qu'il convertit en unités sonores appelées phonèmes*, puis les assemble pour accéder au mot : m + o = mo, t + o = to, mo + to = moto ;

– la voie dite d'« adressage » ou « lexicale », permettant une lecture globale par reconnaissance visuelle des mots familiers et des petits mots.

Une analyse des stratégies de lecture permet à l'orthophoniste de distinguer :

- *Les dyslexies dysphonétiques ou phonologiques* (les plus fréquentes, 70 % des dyslexies) : l'enfant lit globalement les mots mémorisés, sans essayer de déchiffrer, il ne peut pas lire de mots nouveaux. Ces dyslexies sont caractérisées par un trouble spécifique de la perception auditive ; les difficultés concernent la discrimination auditive, la mémoire et l'attention auditive.
- *Les dyslexies visuelles ou de surface* (10 % des dyslexies) : l'enfant n'utilise que l'analyse, procédant au déchiffrage successif de chaque graphème, le plus souvent sans recon-

naître les mots ni les comprendre. La compréhension du texte est très mauvaise, la mémorisation par reconnaissance globale ne se fait pas. Il y a défaut de reconnaissance visuelle du mot.

- *Les dyslexies mixtes* (20 %) : l'enfant présente les deux types de difficultés.

Certains tests de lecture permettent aussi d'évaluer l'intensité de la dyslexie par l'étude du décalage entre l'âge réel et l'âge de lecture. Le plus utilisé est le test de l'alouette, élaboré en 1967 par Pierre Lefavrais : la vitesse de lecture, le nombre de mots lus, les erreurs commises donnent un âge de lecture. C'est ainsi que l'on peut parler de dyslexie légère, moyenne ou sévère.

Une dyslexie sévère sera parfois associée à une dysphasie, donc plus facilement suspectée avant même l'apprentissage de la lecture. En revanche, une dyslexie légère peut passer inaperçue et n'être dépistée qu'en fin de scolarité primaire du fait de difficultés d'expression écrite : dysorthographie, mais aussi expression maladroite, pauvreté du vocabulaire, erreurs syntaxiques…

Le bilan de lecture sera suivi de celui de l'*orthographe*. L'enfant dysorthographique fera des fautes dans tous les textes écrits, que ce soit une dictée, un texte libre ou une copie. Les fautes sont variées : inversions, omissions de lettres, confusions, difficultés à séparer les mots… Une dysorthographie est le plus souvent associée à une dyslexie, mais elle peut aussi exister isolément chez un bon lecteur.

L'orthophoniste, à la demande du médecin, ou suite à ses observations au cours de ce bilan du langage oral de la lecture et de l'orthographe, peut le compléter par l'examen de la motricité, de certaines praxies* et du repérage temporo-spatial. Des insuffisances dans ce domaine doivent conduire à une consultation auprès d'un psychomotricien.

Le bilan psychomoteur

Pratiqué par un psychomotricien, il est utile de le demander dans bon nombre de situations, l'enfant dyslexique ayant fréquemment des troubles de représentation dans le temps et l'espace. Il peut présenter une maladresse corporelle globale ou plus nette pour la motricité fine, telle que le découpage, la préhension du crayon. Le bilan recherchera un retard de latéralisation, une mauvaise perception des rythmes, toutes difficultés dont il sera important de tenir compte pour la rééducation de l'enfant.

Le bilan neuropsychologique

Il sera réalisé par un(e) psychologue. Il permet l'évaluation des capacités intellectuelles de l'enfant et d'obtenir un profil de ses capacités et de ses insuffisances. Les dyslexiques ont, par définition, une intelligence globale normale, mais les résultats obtenus aux différents tests sont hétérogènes. Il est important de cerner leurs déficiences mais aussi leurs compétences afin qu'ils en aient conscience et qu'ils les utilisent. L'évaluation du quotient intellectuel sera complétée par celle des fonctions cognitives* à savoir l'étude des capacités de mémorisation, d'attention.

Il n'est pas indispensable de faire ce bilan avant de commencer la rééducation orthophonique, mais sa réalisation permet de préciser les exercices à proposer pour l'aider au mieux à surmonter ses difficultés spécifiques.

Pour les enfants qui présentent des difficultés psychologiques importantes réactionnelles à leur dyslexie, des *tests de personnalité* peuvent être réalisés par un psychologue. Quinze pour cent des dyslexiques ont des troubles des conduites, agressivité, refus scolaire, fugues… Lorsque la situation d'échec scolaire se chronicise faute de diagnostic ou de suivi adapté, le jeune risque de se marginaliser ou de développer un état dépressif ou une symptomatologie anxieuse. Les tests permettent de décider ou non de la nécessité d'une psychothérapie. La rééducation orthophonique, qui représente l'essentiel du traitement de toute dyslexie, peut être complétée utilement par une psychothérapie.

➤ *Quels traitements proposer ?*

La rééducation orthophonique

Les cours particuliers de français ne peuvent remplacer la rééducation orthophonique.

Celle-ci est pratiquée par une orthophoniste, sur prescription médicale : « Rééducation orthophonique : 20 ou 30 séances. » Le rythme des séances dépend de l'importance de la dyslexie, mais sera généralement bihebdomadaire dans un premier temps. Une fois le diagnostic de dyslexie posé, il est essentiel de commencer la rééducation rapidement.

Le travail de rééducation se base sur les conclusions des différents bilans, utilisant les compétences de l'enfant pour l'aider à surmonter ses difficultés et lui donner les outils qui lui font défaut. De nombreux exercices sont possibles, pour améliorer tant le langage oral que le langage écrit : exercices de repérage visuel par exemple, exercices à trous pour les confusions visuelles et auditives, entraînement à l'évocation et la mémorisation, etc. Mais ces exercices adaptés au mode de fonctionnement de l'enfant ne sont pas suffisants. Il est essentiel de lui expliquer ses dysfonctionnements, de le laisser exprimer ses appréhensions, ce qu'il pense et ressent de sa situation scolaire. La rééducation doit avoir pour objectif de le déculpabiliser, l'aider à reprendre confiance en lui. Elle doit être personnalisée.

Cette rééducation est longue, dure souvent plusieurs années. Quelques interruptions peuvent être nécessaires, ainsi qu'un changement d'orthophoniste pour échapper au phénomène d'« usure ». Lors de l'apprentissage de l'anglais, des difficultés spécifiques de lecture et orthographe qui semblaient avoir disparu au cours de la scolarité primaire peuvent refaire surface. Chez tout enfant dyslexique, un bilan orthophonique est conseillé en classe de 6e. Tout au long du travail de rééducation, des bilans doivent être faits afin d'évaluer l'évolution. Lorsque le jeune dyslexique dysorthographique doit passer des examens écrits, soit le plus souvent dès la classe de 3e, l'orthophoniste peut faire un certificat afin d'obtenir un tiers-temps supplémentaire pour toute épreuve écrite. Cette demande est à remettre par les parents auprès du directeur d'établissement. Dans certains cas, elle doit être accompagnée d'un certificat médical, rédigé alors soit par le médecin traitant, soit par un pédopsychiatre.

Le suivi médical

Il doit être régulier, environ deux fois par trimestre. Les troubles psychologiques associés à la dyslexie étant, comme nous l'avons déjà dit, fréquents, il est important d'être attentif à l'apparition de troubles du sommeil, de troubles anxieux, d'une mauvaise estime de soi, de signes annonciateurs de dépression et de prévenir si possible le médecin au cours de consultations régulières. L'enfant sait qu'il peut parler de ce qui l'inquiète, lui fait peur, le perturbe. Le médecin aidera l'enfant à relativiser et à surmonter ses difficultés.

Dans certains cas, une *aide médicamenteuse* peut être proposée. Loin d'être une pratique habituelle en France, alors qu'elle est classique dans certains pays comme la Belgique ou la Suisse, la prescription de médicaments comme le Piracétam® agissant sur les capacités de mémorisation et d'attention peut être utile. Lorsque l'hyperactivité avec troubles de l'attention-concentration est associée à la dyslexie, les psychostimulants, comme la Ritaline®, peuvent être prescrits (voir le chapitre 2).

Enfin, si des troubles du sommeil ou des manifestations anxieuses apparaissent ou persistent, on peut éviter la prescription de psychotropes tels que les anxiolytiques ou les antidépresseurs, en conseillant des produits de phytothérapie ou oligoéléments. Il n'est jamais inutile de rappeler les bases d'une bonne hygiène de vie, à savoir une alimentation saine, un temps de sommeil suffisant, la pratique d'un sport et des temps de loisirs.

Un autre temps important du suivi médical est celui accordé aux parents.

Conseils aux parents

Les parents sont souvent désarmés devant les situations d'échec scolaire et adoptent parfois des comportements inadéquats qui risquent d'aggraver les difficultés de leur enfant. Ce qu'ils ont vécu parfois eux-mêmes en tant qu'élèves peut expliquer en partie leurs réactions. Dès qu'un enfant a des difficultés scolaires, il devient très « périlleux » pour le parent de vouloir le faire travailler. Nous entendons ce discours de mères (les pères également, mais ces tâches leur sont plus généralement épargnées, lorsqu'ils ne s'en affranchissent pas eux-mêmes !), déplorant leurs réactions parfois violentes, à peine installées au bureau de leur petit : celui-ci gigote, parle de tout autre chose que de l'exercice demandé, ne donne jamais la bonne réponse, est trop lent... attitudes qui entraînent aussitôt un conflit, des propos dévalorisants : « Tu ne fais aucun effort, tu es nul, tu ne feras jamais rien de bien dans la vie. » L'enfant est alors dans l'incapacité de se concentrer et perd toute motivation pour travailler. Parents, pensez à ce que vous ressentez après la moindre remarque agressive de votre supérieur hiérarchique remettant en cause la qualité de votre travail ! Vous sentez-vous alors au mieux pour poursuivre vos efforts ? Un conseil : déléguez, ce qui ne signifie pas abandonner. Le médecin, l'orthophoniste, les différents professionnels consultés vous ont expliqué les difficultés de votre enfant. Votre objectif de tous les jours doit être de lui permettre de garder confiance en lui, d'avoir une bonne estime de lui malgré ses résultats scolaires parfois modestes. Trouvez ce qui peut le valoriser, les activités de loisirs, sportives ou autres, qu'il fera avec plaisir, sans le surcharger. Il doit disposer de temps libre. Pour ce qui est du suivi scolaire, rencontrez les enseignants, pour les informer des difficultés de votre enfant, leur demander conseil pour le travail exigé. Des échanges entre l'orthophoniste et les enseignants sont indispensables. Ils éclairent l'enseignant sur les difficultés spécifiques de l'enfant, lui permettent ainsi d'adapter ses exigences.

Lorsque la dyslexie est sévère ou associée à d'autres troubles d'apprentissage, un *programme pédagogique adapté*, le PPRE, programme pédagogique de réussite éducative, ainsi dénommé depuis septembre 2006, peut être mis en place dans les écoles publiques avec l'intervention du RASED. Certaines écoles privées disposent aussi d'enseignants spécialisés pouvant suivre les enfants individuellement deux ou trois fois par semaine, ou de structures d'accueil d'enfants dyslexiques.

> Mme Quilici, directrice adjointe du collège Saint-Sulpice à Paris présente les classes d'accueil et d'intégration d'enfants dyslexiques mises en place depuis dix ans :
> « Depuis 1996, nous prenons en charge des enfants dyslexiques au sein d'une scolarisation spécifique adaptée à leurs singularités cognitives. Dès 1997, les formations se sont succédé avec des médecins, des orthophonistes, des psychologues, des psychomotriciens et des neuropsychologues. Notre projet s'articule autour de trois mots : Accueillir, Accompagner, Adapter.
> Accueillir. Qui accueillir ? Les bilans neuropsychologique, psychomoteur et orthophonique ainsi que le bilan scolaire sont les pièces incontournables, préalables à toute inscription. Il faut cibler les élèves concernés par notre « dispositif dyslexie » si on ne veut pas le mettre en péril et leurrer les enfants et leurs parents. Seuls les enfants dont l'intégration en classe ordinaire est envisageable peuvent être accueillis. Comment accueillir ? Instaurer d'emblée un climat de confiance. L'enfant dyslexique a souvent été brisé par l'école. Il a été affublé d'épithètes dévalorisantes qui ont entamé son estime de soi. Il faut donc adapter l'enseignement et permettre à l'élève de s'approprier les connaissances.
> Accompagner. Le deuxième volet du dispositif est l'accompagnement au fil du cursus scolaire. L'élève dyslexique a besoin de lieux de parole et d'écoute. Il a besoin de savoir où il en est, ce qui va, ce qui ne va pas, ce qu'il faudrait mettre en œuvre pour que la situation s'améliore. Un professeur ou la personne-ressource de l'établissement joue le rôle de tuteur et le rencontre régulièrement afin de faire le point. Il ne suffit cependant pas d'accueillir l'élève et de l'entourer

de bienveillance et de compréhension. Il faut enseigner autrement pour parvenir à éduquer l'élève de façon optimale, afin qu'il puisse au mieux utiliser son potentiel intellectuel.

Adapter la pédagogie. Le travail en partenariat est nécessaire : école, famille, équipe de soins. Afin qu'une articulation soit possible entre ces différentes parties prenantes, un cahier de liaison, support d'aménagement individuel, a été élaboré. Chaque partenaire fixe des objectifs à court et moyen terme évalués à plusieurs reprises dans l'année. Progressivement, l'élève dyslexique passe d'une scolarisation spécifique à une intégration totale en classe ordinaire. L'intégration se fait au fil des années du collège de la 6e à la 3e. Chaque classe de 6e est séparée en deux groupes : quinze élèves dyslexiques, quinze non-dyslexiques n'ayant aucune difficulté d'apprentissage. Les cours sont dispensés séparément, excepté les cours d'EPS et les cours d'arts plastiques, matières où les dyslexiques ont l'occasion de donner une bonne image, ce qui favorise leur intégration ultérieure. En 5e, certains cours sont partagés, sciences et vie de la terre, sciences physiques, technologie, matières où l'on manipule et où l'on écrit peu. En 4e, davantage de matières sont partagées à l'exception du français et des langues. En 3e, tous les cours sont dispensés en classe entière et l'intégration est complète. Les élèves dyslexiques sont considérés comme des pairs par leurs condisciples. Leur seul avantage reste le tiers-temps qu'ils ont appris à utiliser.

D'autres établissements ont suivi notre expérience et nous avons créé en avril 2001 notre fédération, la FEED (Fédération d'établissements scolarisant des enfants dyslexiques,) qui regroupe aujourd'hui plus de vingt-cinq établissements en France. »

Les psychothérapies

La rééducation orthophonique reste la priorité, mais une aide psychologique complémentaire peut être utile. Toutefois, si le diagnostic est tardif, après des années d'échec scolaire, les troubles psychiques peuvent être prédominants. Différents types de psychothérapies sont possibles, soutien, thérapies analytiques ou comportementales. Le choix est fonction de la clinique, mais aussi des attentes de l'enfant et de sa famille. La psychothérapie peut être suivie auprès d'un médecin pédopsychiatre ou d'un psychologue. Le rythme est généralement d'une séance hebdomadaire.

➤ *Quelle est l'évolution des dyslexies ?*

L'évolution et l'incidence scolaire des dyslexies-dysorthographies dépendent de plusieurs facteurs : moment du dépistage, intensité de la dyslexie, mais aussi compétences cognitives et milieu socioculturel.

Lorsque la dyslexie n'est pas dépistée au cours des années de scolarité primaire, un redoublement peut être nécessaire, suivi souvent d'un conseil d'orientation. Ces situations deviennent heureusement exceptionnelles, les mesures de dépistage étant maintenant mises en place en France grâce à la formation des enseignants notamment. Une dyslexie non dépistée est un risque majeur d'échec scolaire et produit des effets négatifs sur toute la vie : échecs professionnels, sociaux et affectifs.

Lorsque la dyslexie est dépistée tôt, c'est-à-dire dès la mi-CP ou en CE1, le pronostic est très bon s'il s'agit d'une dyslexie mineure ou moyenne, après une rééducation régulière de plusieurs années et un bon accompagnement familial et scolaire. En cas de dyslexie majeure, le risque de troubles du comportement est grand, la rééducation orthophonique isolée s'avère souvent insuffisante. Un enseignement spécifique dans une classe spécialisée ou une école semble être la meilleure décision.

Le pronostic est donc variable. Certains dyslexiques ne connaîtront pas le plaisir de la lecture. Pour d'autres, les plus nombreux, les années laborieuses d'apprentissage ne sont qu'un mauvais souvenir, quelques difficultés pouvant réapparaître en cas de fatigue ou de stress. D'autres enfin possèdent des facultés exceptionnelles dans certains domaines, notamment artistiques. N'oublions pas que Léonard de Vinci, Auguste Rodin, Gustave Flaubert, Albert Einstein… étaient dyslexiques.

Les troubles spécifiques d'apprentissage du calcul ou dyscalculies

J'étais alors en proie à la mathématique.
Temps sombre ! enfant ému du frisson poétique,
Pauvre oiseau qui heurtait du crâne mes barreaux,
On me livrait tout vif aux chiffres, noirs bourreaux ;
On me faisait de force ingurgiter l'algèbre ;
On me liait au fond d'un Boisbertrand funèbre
On me tordait, depuis les ailes jusqu'au bec,
Sur l'affreux chevalet des X et des Y ;
Hélas, on me fourrait sous les os maxillaires
Le théorème orné de tous ses corollaires ;
Et je me débattais, lugubre patient
Du diviseur prêtant main-forte au quotient.
De là mes cris.

Victor HUGO, *Apprendre sera doux.*

Les troubles d'apprentissage du calcul ne sont étudiés que depuis une vingtaine d'années ; leurs causes, leur incidence, la distinction de sous-groupes font encore l'objet de controverses. Il est vrai que le langage mathématique est complexe et les raisonnements impliquent le franchissement d'étapes successives énoncées par Piaget : construction du nombre, numération puis raisonnement. La dyscalculie peut se présenter sous différentes formes, et ne doit pas être confondue avec des difficultés en mathématiques consécutives à une pédagogie inadaptée.

La dyscalculie se définit par un trouble du développement des habiletés arithmétiques chez des enfants d'intelligence normale. Les aptitudes en arithmétique sont inférieures à celles escomptées compte tenu du niveau intellectuel et de l'enseignement reçu.

Sa fréquence est estimée de manière très approximative à 4 % de la population d'enfants scolarisés, et serait plus élevée chez les garçons que chez les filles. Des troubles de l'attention sont associés dans environ 25 % des cas, ainsi qu'une anxiété sous des formes diverses.

➤ *Comment dépister une dyscalculie ?*

Il est possible de repérer un enfant dyscalculique au cours des premières années de primaire ; il a des difficultés dès le maniement des premiers concepts numériques de base, tels que le comptage, le maniement des systèmes cardinal et ordinal (les nombres cardinaux désignent une quantité, alors que les nombres ordinaux indiquent le rang, l'ordre dans un ensemble donné), l'addition de nombres à un chiffre. Parfois, l'enfant parvient à compenser ses déficits par la mémorisation, ce qui lui permet de progresser lors des premières années. Dès le CM1, lorsque la manipulation des relations spatiales et numériques devient plus complexe, les difficultés sont alors plus évidentes : l'enfant se souvient difficilement des séquences d'opérations arithmétiques, ne respecte pas l'alignement des chiffres en colonnes, ne suit pas les bonnes stratégies pour résoudre les problèmes.

Des résultats faibles en calcul doivent faire rechercher l'existence d'un trouble spécifique, de même que des difficultés scolaires plus globales ; en effet, la dyscalculie peut être associée à des troubles du langage et de la lecture, à des troubles de la coordination. Il faut savoir qu'un enfant *dyslexique* ayant des difficultés à lire les énoncés mathématiques aura de mauvais résultats sans être pour autant dyscalculique ; il peut même être très performant en calcul s'il est aidé pour la compréhension des énoncés.

Le repérage de ces difficultés peut donc être fait par les parents, l'enseignant, le médecin scolaire, le pédiatre ou le pédopsychiatre. Au moindre doute, un bilan doit être réalisé.

➤ *Comment établir le diagnostic ?*

Le diagnostic ne sera porté qu'après passation de tests standardisés concluant à des scores significativement inférieurs aux normes. Ces tests se font auprès d'*orthophonistes* ou de *psychologues* ayant une formation spécifique en mathématiques. Le bilan explore les connaissances linguistiques requises pour les apprentissages mathématiques : espace, temps, comparatifs et superlatifs. Puis les notions de conservation, classification (valeur cardinale d'un nombre désignant une quantité) et sériation (valeur ordinale qui marque le rang) sont évaluées avant d'apprécier le système de numération, les opérations et les problèmes. Le « Numerical » est une batterie de tests du nombre et du calcul utilisée chez les enfants après une année de scolarité primaire. Il permet de faire une analyse des difficultés spécifiques tout en distinguant différents types de dyscalculies. Des tests explorant la mémoire, l'attention et les capacités visuo-spatiales sont également pratiqués.

La confirmation du diagnostic justifie la prescription de séances par le médecin pour une rééducation dite logico-mathématique.

➤ *Quel traitement proposer ?*

La rééducation est l'essentiel du traitement, assurée par une *orthophoniste* le plus souvent ou une *neuropsychologue*. Comme pour les troubles du langage, le rythme est fonction de l'importance des difficultés, de leur retentissement sur les performances scolaires.

Elle débutera par des exercices de manipulations concrètes, étape indispensable avant le passage à l'abstraction. L'enfant doit acquérir progressivement les notions de base que sont la classification, la sériation, la conservation. Viennent ensuite des exercices sur la signification, l'utilisation et la spatialisation des opérations, avant d'aborder le raisonnement mathématique :

compréhension du texte, mémorisation, concrétisation de l'énoncé, choix des opérations.

Certains de ces exercices peuvent se faire sur ordinateur. Les supports de rééducation sont bien sûr toujours adaptés à chaque enfant en fonction de ses déficits, capacités et personnalité.

Chez l'enfant jeune, en première année de primaire, lorsque les troubles visuo-spatiaux sont importants, associés à des troubles graphiques ou psychomoteurs, il peut paraître opportun de commencer par une *rééducation de psychomotricité*.

Comme pour les troubles d'apprentissage abordés précédemment, le *suivi médical* est très important pour l'enfant et ses parents afin de le faire parler de sa scolarité, de la rééducation, de ses relations, de l'image qu'il a de lui… Lorsque des difficultés psychologiques apparaissent, une aide complémentaire doit lui être proposée.

Il faut sans cesse rappeler aux parents les méfaits d'un forcing scolaire, les aider à trouver des moyens de valorisation de leur enfant, les déculpabiliser si besoin est.

➤ *Quelle est l'évolution des dyscalculies ?*

Nous disposons de peu d'études concernant l'évolution de ce trouble. Toutefois, en l'absence de rééducation, on ne peut que craindre la chronicisation de l'échec scolaire, un trouble de l'estime de soi, voire l'apparition d'un état dépressif, et de troubles des conduites. Une rééducation régulière avec un accompagnement de l'enfant et sa famille permet de donner un bon pronostic en cas de dyscalculie isolée. Le pronostic reste plus réservé quant à l'évolution scolaire et l'insertion sociale lorsque d'autres difficultés sont associées.

Les troubles de la coordination motrice ou dyspraxies

Troubles du mouvement intentionnel et de la coordination, les dyspraxies sont des troubles spécifiques du développement moteur également désignés par les termes de « débilité motrice », « maladresse anormale », « dysfonctionnement perceptivo-moteur », « apraxie de développement ». Les tableaux cliniques sont assez divers. Tout comme pour les dyscalculies, il existe encore quelques désaccords quant à la définition précise, du fait de données encore incertaines sur le développement normal des praxies*.

La fréquence de ce trouble est évaluée à 5 à 10 % des enfants d'âge scolaire.

La caractéristique essentielle est une « perturbation marquée du développement de la coordination motrice », qui interfère avec la réussite scolaire ou les activités de la vie courante. Ce trouble affecte la motricité globale, la préhension, le regard et l'habillage. Il n'est pas lié à un retard intellectuel ou à une maladie neurologique. De mauvaises performances dans le domaine visuo-spatial lui sont souvent associées. L'écriture est toujours altérée et lente.

Il existe une classification des dyspraxies selon la prédominance de tel ou tel déficit (gestualité, perception visuo-spatiale, tonus).

➤ *Comment dépister une dyspraxie ?*

Il est assez facile de repérer les signes évocateurs qui se manifestent dans la vie quotidienne : difficultés à s'habiller, nouer ses lacets, se boutonner, faire sa toilette, utiliser les couverts. De même, les activités de motricité générale telles que la marche, le saut, la course, le lancer de ballon se mettent en place tardivement. L'enfant est maladroit, laisse tomber les objets, ne parvient pas à de bonnes performances sportives, l'écriture est très difficile.

À l'école, les enseignants signalent une lenteur, une mauvaise écriture. Les apprentissages peuvent être difficiles dans tous les domaines, mais plus manifestes en calcul et géométrie notamment. Lorsqu'il existe au sein de l'école un RASED*, un premier diagnostic peut être fait par le psychologue scolaire, menant alors à la mise en place d'adaptations pédagogiques.

Le constat de l'association de plusieurs signes doit inciter à consulter un médecin, *pédiatre, neuropédiatre* ou *pédopsychiatre*.

La consultation, dans un premier temps, reprend très précisément les différentes étapes du développement moteur : se retourner sur le dos, ramper, s'asseoir, se tenir debout seul, marcher. L'interrogatoire des parents recherche l'existence de facteurs de risque tels qu'une prématurité, un problème néonatal, un faible poids de naissance.

Puis, lors de l'examen clinique de l'enfant, le médecin lui demande d'exécuter un certain nombre d'activités :

– de motricité globale : sauter à cloche-pied, à pieds joints, se tenir en équilibre sur une jambe ;

– de motricité fine et coordination oculo-manuelle : attacher un lacet, utiliser une paire de ciseaux, copier des lettres ou des figures simples, empiler des cubes.

Il est fréquent de trouver des troubles du tonus, des signes d'immaturité du développement neurologique dits signes neurologiques « mineurs » : discrets mouvements des extrémités des doigts, mouvements parasites lors de la réalisation de certaines tâches…

Il est important de laisser l'enfant s'exprimer, non seulement pour connaître le retentissement de ses difficultés sur sa scolarité et ses relations, mais aussi pour rechercher un éventuel trouble du langage, trouble parfois associé aux dyspraxies.

➤ *Comment établir le diagnostic ?*

Le *médecin*, par cette première consultation possède toutes les informations permettant de suspecter une dyspraxie. Un bilan plus global s'impose pour confirmer le diagnostic ; il devra associer un bilan *psychologique*, un bilan *psychomoteur*, un bilan *ophtalmologique* face à toute suspicion d'un trouble du regard, éventuellement un bilan *orthophonique* si des troubles du langage oral ou écrit sont repérés.

Le bilan psychologique

Le diagnostic de dyspraxie repose en partie sur les résultats d'un test d'évaluation des capacités intellectuelles, le WISC*. Ce test, par différentes épreuves, évalue les fonctions cognitives :

– dans le domaine verbal d'une part : tests de connaissance générale, vocabulaire, compréhension de situations, raisonnement arithmétique, abstraction, mémoire immédiate ;
– dans le domaine dit de « performance » d'autre part : tests de repérage dans le temps, d'observation, de représentation spatiale, graphisme. Ces derniers sont tous chronométrés.

Les résultats du WISC sont assez significatifs d'une dyspraxie lorsqu'il existe un décalage d'au moins 15 points entre les épreuves verbales et celles de performance, au détriment de ces dernières. Cette différence peut être révélatrice d'un déficit de structuration spatiale avec trouble visuo-spatial qu'il faut absolument examiner. Les tests permettant d'évaluer les troubles spatiaux et neurovisuels peuvent être faits par la psychologue ou lors du bilan psychomoteur.

Les tests de personnalité ont leur utilité si l'enfant présente des troubles du comportement.

Le bilan psychomoteur

Pratiqué par un psychomotricien, ce bilan commence par l'étude du développement psychomoteur. L'échelle de Lincoln-Oseretsky étudie six domaines : contrôle et précision manuels, coordinations globales, activité alternative des membres supérieurs, vitesse doigt-poignet, équilibre, coordinations manuelles. Les scores obtenus chez un enfant dyspraxique sont inférieurs aux normes attendues par rapport à l'âge.

De même, la reproduction de figures géométriques complexes rend compte d'un score inférieur à la moyenne.

Le test d'imitation de gestes, les épreuves de latéralité usuelle concluent à des difficultés. La lenteur est appréciée par le chronométrage d'un certain nombre d'épreuves. Des échelles de dysgraphie permettent d'objectiver les problèmes d'écriture : celle-ci est lente, souvent illisible.

Les deux bilans, psychologique et psychomoteur, suffisent à établir le diagnostic. Une consultation chez l'**ophtalmologiste** ou l'**orthoptiste**, un bilan orthophonique seront conseillés en fonction de l'examen clinique.

➤ *Quels traitements proposer ?*

Comme pour les autres troubles spécifiques d'apprentissage, les enfants dyspraxiques doivent bénéficier d'une prise en charge parfois pluridisciplinaire, avec nécessité d'une concertation entre toutes les personnes qui aident l'enfant.

Le soutien de l'enfant devrait commencer à l'**école** par des **adaptations pédagogiques**, telles qu'elles peuvent être mises en place au sein de certaines structures scolaires publiques (RASED) ou privées.

Le plus souvent, il est préférable de ne pas maintenir un enfant dyspraxique en maternelle et de le faire passer en CP. Lors de l'apprentissage de la lecture, il peut confondre visuellement des lettres (mn, bd, pq…) mais il compensera par la discrimination auditive. La lecture sera donc acquise facilement, ce qui ne peut que le valoriser.

Dans les classes primaires, l'enfant peut bénéficier d'un soutien individualisé par le maître du RASED par exemple : exercices pour la tenue du crayon, exercices graphiques, utilisation de l'ordinateur pour l'écrit.

L'enseignant doit privilégier les exercices oraux, accorder à l'enfant plus de temps pour le travail écrit, autoriser certaines calligraphies. Il doit simplifier le matériel : cahiers avec de larges interlignes, surlignés de couleurs vives. Il faut laisser de grands espaces pour une visualisation plus facile, utiliser des couleurs différentes... Lorsque la dysgraphie est importante, l'enseignant peut, par exemple, fabriquer des lettres que l'enfant utilisera pour l'écriture. Il doit être autorisé à écrire le plus simplement possible.

L'enfant dyspraxique, lent pour s'habiller, maladroit à la cantine, peut subir des moqueries de la part de ses camarades. L'enseignant peut expliquer à la classe ses difficultés et insister sur ses compétences.

Parallèlement à ce qui peut être mis en place à l'école pour aider l'enfant dyspraxique, la **rééducation de psychomotricité** doit être précoce, dès la moyenne section de maternelle, ce qui laisse envisager la poursuite d'une scolarité satisfaisante. Cette rééducation repose sur des techniques non systématisées du fait de l'hétérogénéité des dyspraxies. D'une manière générale, la rééducation consiste, par des exercices et mises en situation divers, à utiliser les voies auditivo-verbales, le raisonnement, en renonçant si possible à la manipulation concrète, au figuratif. Des exercices visant à améliorer le ou les dysfonctionnements moteurs sont proposés.

Lorsque les problèmes comportementaux et émotionnels perturbent l'évolution de l'enfant et sa socialisation, un suivi psychologique individuel ou en groupe est nécessaire.

Comme pour les autres troubles d'apprentissage, le **médecin** doit voir l'enfant régulièrement ainsi que ses parents. Il est essentiel d'expliquer à l'enfant ses difficultés, lui parler de ses points faibles mais surtout de ses points forts, lui permettre d'exprimer son anxiété et sa souffrance. La **guidance parentale** a pour objectif de déculpabiliser, soulager l'anxiété et vérifier ce qui est mis en place à l'école. Le médecin a le rôle de coordinateur entre les différents intervenants.

➤ *Quelle est l'évolution des dyspraxies ?*

Trop peu d'études à long terme ont été menées pour permettre un avis pronostique. Néanmoins, il est exact de dire que les enfants dyspraxiques diagnostiqués tôt, dont les capacités intellectuelles sont moyennes ou supérieures, ont le plus souvent une évolution favorable. La maladresse peut persister à l'âge adulte. Lorsque les troubles sont importants et traités tardivement, le pronostic est moins favorable car les conséquences psychologiques peuvent perturber la structuration de la personnalité et l'intégration sociale. La répétition d'échecs dans les domaines scolaire et sportif a pour conséquences une mauvaise estime de soi, voire un état dépressif, des troubles du comportement, de l'inhibition et de l'agressivité.

On comprend l'importance d'un **dépistage et d'une prise en charge précoces.**

CHAPITRE 2

Hyperactivité ou TDAH

« Mon écriture était si mauvaise et mon inattention si grande, que chaque copie était à recommencer, et pendant plus d'un an que j'y ai travaillé, je n'ai jamais été plus loin que l'avant-propos. »

Benjamin CONSTANT, *Le Cahier rouge*, 1807.

Enfant instable, agité, turbulent, dissipé, inconstant, inattentif, feu follet, toupie… autant de termes qui peuvent désigner ce que l'on nommait autrefois l'instabilité psychomotrice ou l'hyperkinésie et aujourd'hui l'hyperactivité. Cette expression désigne en réalité trois groupes de symptômes : l'hyperactivité en effet, mais aussi le déficit de l'attention et l'impulsivité. Pour éviter toute confusion, on peut retenir le sigle TDAH (trouble déficitaire de l'attention avec ou sans hyperactivité) et nommer ainsi avec plus de précision ce syndrome. Ce d'autant qu'il existe une forme clinique où l'inattention domine et n'est accompagnée ni d'hyperactivité ni d'impulsivité.

Le TDAH est le syndrome* « psy » le plus fréquent à l'âge scolaire : un enfant sur trente, soit en moyenne un élève par classe !

Docteur,

Victor est scolarisé cette année dans ma classe de CP. C'est une classe plus exigeante que la maternelle et j'ai pensé qu'il suffirait de patienter quelques semaines pour observer des progrès mais nous sommes fin octobre et je ne perçois aucun changement. Victor est très dissipé, il faut constamment le rappeler à l'ordre, il ne respecte aucune consigne, il se tortille sur son siège, se lève sans raison et parfois même court dans la classe. Victor est agité et son travail s'en ressent. Il commence tous les exercices mais s'interrompt après quelques instants, j'ai tout essayé, le premier rang puis le dernier, rien n'y fait. Pour obtenir un peu d'attention, il faut être sur son dos sinon c'est une vraie tête de linotte. Tout l'intéresse sauf la classe : griffonner sur son bureau, grimacer pour distraire la classe, agripper la manche de son voisin pour qu'il dérape en écrivant, le menacer de la pointe de son stylo qu'il place au plus près de sa joue ou enduire de colle la chaise d'un enfant. Pendant la récréation, c'est une vraie toupie, il se précipite en tous sens et bouscule à plaisir ses camarades qui finissent par le craindre et l'éviter. Pourtant, je crois que Victor n'est pas un mauvais garçon. Il semble parfois plein de bonne volonté mais l'agitation reprend toujours le dessus. Il n'a aucun retard, il a le niveau de ses camarades bien qu'il écrive souvent hors des lignes et que la graphie soit maladroite. Je crois souhaitable qu'il vous consulte avant qu'il ne perde tout à fait pied.

Madame D., Institutrice

Petite histoire de l'hyperactivité

Les premières descriptions précises de ce trouble datent du XIXe siècle. Le docteur Heinrich Hoffmann, médecin et illustrateur allemand publie en 1845 une bande dessinée qui raconte l'histoire de *Philippe qui gigote* et qui « se balançait, se dandinait et trépignait tant à table qu'il finit par tomber de sa chaise emportant dans sa chute la nappe, la soupe, le vin et les assiettes et laissant ainsi de pauvres parents affamés… ».

Depuis plus d'un siècle, des dizaines d'ouvrages médicaux anglais, français et allemands témoignent d'une controverse ininterrompue. À la fin de la Première Guerre mondiale, une épidémie d'encéphalite s'abat sur les États-Unis et le Canada.

Beaucoup d'enfants meurent mais, pour nombre de ceux qui survivent, se développe un changement du comportement transformant des enfants calmes en écoliers instables et agités. Le lien entre ces deux événements (encéphalite et instabilité) fait rejaillir la conception organiciste d'une lésion cérébrale ou d'un « dysfonctionnement cérébral minime ».

Mais, dans les années 1950, la conception psychologique de l'hyperactivité reprend du galon : l'hyperactivité est perçue comme la conséquence de difficultés familiales, affectives et sociales. Cette conception s'exprime avec force dans le manuel (DSM-II) proposé en 1968 par l'APA (Association américaine de psychiatrie). Pour bien marquer le caractère psychologique de l'hyperactivité, on propose le terme de « réaction hyperkinétique de l'enfance ». Le diagnostic repose sur la présence d'« agitation motrice, de distraction et de manque d'attention ». Il est précisé de surcroît que ce diagnostic ne peut être retenu si la présence d'une lésion cérébrale est établie.

Ce manuel de 1968 est rédigé sous l'influence des psychanalystes alors majoritaires au sein de l'APA, mais en 1980 se produit un renversement de majorité et la conception psychanalytique est abandonnée. Désormais ce trouble se nomme « déficit de l'attention avec ou sans hyperactivité ». Ce qui signifie que le déficit de l'attention est au cœur du diagnostic alors que l'agitation physique devient un symptôme facultatif, autorisant la description de plusieurs catégories diagnostiques. Quant à l'étiologie, le point de vue purement psychologique n'est plus retenu. Mais les débats sur la réalité et sur les causes de l'hyperactivité sont loin d'être clos.

En France, notamment, où l'hyperactivité est parfois perçue – y compris par des médecins et des psychologues – comme un diagnostic à la mode inventé par les classifications américaines et promu par les laboratoires pharmaceutiques ou la téléréalité.

Pour notre part, nous considérons l'hyperactivité comme un trouble bien réel et nous ne récusons pas les classifications internationales qui soutiennent que l'hyperactivité n'est pas nécessairement d'origine psychologique et qui proposent pour thérapeutique l'association de psychostimulants et des TCC (thérapies cognitives et comportementales).

Une étude avait, dès 1992, recensé toutes les hypothèses étiologiques du TDAH et trente-huit causes argumentées ou fantaisistes (notamment celle qui attribue l'hyperactivité à un excès de sucre dans l'alimentation) avaient été citées.

Nous ne pouvons que déplorer – plus pour le TDAH que pour tout autre trouble – que les consultations en psychiatrie infantile aboutissent pour les parents et les enfants à une loterie thérapeutique selon l'idéologie ou… les compétences du « psy » consulté.

Historique de l'hyperactivité

Auteur(s)	Titre	Date	Conception
H. Hoffmann (Allemagne)	*Der Struwwelpeter « Crasse-Tignasse »*	1845	Première description d'un « enfant qui gigote »
Bourneville (France)	*Le Traitement médico-pédagogique des différentes formes de l'idiotie*	1897	Cette « mobilité extrême est perçue comme une forme d'« arriération mentale »
E. Dupré (France)	*Les Constitutions*	1919	Création du terme d'« instabilité psychomotrice » pour le distinguer de l'arriération mentale
Heuer (France)	*La Délinquance infantile,* thèse de médecine	1914	L'importance du milieu familial et social est soulignée
Wallon (France)	*L'Enfant turbulent,* thèse	1925	Conception multifactorielle de la turbulence infantile
Abramson (France)	Thèse sur les « adolescents instables »		L'instabilité est présentée comme un trouble d'origine affective

Auteur(s)	**Titre**	**Date**	**Conception**
Ajuriaguerra (Suisse)	*Manuel de psychiatrie*	1974	Distinction entre instabilité acquise et instabilité constitutionnelle
Still (États-Unis)	Dysfonctionnement cérébral minime		Conception organique
APA (Association américaine de psychiatrie)	DSM-I	1957	Aucune mention concernant ce trouble
APA	DSM-II	1968	La réaction hyperkinétique de l'enfant est d'origine psychologique
APA	DSM-III	1980	**Rupture avec la psychanalyse : l'étiologie psychologique impérative n'est plus retenue**
APA	DSM-IV	1996	Le déficit de l'attention n'est plus attribué à une cause précise.

Les symptômes du TDAH

Le TDAH désigne trois groupes de symptômes : l'inattention, l'hyperactivité et l'impulsivité. Pour comprendre la correspondance entre ces symptômes, on peut retenir cette analogie avec le cinéma. Si un film nous passionne, nous sommes la « tête dans l'écran », mais si le film ne parvient pas à capter notre attention, nous étirons nos jambes, nous changeons de position, nous regardons l'heure, le plafond, nous parlons à l'infortuné qui nous accompagne et qui, irrité par tant d'agitation, finit par lâcher un « le film t'ennuie ? ». Ce « syndrome du mauvais film », c'est à peu près ce que subit un élève hyperactif six heures par jour, neuf mois par an et dix années et plus dans une enfance ! Le prof peut être excellent, le cours passionnant mais, faute d'une capacité suffisante d'attention, il va s'agiter, jouer avec ses stylos, parler à ses camarades, faire quelques bêtises et, s'il est très jeune, se lever ou chantonner.

L'enfant n'a pas la volonté de désobéir ou de provoquer mais il est dans l'impossibilité de « tenir en place ». Cependant le déficit de l'attention ne s'accompagne pas toujours d'hyperactivité, chez certains enfants le trouble de l'attention est isolé et chez d'autres enfants c'est l'hyperactivité et l'impulsivité qui sont au premier plan, alors que la capacité d'attention paraît préservée. C'est pour prendre en considération ces deux aspects que l'on retient le terme de TDAH (trouble déficitaire de l'attention *avec ou sans* hyperactivité).

En termes moins médicaux, on pourrait distinguer le **distrait-dissipé** (défaut de l'attention avec hyperactivité) et le **distrait-absorbé** (déficit de l'attention sans hyperactivité). Il va de soi que l'enfant dissipé (avec hyperactivité) est plus bruyant ou plus perturbant pour la classe et l'enseignant et que la décision de consulter en sera facilitée. Alors que l'enfant absorbé (sans hyperactivité) n'aura pour tout défaut apparent que d'être « dans la lune » et que l'idée de consulter apparaîtra plus tardivement et le plus souvent après un échec scolaire patent.

Le déficit de l'attention

L'attention peut être prise en défaut dans deux circonstances soit par une stimulation externe, une réaction à la nouveauté (un rayon de soleil dans la classe et l'enfant « décroche ») soit par la prolongation d'une situation, (au tout début du cours, tout va bien mais, après quelques minutes, il « craque »). L'enfant qui présente un déficit de l'attention est distrait, rêveur, tête en l'air, dans la lune, commence tout mais ne finit rien. *Le flux de ses pensées est dispersé*. Il faut constamment le rappeler à l'ordre, hausser le ton pour être obéi ou même entendu. Les consignes ne sont pas respectées et les règles du jeu rarement appliquées par manque de suite dans les idées. Il rechigne pour travailler, mais ne se montre pas beaucoup plus persévérant pour jouer (à l'exception des jeux vidéo !).

L'hyperactivité

L'hyperactivité proprement dite est une agitation physique qui se manifeste sans cesse et qui bouscule l'ordonnancement de toute activité. L'enfant ne cesse de changer de cap. Rester assis trop longtemps est un supplice et la tentation de se lever pendant un repas ou en classe est toujours présente.

Ces enfants sont « touche à tout », happés par une alternance de passions fugitives et d'ennui pour leur environnement, dans une quête sans fin, à la Sisyphe.

Cette agitation contraint souvent les parents à restreindre leurs sorties. « J'ai honte, regrette cette maman, mais c'est intenable, il faut le réprimander à chaque instant et tôt ou tard on nous fait comprendre que c'est de notre faute et on finit par le penser nous-mêmes ; on culpabilise et pourtant on a tout essayé, la douceur autant que la fermeté. » Ces enfants-toupies épuisent leur entourage et il n'est pas rare que des parents avouent attendre avec soulagement l'heure du coucher.

Ce que redoutent aussi les parents, c'est de devoir (s'im)patienter dans la salle d'attente du médecin. Très vite l'enfant a essayé tous les sièges, dispersé les revues et inventé mille facéties. Puis vient enfin la consultation et, sauf si l'enfant redoute une piqûre, il explore le cabinet à la recherche de nouveaux jeux et, s'il est très jeune, il rampe sous le bureau ou déplace son siège jusqu'au vertige. Une étude réalisée par des psychologues montre que les enfants hyperactifs couvrent près de quatre fois plus d'espace que les enfants non hyperactifs.

L'impulsivité

Les enfants hyperactifs paraissent vivre en permanence dans l'impatience de parler et d'agir. Ils coupent la parole, se précipitent dans toute action sans concertation ou sans attendre. Ils ont du mal à organiser leur activité en séquences. Ils commencent avant leur tour et finissent dans l'inachevé. Ils sont souvent à l'aise avec tout le monde, ils parlent sans retenue et peuvent ainsi séduire par leur spontanéité ou embarrasser par leur **familiarité** (façon d'être très caractéristique des TDAH). Leurs propos irréfléchis peuvent passer pour de l'insolence et leurs actions désordonnées être perçues comme de l'agressivité d'autant qu'elles peuvent favoriser la survenue d'accidents corporels.

Les symptômes selon l'âge

Avant l'âge de 6 ans, en maternelle, l'hyperactivité motrice apparaît au premier plan alors que l'inattention peut passer inaperçue. Les enfants courent, grimpent et s'agitent sans cesse dans l'indifférence aux consignes et aux interdits. Ces enfants imposent une surveillance constante et épuisent parents et enseignants. Ils sont parfois exclus de l'école maternelle.

À l'école primaire, les enfants hyperactifs font montre d'indiscipline. Ils peuvent apparaître comme immatures, de mauvaise volonté ou indifférents aux remontrances et aux brimades. L'inattention provoque les premières difficultés scolaires, l'écriture est brouillonne, les devoirs bâclés et les leçons peu apprises. Ils peuvent aussi subir un rejet de leurs camarades car leur impulsivité est perçue comme de la violence et leur agitation vécue comme une source de danger.

Au collège, à l'adolescence, les capacités d'attention sont soumises à rude épreuve avec l'augmentation des contraintes scolaires. L'hyperactivité s'atténue mais peut se colorer de la survenue de troubles des conduites et notamment d'agressivité et de provocations. L'échec scolaire peut s'amplifier, si aux difficultés d'apprentissage s'ajoute la tentation de la transgression et de la délinquance.

Conseils aux parents

– Ne considérez pas le comportement de votre enfant comme de la malveillance à votre égard, de même ne jugez pas comme fautive votre incapacité à modifier les troubles de votre enfant. Soyez ouvert à la compréhension et au pardon.

– Soyez disponible pour accompagner votre enfant dans ses activités. Anticipez les risques. Faites de la prévention et rappelez les règles « inlassablement ».

– Passez des conventions avec votre enfant. Adoptez des règles simples et stables. Réagissez avec constance. N'hésitez pas à souligner les progrès, à encourager, complimenter et récompenser.

– Hiérarchisez les fautes. Réagissez avec force et sévérité si votre enfant exerce de la violence physique, notamment contre la fratrie, soyez indulgent si sa chambre n'est pas rangée ou s'il perd ses stylos.

– Ne négociez pas sans cesse. Ne parlementez pas. Appliquez les règles.

L'hyperactivité peut-elle être confondue avec d'autres troubles ?

Le diagnostic d'hyperactivité repose sur la présence de symptômes (déficit d'attention, agitation, impulsivité) mais aussi sur la permanence des troubles. *La permanence dans le temps* : l'enfant est agité depuis « toujours », depuis les premières années de la vie, sans réelle interruption. On peut le mettre en évidence en relisant les appréciations des enseignants sur les carnets scolaires, on y observe parfois une continuité sans faille de la maternelle au collège : élève dissipé, agité, manque de travail et de concentration, bavarde en classe. *La permanence dans l'espace* : l'enfant est agité en tous milieux (ou presque), à l'école, en famille, chez les amis, en vacances, au centre aéré. Les parents ont souvent adopté quelques parades, ils évitent les sorties chez les amis en compagnie de leurs enfants ou fuient les courses en famille dans les hypermarchés. Dans les classifications internationales, le diagnostic de déficit de l'attention avec hyperactivité est validé s'il s'observe au minimum dans deux milieux et au moins depuis six mois, ce qui nous paraît insuffisamment restrictif. Pour notre part, nous considérons que le diagnostic doit se fonder sur la présence des troubles « depuis toujours et en tous milieux », sauf sidérations passagères notamment en consultation médicale (la peur de la blouse blanche assagit parfois les hyperactifs les plus ardents).

Mais un *enfant déprimé*, un *enfant exalté* (troubles bipolaires) ou un *enfant anxieux* peut aussi devenir inattentif ou agité. Alors comment distinguer tous ces symptômes et leurs significations ? Dans l'hyperactivité, les symptômes sont permanents. Dans les troubles bipolaires, l'agitation apparaît en rupture avec un état antérieur, le sommeil est souvent perturbé et l'humeur soumise à d'importantes variations. Dans l'anxiété, les symptômes se manifestent ou s'amplifient lors de certaines situations. Dans l'hyperactivité, les symptômes semblent appartenir à la nature de l'enfant, à sa constitution alors que ces mêmes signes sont, dans la dépression, dépendants de l'environnement ou s'accompagnent d'autres signes plus spécifiques, par exemple une baisse de la joie de vivre.

Quelques *médicaments* (corticoïdes, certains antiépileptiques ou antiasthmatiques) peuvent favoriser l'inattention ou l'agitation.

Les *troubles respiratoires du sommeil,* notamment ceux liés à une obstruction nasale, à une allergie ou au tabagisme passif et se manifestant par des apnées du sommeil ou des ronflements peuvent provoquer agitation et hyperactivité. Une étude récente (Michigan, États-Unis) aurait montré l'influence favorable chez quelques enfants de l'ablation des amygdales et des végétations sur les troubles du comportement. Toutes ces données incitent à rechercher des troubles respiratoires chez tout enfant présentant un TDAH.

Un *trouble auditif* ou *visuel* ou une *déficience intellectuelle* peuvent être confondus avec un déficit de l'attention mais un bilan approfondi réalisé de façon systématique ou prescrit au moindre doute permettra de lever toute ambiguïté. Ce bilan pourra comporter un examen auditif (audiogramme), visuel (contrôle de la vue) et une consultation neuropsychologique centrée sur la passation d'un test de quotient intellectuel (QI). Les troubles attentionnels peuvent s'observer chez les enfants intellectuellement précoces.

L'hyperactivité peut-elle être associée à d'autres troubles ?

Près d'un enfant hyperactif sur deux présente des difficultés pour le langage, la lecture ou les mathématiques. Le lien entre hyperactivité et **dyslexie** (ou **dyscalculie**) est complexe. La dyslexie est-elle la conséquence de l'hyperactivité ou est-ce l'inverse ? On peut comprendre qu'un enfant inattentif ne parvienne pas à se concentrer sur un texte et soit de ce fait moins performant, mais il semble aussi que les enfants dyslexiques se découragent plus vite face au travail écrit et réagissent parfois par de l'évitement et de l'agitation. Quelque explication que l'on donne de ce lien, il existe et il suffit à justifier au moindre doute la passation d'un bilan orthophonique chez tout enfant présentant un trouble attentionnel.

L'hyperactivité peut être associée à des troubles du comportement de type *trouble oppositionnel avec provocations* (TOP), associant notamment désobéissance et agressivité. Cette association (TDAH et TOP) mérite d'autant plus de vigilance qu'elle détermine un risque plus élevé à l'adolescence d'une évolution vers l'éviction scolaire et la délinquance.

Enfin, on peut retenir que le déficit de l'attention avec hyperactivité peut provoquer la survenue de troubles anxieux ou dépressifs. Il semblerait aussi que l'hyperactivité puisse être liée à des troubles bipolaires* (certaines études suggèrent un lien génétique entre bipolarité des parents et hyperactivité chez l'enfant).

Chérubin ou chenapan ?

Un enfant hyperactif peut apparaître comme jovial, familier et heureux de vivre, curieux de tout et constamment à la recherche de nouveaux jeux. C'est souvent vrai pour les plus jeunes. Mais, l'âge aidant, les contraintes scolaires et disciplinaires augmentent et l'entourage n'est plus disposé à supporter chez un enfant de 8 ans ce qu'il tolérait à 4 ans. Les punitions pleuvent avec leur cortège de remontrances à l'école et à la maison : « Tu ne fais aucun effort, tu es fainéant, tu nous fais beaucoup de peine. » Certains enfants s'en accommodent mais, pour d'autres qui ne rêvent que de bonnes notes, de bons points, de félicitations de leur maîtresse et de bisous de leurs parents, la déception est amère. Leur personnalité de chérubin constamment confrontée à leur comportement de chenapan entraîne une souffrance prolongée, un sentiment d'échec et de culpabilité, d'autant qu'ils peuvent aussi être rejetés par leurs camarades pour leur comportement impétueux. Il n'est donc pas rare que des enfants hyperactifs soient déprimés et qu'un traitement spécifique de l'hyperactivité puisse améliorer dans un premier temps la scolarité et entraîner secondairement une franche atténuation de la souffrance dépressive.

Comment établir le diagnostic

Nous ne disposons pas de test biologique ou radiologique de l'hyperactivité. Le diagnostic médical et psychologique est essentiellement clinique. Il se fonde sur le recensement des symptômes, sur l'évaluation standardisée et sur le bilan complémentaire.

L'évaluation clinique

L'entretien avec les parents permet d'apprécier l'existence des symptômes dans les trois registres principaux (déficit attentionnel, agitation et impulsivité) ainsi que leur ancienneté, leur intensité et leur retentissement scolaire et familial. La pérennité des troubles est un critère essentiel, mais chaque enfant a ses moments bénis de calme, de même que les premiers entretiens avec l'enfant ne sont pas nécessairement significatifs de la présence des symptômes, car l'enfant peut craindre une consultation médicale et se tenir provisoirement « à carreau ». On pourra cependant apprécier un éventuel retentissement affectif et explorer d'autres registres psychologiques.

Les enseignants apportent souvent des informations essentielles, les appréciations sur les carnets scolaires sont parfois très précises et leur lecture souvent déterminante à la confirmation du diagnostic. Un seul enseignant (ou un médecin) peut se tromper, mais si l'on dispose de *l'avis de plusieurs enseignants sur plusieurs années* et que toutes leurs appréciations vont dans le même sens, la fiabilité du diagnostic paraît plus assurée d'autant que, s'agissant de l'hyperactivité, le vocabulaire médical est très proche du « vocabulaire enseignant » : attention, concentration, étourderie, agitation, distraction, impulsivité.

L'évaluation standardisée (classifications et échelles d'évaluation)

L'entretien clinique est une étape primordiale, mais il convient d'ajouter par précaution un ou deux questionnaires standardisés qui donneront au diagnostic un degré de fiabilité supplémentaire. Il existe deux grandes classifications des troubles psychiques : l'une, le DSM-IV (1996), proposée par l'Association américaine de psychiatrie et l'autre, la CIM 10 (1994), proposée par l'Organisation mondiale de la santé (OMS).

Le DSM-IV (encadré page 66) comme la CIM 10 distinguent les symptômes en deux ou trois registres, le diagnostic se fondant sur une présence minimale de symptômes pendant au moins six mois et présentant un « certain degré de gêne fonctionnelle liée aux symptômes… ».

Les échelles de Conners ont été validées et révisées depuis les années 1970 aux États-Unis et sont traduites en français sous trois formes, une destinée aux parents et comportant 48 items (48 questions), une autre pour les enseignants avec 28 items et enfin une troisième version dite simplifiée ne proposant que 10 items et réservée au suivi de l'évolution des symptômes sous traitement (voir page 68).

Les critères diagnostiques du TDAH

Inattention

Six (ou plus) des symptômes suivants d'inattention ont persisté pendant au moins six mois, à un degré qui est inadapté et ne correspond pas au niveau de développement de l'enfant.

Inattention

— souvent, ne parvient pas à prêter attention aux détails, ou fait des fautes d'étourderie dans les devoirs scolaires, le travail ou d'autres activités ;
— a souvent du mal à soutenir son attention au travail ou dans les jeux ;
— semble souvent ne pas écouter quand on lui parle personnellement ;
— souvent, ne se conforme pas aux consignes et ne parvient pas à mener à terme ses devoirs scolaires, ses tâches domestiques ou ses obligations professionnelles (cela n'est pas dû à un comportement d'opposition, ni à une incapacité à comprendre les consignes) ;
— a souvent du mal à organiser ses travaux ou ses activités ;
— souvent, évite, a en aversion, ou fait à contrecœur les tâches qui nécessitent un effort mental soutenu (comme le travail scolaire ou les devoirs à la maison) ;
— perd souvent des objets nécessaires à son travail ou à ses activités (jouets, cahiers de devoirs, crayons, livres ou outils) ;
— souvent, se laisse facilement distraire par des stimuli externes ;
— a des oublis fréquents dans la vie quotidienne.

Hyperactivité-impulsivité

Six (ou plus) des symptômes suivants d'hyperactivité-impulsivité ont persisté au moins six mois, à un degré qui est inadapté et ne correspond pas au niveau de développement de l'enfant.

Hyperactivité

— remue souvent les mains ou les pieds, ou se tortille sur son siège ;

— se lève en classe ou dans d'autres situations où il est supposé rester assis ;

— souvent court ou grimpe partout, dans des situations où cela est inapproprié (chez les adolescents ou les adultes, ce symptôme peut se limiter à un sentiment subjectif d'impatience motrice) ;

— a souvent du mal à se tenir tranquille dans les jeux ou les activités de loisirs ;

— est souvent « sur la brèche » ou agit comme s'il était « monté sur ressorts » ;

— parle souvent trop.

Impulsivité

— laisse souvent échapper la réponse à une question qui n'est pas encore entièrement posée ;

— a souvent du mal à attendre son tour ;

— interrompt souvent les autres ou impose sa présence (i.e. fait irruption dans les conversations ou dans les jeux).

American Psychiatric Association, DSM-IV, *Manuel diagnostique et statistique des troubles mentaux*, traduction française, Paris, Masson, 1996.

L'échelle de Conners
Questionnaire abrégé de 10 items

Conners C. K., « A teacher rating scale for use in drug studies with children », *Am. J. Psychiatry*, 1969, 126, p. 884-888 ; trad. française par M. Dugas et M. Bouvard.

	Pas du tout	Un petit peu	Beaucoup	Énormément
1. Agité ou très actif.	☐	☐	☐	☐
2. Nerveux, impulsif.	☐	☐	☐	☐
3. Ne finit pas ce qu'il (elle) a commencé, attention de courte durée.	☐	☐	☐	☐
4. Toujours remuant.	☐	☐	☐	☐
5. Perturbe les autres enfants.	☐	☐	☐	☐
6. Inattentif, facilement distrait.	☐	☐	☐	☐
7. Ses demandes doivent être immédiatement satisfaites : facilement frustré.	☐	☐	☐	☐
8. Pleure souvent et facilement.	☐	☐	☐	☐
9. Changements d'humeur rapides et marqués.	☐	☐	☐	☐
10. Accès de colère, comportement explosif et imprévisible.	☐	☐	☐	☐

Le bilan complémentaire

Il comprend pour l'essentiel un bilan psychologique et un bilan orthophonique. Le déficit de l'attention et l'hyperactivité suffisent à provoquer un échec scolaire sans qu'il soit nécessaire de craindre *a priori* un déficit intellectuel. Toutefois la passation d'un *bilan psychologique* et notamment d'un test psychométrique de l'intelligence permettra de lever éventuellement un doute. Les résultats de ces tests peuvent être minorés par l'inattention ou l'agitation et il conviendra d'en interpréter les résultats avec prudence. Il n'y a pas de lien direct entre déficit de l'attention et déficit de l'intelligence. Un enfant peut donc être hyperactif et surdoué. Quelques tests explorant spécifiquement l'attention existent, ils étaient réservés à la recherche et sont depuis peu accessibles dans le cadre des bilans neuropsychologiques (test de Stroop, tests de barrage de Zazzo, la Nepsi).

La dyslexie-dysorthographie s'observe plus fréquemment chez les enfants hyperactifs, ce qui accroît d'autant le risque d'échec scolaire. Il est donc impératif d'être vigilant et de proposer un bilan orthophonique dans le cadre du bilan initial si les résultats scolaires laissent planer un doute.

Quelles sont les causes de l'hyperactivité ?

Les parents des enfants hyperactifs éprouvent souvent de la culpabilité, ils ont le sentiment de manquer d'autorité, de faillir dans leur rôle éducatif ou de manquer de patience et d'amour. Ce sentiment de faute est accentué par le découragement et, pour certains, par l'épuisement d'autant que l'entourage est toujours enclin à la critique et aux recommandations. Et pourtant, ces parents ont tout essayé : la douceur, la fermeté, le dialogue, les punitions, les couchers tardifs, la suppression des sodas, le sport, la clarinette, le yoga, la relaxation et la psychanalyse avec ou sans pâte à modeler… Ces parents se sont résignés à tout, à subir les conseils de leurs amis ou l'opprobre de leurs voisins de Caddy, à se faire convoquer et chapitrer régulièrement par l'institutrice, à alterner indéfiniment attitudes d'autorité et prêchi-prêcha… et même à relire nos « conseils aux parents » pour des résultats aussi fugitifs qu'illusoires.

Mais pour quelle raison ces actions éducatives restent-elles sans grand effet ? La raison en est simple : l'origine de l'hyperactivité n'est pas psychologique mais neurobiologique. Rien ne justifie la culpabilisation des parents, le TDAH relevant pour l'essentiel de la *constitution et de la nature de l'enfant.* De nombreuses études dirigées par des médecins ou des psychologues ont conclu à la faible implication de la psychologie dans l'étiologie de l'hyperactivité. Ainsi une étude suédoise menée en 1996 (Zetterström) sur cinq cents mères et leurs enfants répartis en trois groupes selon le degré de souffrance familiale : faible, moyen et sévère (par exemple toxicomanie ou alcoolisme d'un parent) montre que la répartition des enfants hyperactifs dans ces trois groupes est à peu près identique et finalement proche des 3 à 6 % observés dans la population générale. On peut légitimement en déduire que les composantes psychologiques et sociales ne sont pas des déterminants fondamentaux dans la survenue d'une hyperactivité.

Les arguments en faveur d'une étiologie neurobiologique de l'hyperactivité sont confirmés par les études de jumeaux, chez lesquels on retrouve une concordance de l'hyperactivité de 30 % pour les jumeaux dizygotes (les dizygotes sont dits « faux jumeaux », tous les gènes ne sont pas communs) et de près de 80 % pour les jumeaux monozygotes (les « vrais jumeaux », tous les gènes sont communs). Une concordance de 80 % signifie à la fois que la génétique est prépondérante mais aussi qu'il s'agit de gènes de vulnérabilité. Les études familiales montrent que la fréquence d'apparition de l'hyperactivité est multipliée par cinq pour un enfant dont l'un des parents est hyperactif. Les recherches et analyses moléculaires ont permis de localiser plusieurs gènes impliqués dans la survenue du TDAH.

Prématurité, génétique et saturnisme

La prématurité (naissance avant terme) et la dysmaturité (petit poids de naissance) sont soupçonnées depuis longtemps de favoriser la survenue de l'hyperactivité. Une étude danoise (Dr Linné, hôpital d'Aarhus, Danemark) confirme que le risque d'apparition de ce syndrome est majoré de 70 % pour les enfants nés entre la 34e et la 36e semaine et de 300 % pour les enfants nés avant la 34e semaine de grossesse. Le risque augmente de 50 % pour les enfants dont le poids de naissance est compris entre 2,5 et 3 kg. Il grimpe à 90 % pour les nouveau-nés pesant de 1,5 à 2,5 kg. Le lien entre prématurité et TDAH pourrait s'expliquer par l'existence d'épisodes d'hypotension ou d'hypoxie* à l'origine de modifications du système dopaminergique. Les garçons étant plus vulnérables que les filles car la sécrétion dopaminergique se mature plus lentement dans le sexe masculin.
La prématurité apparaît comme l'une des causes de l'hyperactivité mais la génétique garde toute sa place d'autant qu'une autre étude (Hôpital pédiatrique de Cincinnati, États-Unis) semble indiquer que certains gènes pourraient rendre les enfants plus vulnérables aux effets toxiques du plomb (saturnisme*) sur le comportement et provoquer la survenue d'un TDAH. Le saturnisme s'observant surtout chez des enfants vivant dans des logements insalubres, cette cause d'hyperactivité peut être considérée comme un modèle d'interaction entre génétique et environnement social.

TDAH et scolarité

Les conséquences du TDAH peuvent être familiales (épuisement, impuissance et culpabilité des parents, querelles parfois violentes avec la fratrie, restrictions des sorties et des rencontres) ou amicales (activisme maladroit et impulsivité peuvent susciter la mise à l'écart), mais elles sont surtout scolaires. Près d'un enfant TDAH sur deux risque l'échec scolaire et le risque est accru si le TDAH est associé à des troubles des conduites. Quelles en sont les raisons ?

- La présence physique des écoliers en classe est de cinq à six heures par jour mais, pour les enfants hyperactifs, le temps réellement consacré au travail est bien moindre. Une heure par jour ? Parfois beaucoup moins… et à ce rythme, certains enfants échouent dès le CP, d'autres s'essoufflent plus tard en fin de primaire ou au collège. Tous ont des résultats en deçà de leur potentiel. « Quand mon fils doit faire un devoir à la maison, il faut être constamment sur son dos et le canaliser, si je m'éloigne une minute il s'interrompt, alors j'imagine ce que ce doit être dans une classe de vingt-cinq élèves. » Un élève TDAH s'agite, disperse son attention, écoute par bribes, lit et écrit en diagonale (parfois au sens strict), mémorise peu les consignes ou les leçons et bâcle ses devoirs quand il ne les reporte pas au lendemain.
- Aux symptômes spécifiques du TDAH (agitation, inattention et impulsivité) qui représentent déjà un obstacle (travail désorganisé, lecture précipitée, écriture malhabile) peuvent s'ajouter d'autres troubles des apprentissages et notamment la dyslexie et la dyscalculie qui sont quatre fois plus fréquentes chez les enfants hyperactifs (20 % contre 5 % dans la population générale).
- Le comportement des enfants hyperactifs perturbe la classe et suscite remontrances et punitions des enseignants ce d'autant que *le TDAH est parfois perçu à tort comme une faute morale, comme le fait d'une intentionnalité malveillante de l'enfant* : « *Votre enfant ne veut pas travailler, il refuse d'obéir, il prend plaisir à s'agiter et à perturber ses camarades.* » L'école représente pour l'enfant non seulement un lieu d'ennui et de contraintes mais aussi d'opprobre, d'accablement, de « harcèlement moral » et de rejet dont peut naître un sentiment d'hostilité réciproque qui grandit avec l'âge, qui s'exacerbe à l'adolescence et qui peut provoquer absentéisme et délinquance. Cependant, certains enseignants particulièrement compréhensifs peuvent offrir (provisoirement…) un état de grâce à un enfant hyperactif : « Mademoiselle L. est une maîtresse très patiente qui sait

s'y prendre avec Dora, elle sait la complimenter et l'encourager et pour la première fois, notre fille semble aimer l'école. »

- L'intelligence des enfants hyperactifs se distribue selon une courbe proche de celle de la population scolaire générale. L'hyperactivité ne favorise ou n'interdit ni la déficience ni la précocité. Mais il va de soi que le niveau intellectuel de l'enfant peut, à niveau d'inattention ou d'hyperactivité identique, moduler à la hausse ou à la baisse les troubles du comportement et l'efficience scolaire.

Quels traitements proposer ?

On se prendrait à rêver d'un consensus tant les opinions sur les traitements du TDAH suscitent controverses et querelles. C'est vrai pour la pédopsychiatrie en général, ça l'est plus encore pour le TDAH qui semble cristalliser toutes les passions, notamment celles qui s'expriment par une hostilité de principe aux traitements psychotropes. Les traitements psychostimulants ont cependant fait la preuve de leur efficacité et de leur innocuité. Il est vrai que nous partageons cet idéal d'une psychiatrie fondée sur la psychothérapie, mais une médecine humaniste doit accepter de diversifier ses pratiques et de valider ses compétences. *Faute d'un accord sur les mérites comparés des psychothérapies et des médicaments, les « psys » pourraient fixer une limite de temps au-delà de laquelle l'inefficacité d'un traitement imposerait une information des parents sur la possibilité d'autres consultations et d'autres thérapies. Nous recevons souvent des parents dont les enfants hyperactifs ont été suivis en psychothérapie sans grand résultat pendant des années. Quand ils découvrent l'efficacité des traitements médicamenteux, ils se plaignent moins de l'inefficacité de la psychothérapie que d'une absence d'information sur la pluralité des approches.*

Conseils aux enseignants

L'attitude des enseignants peut améliorer sensiblement le comportement des enfants hyperactifs sans pour autant modifier fondamentalement la nature du trouble. On pourra notamment :

— Aménager l'espace de l'enfant : les pupitres sont espacés, l'enfant placé près du maître et d'écoliers paisibles (sans jamais l'isoler ou présenter une nouvelle place comme une sanction) mais loin des distracteurs auditifs et visuels (fenêtres, aquarium...).

— Séquencer les cours, parcelliser les exercices : annoncer et planifier chaque heure selon un même rythme en vérifiant que chaque étape programmée a été franchie par *tous* les élèves avant d'engager la suivante : « Maintenant que vous avez tous ouvert le cahier, vous avez 5 minutes pour recopier l'exercice... »

— Valoriser les efforts et les progrès, prodiguer éloges et félicitations pour tenter d'atténuer la litanie ininterrompue des insuccès et des remontrances auxquels sont souvent confrontés les enfants hyperactifs et dont peut résulter une détestation de l'école.

— Autoriser l'enfant à bouger pour certaines activités physiques utiles à la classe, écrire au tableau, distribuer les cahiers ou même avec une diplomatie virtuose (les autres enfants veillent...) le laisser se dégourdir les jambes dans le couloir...

— Se concerter avec l'enfant pour trouver des solutions personnalisées, pour l'aider à mieux se contrôler ou à travailler plus efficacement et pour connaître les mots qui le blessent et ceux qui l'encouragent.

— Afficher le règlement et le plan de travail. Les enfants hyperactifs ont besoin de consignes visuelles, de limites, de structures et de rappels.

Les psychothérapies

Il existe à ce jour peu d'études d'évaluation d'efficacité ou d'inefficacité des psychothérapies sur le TDAH. Aucune pour la psychanalyse, mais nous disposons de quelques études sur les TCC (thérapies cognitives et comportementales) dont les conclusions cependant ne permettent pas d'espérer un niveau d'efficacité équivalent à celui des psychostimulants (les auteurs anglosaxons préconisent le passage aux psychostimulants après six à huit semaines d'essai psychothérapique infructueux). Précisons cependant que l'association d'une TCC et d'un psychostimulant pourrait offrir une efficacité thérapeutique supérieure à celle de chacun de ces traitements pris isolément.

Les TCC sont un ensemble de stratégies thérapeutiques individuelles et/ou familiales centrées sur les symptômes et les comportements. On peut citer les techniques d'*extinction-renforcement* : afin de rompre une communication intrafamiliale exclusivement répressive on propose de diminuer le volume de remontrances et de punitions pour les petites bêtises (en ne réprimant que l'essentiel, par exemple la violence physique) et, dans le même élan, on valorise chez l'enfant tous les comportements positifs sous forme de compliments et de gratifications. L'enfant peut ainsi améliorer son image de soi, se découvrir de nouvelles qualités et être incité à progresser et à respecter son entourage qu'il perçoit alors comme moins hostile.

Des TCC de groupe sous forme notamment de *jeux de rôle*, permettent aux enfants de mieux comprendre les conséquences intempestives de leurs actes impulsifs (par exemple, interrompre une conversation ou un jeu) ou de mieux résoudre les problèmes relationnels familiaux, notamment avec la fratrie.

D'autres approches dites *neurocognitives* proposent une méthodologie spécifique du TDAH en proposant notamment à l'enfant d'énoncer préalablement les étapes d'un projet ou d'une action plutôt que de l'accomplir dans la précipitation (par exemple pour un devoir scolaire ou un jeu de société).

Les médicaments

Au début des années 1990, nous participions à un voyage d'études en Chine à la rencontre de la médecine traditionnelle, mais à notre étonnement nous avons découvert une psychiatrie moderne disposant de médicaments auxquels nous n'avions pas accès. Au nombre de ces médicaments disponibles en Chine et inaccessibles en France, figurait le méthylphénidate (le principe actif de la Ritaline® et du Concerta®). Depuis lors, le méthylphénidate est autorisé en France mais sa diffusion reste confidentielle, il est cent fois moins prescrit par exemple qu'en Suisse ou au Canada ! Et pourtant, ce médicament a été découvert en 1944 et il est prescrit régulièrement depuis près de cinquante ans par de nombreux pays européens. Mais, dans notre pays, il a fallu attendre 1995.

Après quarante années d'interdiction, il persiste toujours en France une grande réticence à la prescription de ce médicament. Comment l'expliquer ?

- L'inscription de ce médicament au tableau des stupéfiants et ses restrictions de prescription (ordonnance sécurisée, prescription initiale autorisée pour les seuls pédiatres, neurologues et psychiatres hospitaliers) accréditent l'idée qu'il s'agit d'un médicament dangereux.
- La prescription de ce médicament viendrait contredire la survivance freudienne du tout psychothérapique (la grande majorité des pédopsychiatres français se « réclament » de la psychanalyse).
- L'insuffisance de formation des médecins qui surestiment la complexité de la prescription du méthylphénidate et du suivi des patients, mais qui sous-estiment les risques évolutifs du TDAH (échec scolaire notamment).
- Un certain nombre d'idées reçues amplifiées par les médias : c'est une drogue, un dérivé d'amphétamine alors qu'en réalité le méthylphénidate a une action différente des amphétamines avec notamment pour effet de ne produire aucune dépendance et même – c'est un paradoxe peu connu – de protéger contre la toxicomanie en diminuant les risques à l'adolescence de déscolarisation, de désocialisation et de comportements déviants. Le TDAH serait dû à un déficit du « transport » de la dopamine localisé à certaines régions du cerveau et le méthylphénidate comblerait ce déficit par son effet dopaminergique (à l'inverse, les sédatifs et plus précisément les neuroleptiques sédatifs ont une action antidopaminergique susceptible d'aggraver les symptômes du TDAH). Annoncer que le méthylphénidate est un psycho-

stimulant suscite souvent la réprobation des parents : « Comment, vous ne trouvez pas mon fils suffisamment agité, vous voulez lui donner en plus un excitant ! » Mais, plus que l'agitation, le déficit attentionnel est généralement le *primum movens* du TDAH. Il semble alors cohérent de proposer un psychotrope qui stimule l'attention.

En médecine, on distingue notamment les traitements *curatifs* (qui guérissent, par exemple la chirurgie de la myopie) et les traitements *suspensifs* (qui suspendent mais qui ne guérissent pas, par exemple les verres correcteurs). Le méthylphénidate est un traitement suspensif et non curatif qu'il convient donc de prendre tant que le trouble persiste, pendant toute l'enfance et souvent pendant l'adolescence, période au terme de laquelle on peut espérer une amélioration liée pour partie à un autocontrôle plus mature. Le méthylphénidate est un traitement au long cours qui peut courir du CP à la classe de 3e et parfois au-delà. Cependant, on peut légitimement s'interroger après une ou deux années de traitement sur la nécessité de le poursuivre et on pourra l'interrompre quelques semaines pour en vérifier l'efficacité, mais il arrive aussi qu'une seule journée suffise… « J'ai oublié un matin et le soir même, je recevais un appel de l'institutrice qui craignait une rechute. »

Le méthylphénidate agit environ une heure après la prise et pour une durée limitée à quatre, cinq heures tout au plus ; imposant une prise le matin pour la matinée et une prise le midi pour l'après-midi. Mais il existe deux présentations à libération prolongée (LP, dite forme-retard) la Ritaline® LP et le Concerta® LP qui permettent une seule prise par jour, la durée d'action étant prolongée à huit ou dix heures. La forme-retard qui supprime la prise de midi permet de ne plus dépendre de l'école pour les enfants déjeunant à la cantine et donne de surcroît la liberté d'être discret. Faut-il prescrire Le méthylphénidate tous les jours ou seulement les jours de classe ? Si le retentissement du TDAH est strictement scolaire, on pourra opter pour un traitement discontinu (les jours de classe), mais, si les troubles contrarient tout travail personnel à la maison et perturbent la vie familiale, on préférera un traitement continu (tous les jours) d'autant plus volontiers que cette prescription pourrait permettre de rapprocher le terme du traitement (l'arrêt définitif) et d'atténuer les effets secondaires du méthylphénidate. Ces effets secondaires sont modérés et disparaissent souvent après les premiers jours d'initiation ou de reprise du traitement : les plus fréquents sont la perte d'appétit (le midi), les céphalées et les difficultés d'endormissement (le retard à l'endormissement serait cependant compensé par un sommeil de meilleure qualité avec les psychostimulants). S'il convient idéalement d'informer loyalement les enseignants de l'état de santé d'un enfant qui leur est confié, on peut aussi craindre que l'annonce d'un traitement signant un diagnostic psychiatrique même anodin ne vienne singulariser des enfants souvent fort éprouvés par des années de conflit scolaire et de harcèlement éducatif. (« Depuis que la prof sait que je prends ce médicament, ça ne m'a attiré que des ennuis, même si je ne me retourne qu'une seule fois, la prof me demande devant toute la classe si j'ai bien pris mon médicament ce matin », Framboise, classe de 5e.)

TDAH, fer et magnésium

Il existe probablement un lien entre TDAH et déficit en fer. Une étude française (hôpital Robert-Debré, Paris) centrée sur le dosage de la ferritine dans le sang (ferritinémie) a montré que 84 % des enfants hyperactifs présentaient une ferritinémie inférieure à 30 ng/ml contre seulement 18 % chez les enfants témoins. Il existerait un lien de cause à effet entre le déficit en fer et le TDAH, car le fer participe à la fois de la synthèse dopaminergique et de l'efficacité des récepteurs dopaminergiques corticaux (rappelons que le TDAH serait lié à un déficit dopaminergique). Une autre étude (CHU de Nîmes) évoque une carence en magnésium. Toutes ces recherches méritent d'être poursuivies, mais, en l'état actuel, l'efficacité d'un traitement par le fer et le magnésium ne paraît pas définitivement établie. En pratique, on pourra contrôler par un dosage sanguin des réserves de fer (ferritine), l'éventualité d'une carence, en particulier si l'enfant présente en association avec l'hyperactivité, des troubles du sommeil ou un syndrome des jambes sans repos (SJSR). Le dosage du magnésium (magnésémie) peut s'avérer tout aussi utile. Quelques (rares) essais cliniques semblent prometteurs. Il convient d'être endurant, car les premiers effets positifs sur le TDAH ne s'observent que rarement avant huit mois de traitement pour le fer ou trois mois pour le magnésium.

Si les symptômes sont « dévastateurs » ou s'il existe une menace d'exclusion de l'école ou une annonce de redoublement, il paraît préférable de proposer d'emblée un traitement par le méthylphénidate (immédiatement efficace) associé à une supplémentation en fer ou en magnésium avant de tenter, après plusieurs mois de traitement jumelé, un arrêt du méthylphénidate tout en maintenant durablement fer ou magnésium. Pour les formes légères, une supplémentation en fer ou en magnésium pourrait être prescrite isolément en première intention.

CHAPITRE 3

L'enfant « intellectuellement précoce »

Surdoué, enfant à haut potentiel, doué… aucun de ces termes n'est vraiment révélateur des spécificités de ces enfants. Nous opterons ici pour le qualificatif d'enfant **intellectuellement précoce** ou **IP**.

Si la précocité intellectuelle a fait couler beaucoup d'encre depuis quelques années, il nous paraît essentiel d'insister sur le fait que le parcours scolaire de 80 % des enfants intellectuellement précoces se fait sans embûches ; il est même le plus souvent excellent. De nombreuses études de quotient intellectuel en fonction du niveau socioculturel concluent que le QI moyen des cadres supérieurs, médecins, avocats et ingénieurs se situe au-delà de 130, celui des hauts fonctionnaires et des chercheurs au-delà de 140. Le critère de précocité intellectuelle étant un QI supérieur à 130, on constate qu'une intelligence dite supérieure est un des prédicteurs les plus fiables de réussite sociale.

Notre propos concerne donc 20 % des enfants précoces. Il serait tout aussi justifié de classer ces enfants dotés de particularités de leur fonctionnement intellectuel et émotionnel parmi le vaste groupe des enfants « dys- ». Car, bien que possédant des capacités de raisonnement exceptionnelles, ces enfants pensent différemment, sont en décalage par rapport aux autres. Ils sont « dyssynchrones » : rapides dans la compréhension des concepts, ils seront plus lents pour faire une opération, par exemple, ou formuler par écrit le contenu de leur pensée foisonnante. Les recherches de ces dernières années dans le domaine de la neuropsychologie cognitive justifient le concept de « pensée divergente » proposé dans les années 1970.

Ce « dysfonctionnement » cognitif qui s'accompagne d'un développement affectif particulier explique que certains de ces enfants soient en situation d'échec scolaire.

En France, on estime que 2 % des enfants scolarisés entre 2 et 16 ans ont un QI supérieur ou égal à 130. Plus d'un tiers des enfants IP seraient en échec en 3e, 20 % n'obtiendraient pas le baccalauréat.

Il est classique de définir les enfants doués par un chiffre de *quotient intellectuel*, le QI, supérieur à 130. Ceci est extrêmement réducteur, puisque leur particularité essentielle réside dans leur mode de raisonnement et d'appréhension des situations.

Notre propos n'est pas ici de discuter de la notion d'intelligence qui depuis toujours est sujette à débat. Au fil des siècles, le concept n'a cessé d'être redéfini. La tendance actuelle est peut-être de considérer l'intelligence comme l'ensemble des capacités tendant à la meilleure adaptation à l'environnement.

Le test d'évaluation du quotient intellectuel reste néanmoins un moyen de dépistage intéressant, mais très insuffisant pour évaluer le sens pratique et la créativité. On sait par ailleurs que l'émotivité joue un rôle très important sur la compréhension et la réalisation de certaines tâches. Des tests d'évaluation du *quotient émotionnel* ont été mis au point ces dernières années, mais sont peu utilisés chez les enfants.

Docteur,

J'ai conseillé à M. et Mme X de consulter pour leur fils Jean, car je suis de plus en plus déconcertée par l'attitude de cet enfant. J'en ai parlé à ma collègue qui l'a eu dans sa classe l'année dernière en CM1. Elle partage mes interrogations et me souhaite du courage…

Ses résultats scolaires sont globalement médiocres bien qu'il lui arrive d'avoir de bonnes notes en expression écrite, si je ne tiens pas

compte de l'orthographe que je qualifierai d'excentrique. En mathématiques, il dit ne pas comprendre les énoncés des problèmes. Les questions qu'il pose sont soit très pertinentes, soit totalement hors sujet, ce qui provoque souvent la risée des autres enfants. Il termine rarement les exercices, est extrêmement lent pour écrire : son écriture est calligraphique lorsqu'il dispose d'assez de temps, sinon elle devient quasi illisible. Il me paraît très peu motivé et peu présent. Parfois, lors des activités d'éveil, il lui arrive d'intervenir et de poser des questions si le sujet l'intéresse. Enfin, il n'est pas vraiment intégré dans le groupe, sans que ses relations soient difficiles avec les autres enfants. Mais il reste plutôt en retrait.
J'espère que vous pourrez m'éclairer, et me conseiller quant à l'attitude à adopter avec ce jeune garçon déroutant et vous en remercie.

Courrier de Mme X, institutrice de Jean, classe de CM2

Comment repérer un enfant intellectuellement précoce ?

La petite enfance d'un écolier intellectuellement précoce est le plus souvent marquée par la précocité du développement de son langage. Jusqu'à l'âge de 5-6 ans, il est généralement très gratifiant pour ses parents qui ne cessent de s'émerveiller de sa vivacité et de son esprit inventif, de ses questions pertinentes concernant les sujets les plus divers. Il fait preuve d'humour, argumente, ce qui ne manque pas de fasciner son entourage. L'enfant en use, contourne les règles éducatives et obtient généralement tout ce qu'il veut. Dès les premiers apprentissages, des difficultés graphomotrices qui contrastent avec l'aisance verbale de l'enfant peuvent être signalées.

- **Les troubles du sommeil** sont plus fréquents parmi les enfants IP (35 %) que dans la population générale (14 %), représentés essentiellement par des difficultés d'endormissement, des cauchemars et la peur du noir. Ce sont plutôt de petits dormeurs.

- **Les troubles anxieux** sont fréquents et peuvent être intenses ; en effet, l'enfant IP se pose très tôt, trop tôt, des questions existentielles concernant la mort, la maladie, la sexualité, les grands problèmes humains. Ces préoccupations sont source d'anxiété se traduisant par des troubles divers : crises de panique, anxiété généralisée ou troubles obsessionnels compulsifs.
- **Les troubles du comportement** sont la conséquence de sa précocité. L'enfant IP a tendance à préférer la compagnie des adultes. Dès la maternelle, le risque de marginalisation est grand pour cet enfant qui côtoie des enfants au parler bébé, mais qui est souvent maladroit et peu attiré par les activités sportives. Il peut alors devenir opposant. Chez l'enfant plus grand, l'*opposition* est un symptôme constant. Il n'accepte pas l'autorité et réagit à la moindre contrainte par de fortes colères. Nombreux sont ceux qui, en milieu scolaire, ont un comportement pseudo-*hyperactif* associant une hyperactivité motrice, des troubles de l'attention et une impulsivité. Mais ce comportement apparaît essentiellement à l'école car l'enfant s'y ennuie alors qu'il pourra être calme et attentif dans d'autres circonstances.
- **L'échec scolaire** est une manifestation fréquente : constat *a priori* paradoxal, mais qui devient presque évident lorsque l'on étudie le fonctionnement de l'enfant IP sur le plan tant cognitif qu'affectif. Les particularités du fonctionnement de sa pensée permettent de comprendre que la pédagogie « classique » conçue pour une « pensée unique » n'est pas adaptée à un grand nombre d'enfants IP.

  En classe, cet enfant peut être déroutant par les questions qu'il pose. Il répond souvent « à côté » ou dit qu'il ne comprend pas, pouvant paraître provocateur ou insolent aux yeux de l'enseignant. Il a tendance à compliquer toutes les situations. Il peut échouer aux exercices les plus simples, car l'évidence ne lui est pas naturelle. De plus, son anxiété et le doute permanent qu'il a sur ses compétences sont un frein à sa réussite. Enfant paresseux, inattentif, distrait sont des qualificatifs qui lui sont très souvent attribués par les enseignants. Il peut même donner l'impression d'être déficient intellectuel lorsque, par souci de conformisme, il s'installe progressivement dans un état d'inhibition intellectuelle.

Qui consulter ?

Un ou plusieurs de ces signes doivent alerter les parents ou l'école et faire consulter le **pédiatre** ou le **pédopsychiatre**. Avant que le diagnostic ne soit confirmé par des tests, le médecin, par un entretien détaillé avec les parents, puis avec l'enfant ou l'adolescent, recherchera d'éventuels troubles associés tels qu'un trouble anxieux, des troubles de l'estime de soi, voire un état dépressif.

Il est prudent de ne pas faire de diagnostic trop tôt et d'attendre les résultats des tests. Les enfants « précoces » ayant fait l'objet de colloques et débats dans les médias, nombreux sont les parents qui évoquent trop rapidement l'hypothèse de précocité pour leur enfant. Seul un bilan psychologique permet ce diagnostic et donne un profil de l'enfant tant sur le plan cognitif qu'affectif.

Bilan psychologique

Quel est le profil psychométrique des enfants intellectuellement précoces et quelles sont les particularités de leur fonctionnement cognitif ? Le bilan psychologique commence par la passation du WISC qui est l'outil le plus utilisé pour l'évaluation des capacités intellectuelles des enfants entre 6 ans et 16 ans 11 mois. Ce test est constitué de deux échelles : l'échelle verbale et l'échelle de performance qui comprennent chacune 12 sous-tests. Les résultats obtenus à chacune des épreuves permettent de donner un chiffre de quotient intellectuel ou QI : nous obtenons donc un quotient intellectuel verbal ou QIV pour les épreuves verbales et un quotient intellectuel de performance ou QIP pour les autres épreuves. Un troisième chiffre, le quotient intellectuel global ou QIG est la résultante des deux autres. Mais un écart de plus de 12 points entre le QIV et le QIP ne permet pas de définir le QIG. On comprend donc qu'un seul chiffre n'est aucunement significatif ; seul, l'examen attentif des différents sous-tests permet une analyse pertinente de son efficience.

Les études menées auprès d'enfants dont le QIG est supérieur ou égal à 130 ont mis en évidence un profil spécifique, marqué essentiellement par une grande *hétérogénéité* des résultats aux différents sous-tests. Le QIV est toujours supérieur au QIP, ce qui n'a rien de très étonnant étant donné leur aisance verbale, et l'écart entre les deux QI est supérieur à 12 points pour plus de 50 % d'entre eux. Parmi les épreuves verbales, les deux tests de *compréhension* et de *similitude* sont les mieux réussis. Tous deux font appel à l'approche globale des situations, ce qui semble correspondre à un mode de fonctionnement que privilégient ces enfants. Les épreuves de *code* et d'*assemblage d'objets* sont les deux épreuves des tests de performance les moins réussies. Le code consiste à associer un signe à un chiffre sur une grille, ce qui ne nécessite ni logique ni raisonnement. Cet exercice graphique, plutôt scolaire, peut susciter une certaine inhibition, ou un refus chez ces enfants.

Il est important de ne pas se contenter du WISC pour comprendre le fonctionnement intellectuel de ces enfants. D'autres tests (Kaufman, ...) permettent d'étudier leur *fonctionnement cognitif*, c'est-à-dire les stratégies qu'ils utilisent pour saisir et traiter l'information.

Ces enfants ont un mode de *raisonnement analogique* plus qu'analytique. Ils utilisent la généralisation et le transfert des acquisitions. Pour schématiser, nous dirons que, chez un enfant « normal », une information sera traitée sur un mode linéaire : chaque donnée entraîne l'activation d'autres données qui s'enchaînent les unes après les autres jusqu'à production du résultat. Chez l'enfant IP, la même information va activer plusieurs réseaux, source d'idées multiples qu'il lui sera difficile de structurer et d'organiser dans une succession logique. Ceci explique les réponses incongrues et humoristiques. Ce mode de fonctionnement propice à la créativité l'est beaucoup moins au travail scolaire.

Si l'on se réfère aux spécificités de chacun des hémisphères cérébraux, on peut dire que l'enfant IP utilise plus volontiers l'hémisphère droit qui permet de saisir une situation par intuition, approche simultanée et globale. Or la plupart des tâches scolaires sollicitent l'hémisphère gauche qui permet le traitement analytique ou séquentiel d'une information. Il mène à argumenter et développer un raisonnement suivant une certaine logique déductive. Par un *raisonnement de type inductif*, l'enfant IP sera capable de donner une réponse, en maths notamment, tout en étant incapable de dire comment il parvient à ce résultat. La réponse peut lui paraître évidente. Il ne comprend pas que seul un raisonnement logique soit accepté, ce qui peut entraîner une incompréhension, voire des conflits avec les enseignants.

Une autre particularité des enfants IP est leur *sens de l'humour* : la qualité de l'humour dans un texte écrit marqué d'une certaine incongruité et portant sur des thèmes morbides est statistiquement significative de précocité intellectuelle.

Face à de telles particularités, qui peuvent entraîner des difficultés scolaires, l'enfant risque de se démotiver car il ne peut éprouver ni plaisir ni curiosité pour un système pédagogique qui ne lui est pas adapté.

Le bilan psychologique devra explorer la *dimension affective et émotionnelle*. L'enfant IP est très tôt confronté aux questions existentielles. Désireux de tout comprendre, il doit faire face à l'incompréhensible. Il serait pour ces raisons plus exposé au risque dépressif. Il est également très sensible. L'interférence des réactions émotionnelles lors de tout acte intellectuel est sans doute une spécificité essentielle du fonctionnement de ces enfants. L'enfant doute en permanence de ses capacités car le décalage est grand entre ce qu'il perçoit de son niveau de compréhension et ses résultats scolaires. Aussi peut-il avoir une très mauvaise estime de soi. Il reste longtemps dans une situation de dépendance affective par rapport à ses parents et à ses enseignants, car son besoin de réassurance est constant.

Tous ces aspects doivent être évalués afin de mettre en place l'aide la plus adaptée.

Quelle aide apporter à l'enfant intellectuellement précoce ?

Si l'enfant souffre de troubles anxieux ou d'une mauvaise image de soi, s'il présente des troubles du comportement ou des signes dépressifs, il pourra bénéficier d'une psychothérapie de soutien ou de type cognitivo-comportemental. Plus que tout autre, l'enfant IP doit apprendre à reconnaître et gérer ses émotions. Le rassurer sur ses capacités ne suffit pas toujours à améliorer son estime de soi. Une aide pragmatique doit lui être proposée afin qu'il puisse tirer parti de ses compétences. Cette aide passe par les parents et les enseignants. L'enfant IP accorde une place essentielle au sens des mots, par besoin de maîtrise, et il ne saisit pas toujours les propositions implicites ou, plus exactement, ne les interprète pas comme la plupart le font. Bien souvent, il ne comprend donc pas les consignes. Pour la plupart des exercices demandés, l'enfant IP ne parvient pas à structurer et organiser sa pensée en une succession d'étapes. Les idées déferlent par la mise en action de nombreuses connexions.

Il est possible et nécessaire de l'aider en lui proposant de :

– préciser ce que signifient les énoncés ;

– ne pas hésiter à poser des questions ;

– verbaliser les consignes ;

– définir le cadre et les limites de la tâche demandée ;

– détailler le mode d'emploi, le plan et la succession des étapes ;

– nourrir sa motivation par des encouragements réguliers.

Pour ces enfants en situation d'échec scolaire ou en grande difficulté, il est possible d'opter pour une classe dans laquelle une méthode pédagogique plus adaptée leur est proposée. Depuis 2001, plusieurs associations obtiennent progressivement de l'Éducation nationale la mise en place d'un programme de formation des enseignants des écoles publiques et privées à la pédagogie des enfants IP et la création de classes spécialisées. Les enfants intellectuellement précoces pourront ainsi utiliser toutes leurs potentialités et ne plus souffrir de leur pensée « non conforme ».

CHAPITRE 4

Les troubles anxieux

Il est fréquent, pour ne pas dire inévitable, qu'un trouble spécifique des apprentissages non diagnostiqué rapidement induise des manifestations anxieuses, un trouble oppositionnel, des troubles de l'estime de soi, voire un état dépressif. Mais, lorsque des troubles anxieux deviennent envahissants et perturbent la socialisation de l'enfant, ils peuvent aussi freiner ses apprentissages scolaires et conduire à l'échec. Une observation attentive et quelques tests permettent de comprendre la souffrance de l'enfant et d'opter pour la prise en charge la plus adaptée.

Anxiété, angoisse sont des mots que tout un chacun utilise au quotidien en les détournant parfois de leur vraie signification.

L'**anxiété** correspond à un sentiment pénible de danger, une crainte diffuse. Son intensité est très variable. Modérée, elle est un moteur et un stimulant. Lorsqu'elle devient trop forte, elle envahit le champ de la pensée et inhibe. C'est alors qu'elle peut avoir des conséquences sur la scolarité et la socialisation.

Quand surviennent des sensations physiques pénibles de constriction, d'étouffement, de « boule dans la gorge », de « poitrine prise dans un étau », d'étourdissements, de troubles intestinaux… on parle d'angoisse ou crises de panique. Le mot **angoisse** est également utilisé pour décrire les sensations pénibles que ressent tout enfant au cours de certaines étapes du développement de sa personnalité lorsqu'il doit affronter de nouvelles situations. Cette angoisse traduit un processus de maturation émotionnelle. Angoisse et peur bien que souvent différenciées sont généralement intimement liées. Les bruits soudains font peur aux nouveau-nés et aux jeunes enfants. L'angoisse de séparation est considérée comme normale vers 7 ou 8 mois : le petit enfant se met à hurler lorsque sa mère disparaît de son champ de vision. Entre 2 et 4 ans, nombreux sont les enfants qui ont peur de certains animaux (la peur des chiens est très fréquente). Ils appréhendent également d'être seuls et peuvent avoir des difficultés d'endormissement. Vers 5 ans, la peur se déplace vers des créatures imaginaires, peur alimentée par les dessins animés ou les jeux vidéo qui n'épargnent pas les enfants de scènes effrayantes. L'entrée en maternelle vers 3 ans ou au cours préparatoire peut entraîner des phénomènes anxieux passagers qui n'entravent en rien l'évolution vers l'autonomie et la socialisation. Par la suite, jusqu'à l'âge de la puberté, les enfants appréhendent certains événements : accidents graves, perte d'un être cher ou catastrophe naturelle… L'adolescent manifeste plutôt une anxiété sociale par crainte du jugement d'autrui.

L'évolution de ces peurs et manifestations d'anxiété semble universelle.

Lorsque les sentiments de peur et les manifestations d'anxiété sont intenses et perdurent, ils finissent par perturber le développement de l'enfant et retentissent sur ses activités quotidiennes. Le milieu scolaire, lieu d'apprentissage tant académique que social, est pour l'enfant un lieu de manifestation privilégié de ces **troubles anxieux.**

Ces troubles se traduisent par des manifestations cliniques très variées. L'anxiété peut, en effet, se traduire sur le *plan comportemental* par l'évitement, la fuite ou des compulsions. Sur le *plan cognitif,* elle peut engendrer de fausses interprétations ou des idées obsédantes appelées aussi ruminations. Sur le *plan affectif,* l'enfant anxieux souffrira de sentiments de peur, de panique. Enfin, l'anxiété peut se manifester sur un *plan physiologique* par des réactions somatiques aiguës ou chroniques : difficultés respiratoires, douleurs abdominales, maux de tête. Les troubles anxieux ont fait l'objet de nombreuses classifications. Nous décrirons ici cinq d'entre eux qui peuvent avoir des conséquences sur la scolarité : l'*anxiété de séparation* et la *phobie sociale* qui traduisent une forte anxiété focalisée sur des thèmes assez précis, l'*anxiété généralisée* reflet d'une anxiété flottante, le *trouble panique* qui correspond à une anxiété paroxystique. Bien que la pertinence de classer les *troubles obsessionnels compulsifs* parmi les troubles anxieux soit remise en question, nous les décrirons également dans ce chapitre.

L'anxiété de séparation

L'anxiété de séparation est une manifestation normale au cours du développement : chez le jeune enfant avant l'âge de 1 an lorsque sa mère s'éloigne ou lors des premiers jours d'école maternelle.

Le trouble anxiété de séparation est le trouble anxieux le plus fréquent durant l'enfance. Il s'observe chez les filles comme chez les garçons avec la même prévalence de 3 à 4 % des enfants d'âge scolaire et de 1 % chez les adolescents.

➤ *Comment établir le diagnostic ?*

On parle de trouble si l'anxiété est excessive et inappropriée lors de la séparation d'avec les personnes auxquelles le sujet est attaché. L'enfant craint la disparition de ses proches ou d'autres malheurs. Cette peur peut avoir pour conséquence le refus d'aller à l'école. De même, l'enfant refuse d'aller dormir chez un ami, ou fait des cauchemars répétés sur le thème de la séparation. Douleurs abdominales, céphalées, nausées apparaissent dès que le moment de la séparation approche.

Devant l'intensité de ces différents troubles et leur persistance, une consultation s'impose auprès d'un *pédopsychiatre*.

L'entretien va dans un premier temps reprendre l'histoire de l'enfant à la recherche de périodes de séparation pour maladie ou éloignement prolongé d'un proche.

L'observation de l'enfant et l'examen du contenu de ses pensées doivent être très précis. Tel enfant exprime la peur qu'un de ses parents ne meure. Tel autre a beaucoup de difficultés à décrire les événements générateurs d'anxiété ou les nie, mais son attitude lors de l'évocation de situations de séparation peut être révélatrice du trouble. Les adolescents ne parlent pas de leurs difficultés à se séparer de leur mère mais leur comportement reflète parfois une difficulté à quitter le foyer. Ils refusent les activités en groupe préférant rester auprès de leurs parents à l'encontre desquels ils adoptent parfois une attitude tyrannique. Les troubles du sommeil sont fréquents. L'endormissement est long, l'enfant exige la présence de quelqu'un auprès de lui ou se relève sans cesse pour boire, aller aux toilettes. Les cauchemars sur des thèmes morbides sont habituels.

➤ *L'anxiété de séparation peut-elle être confondue avec d'autres troubles ?*

Il n'est pas rare que ce trouble coexiste avec un *trouble dépressif*. L'examen clinique retrouve alors un ensemble de symptômes permettant d'établir les deux diagnostics.

L'enfant présentant des *troubles des conduites* peut fuir l'école. Il faut distinguer l'« école buissonnière », situation dans laquelle l'enfant « sèche » les cours mais sans angoisse, du refus scolaire ou « phobie scolaire », conséquence d'une peur excessive avec manifestations anxieuses.

La *phobie scolaire* est l'une des manifestations de l'anxiété de séparation. Le terme de refus scolaire lui est parfois substitué bien que non justifié ; en effet, l'enfant ne refuse pas d'aller à l'école, mais n'y parvient pas tant la peur l'envahit. La phobie scolaire apparaît chez les jeunes enfants dès l'entrée en maternelle et peut concerner les adolescents. Il existe, en fait, trois pics de fréquence : vers 6-7 ans, lors de l'entrée au CP, vers

11 ans lors de l'entrée dans le cycle secondaire, puis vers 14 ans.

Chez le jeune enfant, les manifestations somatiques sont fréquentes : l'absentéisme scolaire pour douleurs abdominales, maux de tête, douleurs précordiales, ou autres douleurs physiques incite à consulter le pédiatre ou médecin généraliste, qui, après examen clinique et bilan sanguin, éliminera toute pathologie organique. L'évaluation médicale est indispensable, car certaines maladies peuvent entraîner une phobie scolaire : un enfant épileptique ou asthmatique peut craindre d'aller à l'école par peur d'avoir une crise en milieu scolaire… Un enfant plus grand va exprimer sa crainte d'aller à l'école, hurlant de peur le matin au moment de partir, évoquant une altercation avec la maîtresse, un conflit avec un enfant ou toute autre situation qui lui paraît insurmontable.

En l'absence d'intervention médicale, la phobie scolaire s'installe et risque de se chroniciser. Le jeune promet chaque soir d'aller à l'école, préparant ses affaires et programmant son réveil. Dès le réveil, l'anxiété monte jusqu'à la panique si l'entourage le contraint à partir. Dès l'instant où il sait qu'il pourra rester chez lui, il se calme, est prêt à travailler à la maison, mais a de plus en plus tendance à s'isoler.

La persistance des troubles doit inciter à consulter un pédopsychiatre.

➤ *Quelle évolution ?*

L'évolution de l'anxiété de séparation varie en fonction de l'âge d'apparition et de la durée des troubles. Chez le jeune enfant qui parvient à suivre sa scolarité, le pronostic est assez bon. Dans une étude portant sur un groupe d'enfants et d'adolescents, les symptômes disparaissent chez 96 % de ceux suivis sur une période de trois ans. Mais, lorsqu'il y a phobie scolaire et absentéisme scolaire durant une longue période, l'évolution à long terme risque d'être difficile avec des problèmes d'insertion sociale et professionnelle.

La phobie sociale

La phobie sociale se manifeste par une peur intense et persistante de certaines situations (peur de sortir, de rougir en public, d'être confronté aux autres, d'être jugé ou humilié, de répondre à des sollicitations...). Ce trouble apparaît rarement avant l'âge de 11 ans et concerne environ 1 % des adolescents. Les enfants souffrant de phobie sociale sont en sécurité avec leurs parents et leurs proches mais redoutent les autres rencontres.

➤ *Comment établir le diagnostic ?*

L'enfant est mal à l'aise quand il se trouve en relation avec des personnes non familières. Il adopte alors un comportement d'évitement social qui le conduit progressivement à une restriction de ses relations, y compris avec ses pairs. L'intensité anormale des réactions, leur persistance au cours du temps et la gêne sociale se manifestent avant l'âge de 6 ans. Ces craintes surviennent à un certain degré chez la plupart des enfants au cours de leur développement. C'est leur persistance au-delà de six mois et le retentissement sur le fonctionnement social qui font poser le diagnostic.

L'enfant exposé à une situation qui lui paraît insurmontable va adopter une conduite d'évitement. S'il y est confronté, des manifestations somatiques diverses apparaissent, il s'agite, évite le regard, sa voix tremble.

Lorsque le collège ou le lycée représente une des situations phobogènes, le jeune ne peut se concentrer et souffre d'une inhibition intellectuelle qui ne sera pas sans retentir sur ses performances scolaires. La situation peut alors évoluer vers une phobie scolaire.

En entretien avec un psy, le jeune souffrant de phobie sociale exprime la crainte d'être mal jugé par autrui, ce qui explique sa tendance à s'isoler.

➤ *Quelle évolution ?*

La phobie sociale semble être le trouble anxieux au plus fort retentissement scolaire à long terme. Une étude menée au Canada portant sur plus de 8 000 personnes âgées de 15 à 64 ans a montré que la phobie sociale peut être responsable de nombreux échecs scolaires. En effet, ceux qui en souffraient ont redoublé ou ont arrêté le plus fréquemment en cursus scolaire plus tôt. Aussi est-il très important d'en faire le diagnostic dès que possible. Un traitement bien codifié associant une thérapie cognitivo-comportementale et une thérapie familiale est nécessaire.

L'anxiété généralisée

L'anxiété généralisée ou l'hyperanxiété se définit par des préoccupations ou peurs excessives apparaissant dans des contextes différents, pour des objets ou des situations divers.

Trois pour cent des enfants et 6 % des adolescents souffrent d'anxiété généralisée. L'âge moyen d'apparition des troubles se situe vers 8-9 ans.

➤ *Comment établir le diagnostic ?*

Les enfants hyperanxieux se font du souci pour tout, ne profitant pas pleinement de l'instant présent. Ils se préoccupent des événements à venir, envisagent les circonstances les plus pénibles. Ils ont généralement une mauvaise estime de soi, et sont très exigeants envers eux-mêmes.

D'autres symptômes tels qu'une agitation, des troubles du sommeil sont fréquemment associés. Les difficultés de concentration risquent de freiner les apprentissages. L'enfant ou l'adolescent peut se plaindre de troubles physiques, mais ce n'est pas constant : maux d'estomac, nausées, sensation de boule dans la gorge…

Tous ces signes cliniques doivent persister plus de six mois pour que le diagnostic d'anxiété généralisée soit posé.

Caractéristiques des troubles anxieux chez l'enfant

Critères	Trouble anxiété de séparation	Phobie sociale	Trouble anxieux généralisé
Durée minimale pour établir le diagnostic	Au moins 4 semaines.	Pas de minimum.	Au moins 6 mois.
Âge de début	Maternelle jusqu'à 18 ans.	Non spécifié.	Non spécifié.
Facteurs de stress précipitants	Séparation des figures parentales ou importantes, autres pertes, voyage.	Participer à une activité sociale avec des pairs.	Perte de l'estime de soi, sentiments d'incompétence.
Relations avec les pairs	Bonnes hors de toute séparation.	Timides, inhibées.	Désir de plaire, recherche le contact avec ses pairs et établit des relations de dépendance.
Sommeil	Rechigne ou refuse d'aller dormir, peur du noir, cauchemars.	Parfois difficultés à s'endormir.	Difficultés à s'endormir.
Symptômes psycho-physiologiques	Maux d'estomac, nausées, vomissements, symptômes grippaux, maux de tête, palpitations, vertiges, évanouissements.	Rougissements, tension corporelle.	Maux d'estomac, nausées, vomissements, boule dans la gorge, essouflement, vertiges, palpitations.

Critères	Trouble anxiété de séparation	Phobie sociale	Trouble anxieux généralisé
Diagnostics différentiels	Trouble anxieux généralisé, schizophrénie, troubles dépressifs, troubles des conduites, troubles envahissants du développement, trouble dépressif majeur, trouble panique avec agoraphobie.	Trouble de l'adaptation avec humeur dépressive, trouble anxiété de séparation, dépression majeure, trouble dysthymique, trouble de la personnalité évitante, trouble de la personnalité limite.	Trouble anxiété de séparation, trouble déficit de l'attention/hyperactivité, phobie sociale, trouble de l'adaptation avec anxiété, trouble obsessionnel-compulsif, troubles psychotiques, troubles de l'humeur.

Tableau adapté d'après Sidney Werkman, utilisé et traduit avec autorisation, *in* H. I. Kaplan, B. J. Sadock, *Synopsis de psychiatrie, pédopsychiatrie*, Paris, Masson, Williams & Wilkins.

Le trouble panique

Ce trouble est caractérisé par la survenue inopinée et récurrente d'attaques de panique plus communément appelées crises d'angoisse.

Quarante à 60 % des adolescents entre 12 et 19 ans peuvent avoir des attaques de panique mais le trouble tel qu'il est défini dans les classifications internationales est rare, touchant 1 à 5 % des jeunes. Il est plus fréquent chez les filles, et son incidence augmente avec l'âge.

➤ *Comment établir le diagnostic ?*

Une attaque de panique survient brutalement, sans qu'il y ait toujours un événement déclenchant, et sa durée est souvent limitée à quelques minutes : le sujet ressent une gêne, voire une peur intense qui s'accompagne d'un certain nombre de signes physiques : palpitations, sensations d'étouffement, crampes abdominales, vertiges… Le caractère brutal et intense de ces crises engendre la peur qu'elles ne se reproduisent, peur qui à son tour peut favoriser leur survenue. Des conduites d'évitement peuvent apparaître : le jeune, par crainte d'être seul ou de s'éloigner de son foyer refuse de sortir et exige une présence permanente.

Le diagnostic exige au moins deux attaques sur une période de deux semaines.

➤ *L'attaque de panique peut-elle être confondue avec d'autres troubles ?*

Ces crises sont fréquemment associées à d'autres troubles anxieux tels que la *phobie sociale* ou l'*anxiété généralisée*.

Lorsque le jeune refuse de sortir de chez lui, ce que l'on observe est très semblable au *trouble angoisse de séparation* mais le thème de l'anxiété diffère : peur d'une nouvelle crise dans un cas, peur d'être séparé dans l'autre.

Les crises de panique peuvent également être l'un des symptômes d'un *trouble dépressif,* d'une *toxicomanie,* ou de certaines maladies comme l'*asthme*.

➤ *Quelle évolution ?*

Comme pour la plupart des troubles anxieux, l'évolution dépend de la sévérité du trouble. En l'absence d'une aide thérapeutique, le trouble peut retentir rapidement sur la scolarité et la vie sociale. En effet, l'enfant ou l'adolescent est préoccupé par la survenue éventuelle des crises, surveillant le moindre signe qui pourrait l'annoncer. Leur persistance peut mener à une anxiété généralisée ou un état dépressif.

Ces différents troubles anxieux coexistent souvent : par exemple, une anxiété généralisée associée à une angoisse de séparation ou une phobie sociale. Des études rapportent que 50 % des enfants souffrant d'hyperanxiété présentent un autre trouble anxieux. Chez les adolescents, le taux de coexistence de plusieurs troubles anxieux est de 14 % donc nettement moins élevé.

Le trouble obsessionnel compulsif ou TOC

Le TOC s'observe rarement chez les enfants très jeunes, il est plus fréquent à partir de l'âge de 9-10 ans et chez les adolescents.

Les obsessions sont des idées, des questions, des représentations qui font intrusion dans la conscience et sont considérées comme absurdes par le sujet lui-même. (Combien de syllabes dans la phrase que je viens de prononcer ? Combien de pas de la maison à l'école ? Les dangers des microbes, l'obsédant refrain d'une chanson…)

Les compulsions sont des actes répétitifs, ritualisés, en réponse à une obsession : l'enfant se lave les mains à l'excès, accomplit certains rites tels que la manipulation d'objets, ou pratique de multiples vérifications. (La porte d'entrée est-elle bien fermée ? le cahier bien rangé ?…)

On estime que le TOC touche 2 à 4 % de la population des jeunes de moins de 15 ans, l'âge moyen de l'apparition des premiers symptômes étant de 10 ans. Dans les cas précoces, il y a une prédominance masculine.

➤ *Comment établir le diagnostic ?*

La présence quotidienne d'obsessions et de compulsions durant au moins deux semaines permet le diagnostic. Les thèmes des obsessions sont divers : propreté, besoin d'exactitude, peur des catastrophes. Les compulsions consistent en rituels de lavage, vérification, recomptage. Il peut y avoir prédominance des obsessions ou des compulsions, mais les formes dites « mixtes » sont les plus fréquentes : par exemple, l'enfant a peur des microbes, peur contre laquelle il lutte par des rituels de lavage.

Ces symptômes entraînent des sentiments de désarroi et retentissent sur le quotidien. Lorsque les rituels concernent les activités scolaires, le travail scolaire devient de plus en plus lent. Les nombreux rituels de vérification sont source de lenteur extrême pour tout travail écrit. La perte de temps engendrée peut être considérable et interférer avec les activités quotidiennes. Les TOC peuvent entraîner une phobie scolaire, notamment par peur de la contamination.

Comme pour les autres troubles anxieux, c'est **la persistance, l'intensité et le retentissement sur le quotidien qui permettent d'affirmer le diagnostic**.

Le retard de diagnostic est fréquent : d'une part, l'entourage familial a tendance à banaliser, d'autre part, l'enfant honteux de ses obsessions cherche à les dissimuler.

➤ *Le TOC est rarement isolé*

Lors de TOC précoces, la présence de tics ou mouvements anormaux est possible. Il existe alors souvent une histoire familiale de tics.

La coexistence du TOC avec des troubles anxieux ou avec des troubles dépressifs est fréquente. Aussi faut-il toujours rechercher les symptômes d'une dépression tels que tristesse, ralentissement avec moindre intérêt pour les activités scolaires et extrascolaires, dévalorisation, troubles de l'attention, fatigue intense.

Les différentes études de suivi concluent à l'atténuation du TOC avec fluctuation de l'intensité des symptômes malgré un traitement associant traitement médicamenteux et thérapie cognitivo-comportementale dans plus de 50 % des cas.

Le bilan psychologique

Le psychiatre conseille un **bilan psychologique** afin de préciser le diagnostic du trouble anxieux et de mieux saisir la personnalité de l'enfant ou de l'adolescent. Ce bilan, pratiqué par un psychologue commence généralement par une évaluation des capacités intellectuelles, ce qui permet d'apprécier le comportement en situation de test : les réactions peuvent être proches de celles observées lors des contrôles scolaires ou des examens : peur de l'échec, réactions de panique ont une incidence sur le temps nécessaire à fournir une bonne réponse. Par ailleurs, les troubles anxieux ont des conséquences spécifiques sur le fonctionnement intellectuel et notamment sur la mémoire de travail. De nombreuses recherches ont permis de comprendre en partie les étapes de la mémorisation. La mémoire dite mémoire de travail est une des premières étapes du processus : elle consiste à analyser et à intégrer 5 à 9 informations qui seront ensuite traitées en mémoire à long terme et stockées. Cette mémoire de travail est essentielle pour assimiler les données nouvelles. Or l'anxiété freine, voire inhibe l'encodage, c'est-à-dire l'assimilation de ce qui est nouveau. L'enfant est alors ralenti pour apprendre ses leçons. En lutte avec ses idées obsédantes, l'enfant aura des capacités d'attention limitées.

Les tests projectifs permettent de comprendre la personnalité de l'enfant, d'apprécier l'importance de son anxiété, et de repérer éventuellement des signes de dépression.

Quelle est l'origine des troubles anxieux ?

Il peut être difficile de répondre à cette interrogation tant les sources d'anxiété sont nombreuses : hérédité ? tempérament ? événements de la vie ? relations familiales ? mode éducatif ?

Autant de questions auxquelles il convient de répondre distinctement pour chaque enfant, sans qu'il soit toujours possible de faire la part de chacun des facteurs impliqués.

- **Facteurs génétiques** : le taux de prévalence des troubles anxieux est plus élevé chez les jumeaux monozygotes que chez les dizygotes. Toutefois les études les plus récentes plaident en faveur d'une vulnérabilité génétique et ne retiennent pas l'hypothèse d'une transmission spécifique de certains troubles. Seuls le trouble panique et les TOC apparaissent plus souvent d'une génération à l'autre, mais les symptômes sont différents (rituels, compulsions différents), ce qui permet d'éliminer la transmission environnementale par imitation.
- **Facteurs neurobiologiques** : l'inhibition comportementale caractérisée dès la naissance par un rythme cardiaque élevé et une accélération cardiaque lors de *stimuli* nouveaux a fait l'objet de nombreuses recherches. Cette caractéristique comportementale semble persister durant l'enfance, indépendamment de tout contexte. Elle se manifeste par une expression spontanée pauvre et un évitement des contacts avec les adultes et enfants non familiers. L'association de l'inhibition comportementale avec les troubles anxieux est confirmée par plusieurs études, mais l'inhibition représenterait un facteur de risque significatif lorsque l'un des parents de l'enfant présente un trouble anxieux.
- **Facteurs psychologiques, familiaux** : de nombreuses études portant sur les causes et le développement des troubles anxieux témoignent de l'influence des relations entretenues entre l'enfant et sa famille : un contrôle maternel excessif et un manque d'affection sont des caractéristiques relationnelles fréquemment observées. L'attitude des parents peut entretenir ou renforcer l'anxiété de leur enfant. Il existe des parents qui préfèrent garder leur enfant dans le cocon familial et évitent les sorties. Toute activité hors de la maison peut être synonyme de danger aux yeux de certains parents hyperprotecteurs, attitude génératrice d'anxiété pour leur

enfant. Il est important d'apprécier certaines attitudes de rejet ou de surprotection. Les discordances éducatives entre chacun des parents peuvent également entretenir des comportements inadaptés.

Face aux troubles anxieux de leur enfant, les parents et la fratrie vont adopter des attitudes fluctuant entre la soumission et l'opposition : tel parent participe aux rituels de son fils ou accepte de faire des mots excusant son absence lorsqu'il ne veut pas aller à l'école par peur d'affronter la situation ; tel autre a un discours très dévalorisant, se montre rejetant et intransigeant. Les parents expriment souvent des sentiments de culpabilité ou d'impuissance face à la souffrance de leur enfant.

Il existe certes un lien entre le mode relationnel parental et les troubles anxieux, toutefois d'autres variables interviennent : un statut socio-économique défavorisé, des événements de vie négatifs semblent être autant de facteurs de risque qui favorisent la survenue de troubles anxieux. Les différents modèles qui tendent à comprendre le développement des troubles anxieux illustrent surtout la complexité des mécanismes en jeu. Tel événement ou telle attitude éducative peut favoriser la survenue d'un trouble anxieux mais le stade de développement de l'enfant et sa personnalité sont tout aussi déterminants.

Quels traitements proposer ?

Les psychothérapies

L'objectif du traitement doit être d'apprendre à contrôler l'anxiété afin de permettre une vie sociale normale. Pour y parvenir l'enfant suivra des séances de **psychothérapie**, le plus souvent hebdomadaires, auprès d'un pédopsychiatre ou d'un psychologue.

En cas de phobie scolaire, la prise en charge peut être un peu différente. Tout d'abord, il faut savoir qu'un changement dans le domaine pédagogique n'est pas toujours opportun. La décision de cours par correspondance, ou le choix d'une autre école, peut être prise, mais elle ne résoudra pas le problème sous-jacent à l'absentéisme scolaire, à savoir le trouble anxieux. La modalité du traitement dépend de plusieurs facteurs. La durée de l'absentéisme est un élément important du pronostic. Aussi, lorsque la phobie scolaire persiste depuis plusieurs mois, l'hospitalisation peut être conseillée. Le retour progressif à l'école se fera depuis l'hôpital, l'enfant étant accompagné par un éducateur. Parallèlement, des séances de psychothérapie seront programmées afin d'aider l'enfant à comprendre les mécanismes de son anxiété et à la réguler.

Actuellement, les thérapies le plus souvent conseillées pour aider l'enfant à contrôler son anxiété quel que soit le mode de manifestation sont de type comportemental et cognitif. Une thérapie analytique peut également aider l'enfant à trouver de nouveaux modes de fonctionnement lui permettant une meilleure autonomie. Mais les études récentes sont en faveur des TCC. La technique la plus utilisée pour les troubles anxieux est l'« exposition *in vivo* ou immersion » associée à la relaxation. Dans un premier temps, l'enfant apprend la relaxation puis s'imagine dans les situations qu'il appréhende. Il devra ensuite s'y « exposer ». Il établit avec l'aide du thérapeute une hiérarchie des épreuves selon un ordre croissant d'intensité d'anxiété. Les différentes étapes sont très clairement définies à l'enfant et à sa famille sous forme d'un contrat que chacun doit accepter.

Un enfant souffrant de troubles anxieux doit pouvoir s'exprimer et comprendre ses symptômes. Il est étonnant de constater que le mot anxieux leur est souvent inconnu. Le simple fait de leur expliquer ce qu'est l'anxiété leur laisse déjà entrevoir la possibilité de la réduire, d'y faire face différemment.

La relaxation, utilisée dans le cadre des TCC, peut être pratiquée seule et permet de contrôler les réactions physiques d'anxiété qui apparaissent dans certaines situations : examens, endormissement, etc. Apprendre à se relaxer demande quelques séances. L'enfant devra ensuite s'entraîner chez lui hors de tout contexte anxiogène.

La vie familiale peut être perturbée. Aussi faut-il analyser la nature des relations intrafamiliales et proposer une thérapie familiale si nécessaire.

Celle-ci est indiquée si l'anxiété est liée au contexte familial ou entretenue par le comportement d'un ou plusieurs membres de la famille. La thérapie familiale ne remplace pas la thérapie individuelle, mais lui est associée.

Les médicaments

Quelle que soit la symptomatologie, la prescription de médicaments ne se fera jamais seule. Elle est toujours associée à une autre prise en charge, que ce soit une TCC, une relaxation, une psychothérapie individuelle et/ou familiale.

On évitera si possible la prescription d'anxiolytiques (ou tranquillisants) qui peuvent entraîner une accoutumance et ont des effets secondaires, notamment sur la vigilance et la mémorisation. D'ailleurs, plusieurs études portant sur l'usage des anxiolytiques pour les troubles anxieux de l'enfant ne concluent pas à leur efficacité. Leur prescription est donc déconseillée. La phytothérapie associée ou non à des oligoéléments peut avoir un effet **apaisant** non négligeable. Mais ce type de traitement ne peut suffire à lui seul.

Pour ce qui est des antidépresseurs, leur association avec une thérapie cognitivo-comportementale entraîne une meilleure évolution qu'une TCC seule chez les adolescents en situation de refus scolaire. Ces améliorations sont obtenues notamment avec les antidépresseurs de type sérotoninergique*. Leur utilisation chez le jeune fait l'objet de débats depuis que certains passages à l'acte suicidaire ont été récemment attribués à leur prescription. Dans les situations les plus sévères, ils peuvent permettre une reprise progressive des activités scolaires et sociales lorsque le jeune est envahi par l'anxiété et dans l'incapacité d'y faire face. Un traitement prescrit sous surveillance médicale à doses progressivement croissantes comporte peu de risques et doit donc être envisagé.

Lorsque le jeune souffre d'un trouble obsessionnel compulsif, l'efficacité des médicaments appartenant à la famille des antidépresseurs a été prouvée par de nombreuses études. Prescrits à la posologie efficace et pendant plusieurs mois, en association avec une TCC, ils permettent une nette diminution de la symptomatologie obsessionnelle dans 50 à 75 % des cas. En France, actuellement, seule la Sertraline®, médicament sérotoninergique, a reçu l'agrément pour le traitement du TOC chez l'enfant à partir de 6 ans. Ce traitement est généralement bien toléré.

CHAPITRE 5

Le surmenage scolaire : stress, démotivation, trouble de l'estime de soi

Le stress désigne souvent confusément les contraintes et les agressions auxquelles nous sommes soumis mais également les difficultés d'adaptation aux situations intenses et prolongées de tension. Le sentiment d'épuisement ou « syndrome du *burn-out* » représente l'une des formes les plus éprouvantes. Pour tout enfant qui connaît quelques échecs dès les premiers apprentissages ou ne parvient pas à s'adapter au système scolaire pour des raisons diverses, l'école peut être une source de stress.

Le système scolaire est de plus en plus élitiste, contribuant à engendrer des situations de stress. Dès l'école primaire, apparaît le spectre de la compétition. Très tôt, les enfants s'évaluent, se jugent par les notes qu'ils obtiennent et se qualifient de bons ou nuls, sans nuance. Trop de jeunes entendent sans cesse un discours qui les dévalorise, réduisant au fil des mois leur **estime de soi**. Cibler leurs insuffisances est l'objectif de certains enseignants et parents dans le but sans doute de les faire réagir, mais cette attitude aboutit souvent à un désinvestissement progressif. Nous recevons chaque jour des témoignages de parents déplorant les rythmes scolaires et la pression exercée sur leurs enfants, mais proposer des activités de loisirs sans limite peut aussi accroître les sources de stress. Un enfant a besoin de rêver, de ne rien faire, de prendre du temps libre et du bon temps.

Quels sont les enfants menacés de surmenage scolaire ?

Pour certains enfants scolarisés dans des écoles exigeantes, ce qui va souvent de pair avec une exigence parentale, il n'est pas excessif de parler de surmenage scolaire dès les premières années de scolarité primaire. La personnalité de certains enfants peut ne pas répondre au « profil » de certaines écoles. Le surmenage scolaire s'observe d'avantage chez les enfants anxieux. Il peut être aussi une conséquence de la plupart des troubles spécifiques d'apprentissage.

Histoire de Louis

Cher confrère,

Je vous adresse le jeune Louis que je vois pour un asthme et des conjonctivites récidivantes depuis deux mois. Il présente également des crises de toux qui l'épuisent et perturbent les cours. Les examens n'ont pas permis d'identifier une allergie spécifique. Louis se plaint de maux de ventre. Il est scolarisé dans une école dont les exigences sont connues. Je me demande si ces manifestations physiques ne sont pas le reflet d'une situation de stress, raison pour laquelle je demande à la famille de vous consulter.

Bien confraternellement.
Dr T. (allergologue)

Louis reçu en consultation est un enfant très vif, d'excellent contact. Il exprime sa peur de l'échec et du jugement des enseignants et se plaint de fatigue. Il n'a pas toujours répondu aux exigences disciplinaires de cette école différente de celle qu'il avait fréquentée avec de très bons résultats durant toute sa scolarité primaire, sans pour autant présenter des troubles du comportement. Des difficultés d'organisation auxquelles sont venues s'ajouter une anxiété de performance et une absence totale de compréhension de la part de l'encadrement pédagogique expliquent les résultats scolaires irréguliers. Aucun enseignant ne lui a accordé quelques instants pour l'aider à rectifier ses écarts de discipline. L'indifférence du personnel enseignant a été jusqu'à l'ignorance des demandes de rendez-vous par les parents auprès du professeur principal. Cette rencontre n'a pu être obtenue malgré trois demandes écrites ! Quelques consultations ont permis à Louis d'exprimer son anxiété axée essentiellement sur sa scolarité. Les crises d'asthme et autres manifestations physiques se sont espacées jusqu'à disparaître après un changement de structure scolaire en classe de 5e.

Quels sont les signes cliniques ?

Les manifestations cliniques sont très proches de celles que l'on peut observer dans les troubles anxieux ou les états dépressifs.

Très rapidement, en cas d'inadéquation entre l'école et l'enfant, vont apparaître :

– des troubles du comportement : accès de colère à la moindre contrariété, opposition, repli sur soi avec mutisme, discours très négatif concernant le système scolaire ;
– des manifestations physiques : les maux de ventre ou maux de tête sont souvent le signe d'un malaise scolaire, tout comme les troubles du sommeil qui vont provoquer un état de fatigue.

L'enfant ou l'adolescent ne fait plus face, laissant déborder ses émotions. Il va progressivement développer des schémas de pensée qui l'entraînent dans une spirale d'échec que l'on appelle l'**impuissance apprise** : il est convaincu de ne pouvoir faire face aux apprentissages Il s'estime incompétent. Tout effort est vain. Son estime de soi – c'est-à-dire la façon dont il se juge, s'apprécie et se perçoit – baisse, ce qui peut progressivement conduire à un état dépressif.

« Il n'a pas confiance en lui ! » Il n'est pas rare d'entendre cette phrase lors d'une consultation pour un enfant en situation d'échec scolaire. La confiance en soi, reflet de la perception de soi-même va de pair avec l'estime de soi. Confiance en soi et estime de soi sont indispensables à la réussite scolaire.

Lors des premiers apprentissages, le sentiment d'incapacité scolaire induit par l'entourage scolaire ou familial peut très rapidement entraîner une attitude démissionnaire. Deux attitudes sont alors possibles : soit l'enfant refuse de travailler seul, restant dans une relation de dépendance, soit il refuse toute aide extérieure.

L'entourage familial a un rôle essentiel, celui de l'école est également déterminant. Des difficultés, banales pour certains enfants, vont chez d'autres être amplifiées et retentir à moyen terme sur l'ensemble des apprentissages si l'entourage n'aide pas à surmonter la peur d'apprendre ou à renforcer l'estime de soi.

Conseils aux parents

L'estime de soi est fortement corrélée au mode éducatif des parents. À une éducation « directive » correspond généralement une haute estime de soi : les parents apportent sécurité et règles. Quatre profils éducatifs ont été décrits :

- « Rigide » : le respect des règles est exigé sans apport de sécurité. « Je ne veux pas t'entendre, file dans ta chambre et travaille ! »
- « Couveur » : les parents rassurent sans imposer aucune règle. « Ma petite puce, tu ne voudrais pas me faire encore une petite division ! »
- « Laisser-faire » : ni règle ni sécurité. Deux sous-groupes existent ; la non-directivité est le principe de base de l'éducation ou les parents « dépassés » renoncent à toute exigence : « Essaie de ne pas t'endormir avec la télé allumée ! »
- « Stimulant » : les parents représentent une sécurité tout en exigeant le respect de certaines règles. « Mon chéri, souhaites-tu mon aide pour organiser ton planning de révision ou veux-tu que je t'interroge ? »

Ce dernier profil est souvent décrit comme le plus favorable pour l'équilibre de l'enfant.

Lorsque l'enfant perd pied et ne parvient plus à travailler, le soutien et la compréhension, l'affection qu'il peut recevoir le soir auprès de ses parents après une journée de souffrance à l'école sont indispensables à la restitution d'une bonne estime de soi. Tout discours dévalorisant au regard des notes ou des cahiers ne fera qu'accentuer le mal-être et le sentiment d'insuffisance. L'acharnement scolaire consistant à donner sans cesse des cours particuliers n'apporte que rarement une amélioration. L'éducation qui vise à responsabiliser l'enfant dans tous les domaines ne peut qu'améliorer l'estime de soi et favoriser une bonne scolarité.

Les enfants à basse estime de soi ont besoin d'une pédagogie qui va les valoriser en soulignant leurs points forts. Aussi, les systèmes compétitifs ne leur conviennent pas et risquent même d'altérer encore plus l'image qu'ils ont d'eux-mêmes.

Le redoublement ? La France détient le record des redoublements alors qu'il est proscrit dans de nombreux pays. Un changement d'établissement scolaire pour une pédagogie plus adaptée au profil de l'élève, des cours de méthodologie permettent parfois de passer un cap difficile. Dans quelques situations seulement, le fait de redoubler s'il est accepté par l'ensemble de la famille peut améliorer l'estime de soi si le jeune est moins confronté à l'échec.

Le taux de réussite au baccalauréat ne doit pas être le seul critère de choix d'une école. Il importe tout autant de s'interroger sur les besoins d'un enfant en termes de sécurité affective, d'épanouissement individuel et de capacités d'adaptation à la compétition scolaire.

CHAPITRE 6

Les dépressions

Le lien entre dépression et difficultés scolaires apparaît comme une évidence pour certains enfants chez lesquels on observe une simultanéité des épisodes dépressifs et des fléchissements scolaires. Ce lien se prolonge parfois sous forme d'implication ou de renforcement réciproque : un échec scolaire (ou un redoublement) peut favoriser une dépression qui à son tour ne peut qu'accroître l'inefficience scolaire qui à son tour…

La dépression indique en économie une chute, un ralentissement ou un fléchissement de l'activité ; en météorologie, elle nomme la diminution de la pression atmosphérique. Dans le domaine de la psychiatrie, elle désigne sous un usage à peine métaphorique une faiblesse importante de l'humeur. Nous pouvons être maussades, chagrins, sombres, querelleurs, connaître des hauts et des bas sans que pour autant il faille s'en alarmer. Mais l'humeur atteint parfois un niveau de souffrance et finalement d'étrangeté (« nous ne sommes plus nous-mêmes ») qui justifie alors le diagnostic médical de dépression.

Subir une dépression à l'adolescence ou à l'âge adulte apparaît comme une banalité, mais ce même diagnostic chez l'enfant peut surprendre. L'enfance ne représente-t-elle pas un âge d'or de légèreté et d'insouciance ? Depuis l'Antiquité, on décrit la mélancolie chez l'adulte mais il a fallu attendre le XIXe siècle pour débattre par bribes de la dépression chez l'enfant et la fin du XXe siècle pour la décrire avec précision. Il est vrai cependant que la dépression est moins fréquente chez l'enfant (la prévalence varie aussi selon le sexe). Elle est de l'ordre de 1 % avant l'âge de 6 ans, de 2 à 3 % pour les enfants de 6 à 12 ans puis grimpe de 6 à 9 % pendant l'adolescence. Les garçons semblent plus vulnérables à la dépression avant l'âge de 12 ans, mais à l'adolescence les filles courent un risque deux fois plus élevé.

Quelques citations du XIXe siècle

« Cette passion est assez vive, même dans l'âge le plus tendre, pour inspirer l'aversion de la vie et la funeste résolution de se laisser mourir de faim. »

J.-P. FALRET, médecin français,
De l'hypocondrie et du suicide, Paris, 1822.

« Les pleurs chez l'enfant ne sont qu'un phénomène physiologique et la tristesse ne peut durer bien longtemps. »

B. PEREZ, médecin français,
Psychologie de l'enfant, Paris, 1886.

« Il est tout à fait inexact que les enfants restent impassibles devant les événements tristes et douloureux de la vie, l'enfant est parfois saisi d'un sentiment de douleur infini et inexplicable. »

JAMES Sully, écrivain anglais,
Études sur l'enfance, Paris, 1898.

« Quand la tristesse ne cède pas et se prolonge sans causes évidentes chez l'enfant, les sentiments d'amour-propre sont remplacés par des tendances à l'humilité, la voix est faible et voilée et souvent les crises de larmes éclatent sans motif particulier. »

MANHEIMER, médecin allemand,
Précis de psychiatrie infantile, Paris, 1899.

Histoire de David

Cher confrère,

Je souhaite vous confier le jeune David âgé de 7 ans pour une consultation psychiatrique. Il m'a été signalé par son institutrice pour un changement récent de comportement, c'était un élève studieux et son CP s'est accompli sans difficultés, mais, depuis la rentrée du CE1, il se montre taciturne, agité et parfois agressif, peu attentif en classe et peu joueur en récréation. Les résultats scolaires sont en chute libre.

Je l'ai reçu en entretien et ses propos, son désarroi et ses idées de culpabilité m'ont inquiété : « J'ai le cafard le soir, ma famille, c'est la famille des morts. La mort de mon père, ça me brise le cœur. Si ma mère meurt, je me tue. » J'apprendrai en effet que son père (en réalité son beau-père) est mort dans un accident de voiture il y a plus d'une année. David m'a confié que, le soir, il éprouve des difficultés à s'endormir : « Je pleure et j'ai peur car je me demande dans le noir si je suis tout seul dans ma chambre », il me dit faire « beaucoup de grosses bêtises » et il craint un placement en pension dont sa mère le menace : « Ça me ferait de la peine d'être loin de maman, mais peut-être que je le mérite et comme ça je pourrais mieux travailler. »

Il arrive que des enfants me fassent part de leurs soucis, mais David m'a semblé souffrir au-delà d'une simple tristesse.

Docteur M., médecin scolaire

Les symptômes de la dépression chez l'enfant

La symptomatologie de la dépression n'est pas fondamentalement différente chez l'enfant et chez l'adulte, notamment pour l'humeur dépressive, les troubles du sommeil ou les idées suicidaires. En revanche, le manque de plaisir et le ralentissement s'observent plus volontiers chez les adultes déprimés tandis que les enfants s'exprimeront d'avantage par des somatisations ou des troubles du comportement. Le diagnostic de dépression se fonde sur la permanence et l'intensité des symptômes en lien avec le parcours affectif et cognitif de chaque enfant.

Les idées dépressives

Hors de toute dépression, les enfants se fâchent, se plaignent, s'inquiètent, s'attristent, s'ennuient, mais l'expression de ces sentiments est contemporaine d'événements douloureux. Par exemple, un enfant pleure après une chute ou boude après une remontrance, mais il suffit parfois de quelques minutes ou d'une diversion pour que la joie revienne. Dans la dépression, la *tristesse* est durable et peu susceptible de modifications avec les changements de situation. Les propos de l'enfant, son attitude, son regard et sa mimique expriment autant le *désintérêt* et l'indifférence que la tristesse et le pessimisme. Ce qui l'amusait suscite maintenant de l'ennui. Par sollicitation ou par passivité, il peut accepter de jouer, mais la joie est moindre. Les bonnes nouvelles l'indiffèrent et les mauvaises sont accueillies avec résignation ou avec une inquiétude disproportionnée. La baisse de l'estime de soi est constante, l'enfant se juge « nul, cloche et moche ». Un enfant déprimé peut éprouver des idées de *culpabilité*, ainsi David qui pense « mériter » un placement en internat ou cet autre enfant qui « trouve injuste qu'on l'autorise à manger et à jouer alors qu'il ne travaille pas bien en classe ». Dans un questionnaire centré sur la dépression de l'enfant (le *Children Depression Inventory* de Maria Kovac, 1981), deux tiers des enfants déprimés répondent oui à cet item : « Tout ce qui ne va pas est de ma faute. »

Les modifications du comportement

L'enfant déprimé peut s'exprimer sur un mode passif avec une tendance à s'isoler de ses parents (ce qui est banal à l'adolescence) ou de ses camarades. Il participe avec peu d'entrain aux jeux, néglige les sollicitations de ses proches ou y répond avec soumission et ennui. On observe parfois un *ralentissement* dans la démarche, la gestuelle ou la mimique. L'écriture paraît parfois négligée, descendante, irrégulière ou diminuée (micrographie). L'enfant donne le sentiment qu'il est fatigué. Mais d'autres enfants tout aussi déprimés peuvent s'exprimer sur le mode de l'*agitation*, de l'opposition et de l'agressivité. On ne les confondra pas avec les symptômes du TDAH (voir le chapitre 2), car dans la dépression l'agitation est d'apparition récente et contraste avec un comportement antérieur plus calme alors que, dans l'hyperactivité, l'agitation existe depuis « toujours ».

L'anxiété

L'anxiété peut apparaître lors d'une dépression ou s'accentuer chez un enfant au tempérament antérieurement anxieux, mais elle est rarement absente. L'enfant est décrit alors par son entourage comme craintif, peureux, s'inquiétant avec une insistance et une intensité anormales de la maladie, de la mort, de son avenir ou de ses résultats scolaires. Ce dernier thème peut en toute innocence être banalisé, voire encouragé par les enseignants et les parents.

La dépression chez l'adulte se nourrit souvent du passé, soit pour se lamenter d'avoir toujours connu le malheur, soit pour regretter le paradis perdu. Mais, pour un enfant, l'évocation douloureuse du passé n'est pas chose aisée et l'expression d'un avenir incertain et menaçant apparaît souvent au premier plan.

L'anxiété peut se centrer sur un thème avec une insistance proche de la *phobie* ou de l'*obsession*. La phobie de la maladie pour cet enfant qui lave son verre plusieurs fois avant de se mettre à table après un cours sur les méfaits de l'alcool, de crainte qu'il n'en subsiste d'un précédent repas. Cet enfant aussi qui range sa chambre jusqu'alors joyeusement désordonnée ou qui depuis peu vérifie jusqu'à l'obsession le contenu de son cartable. La peur de l'échec et des remontrances peut être amplifiée par la dépression et représenter alors l'une des causes de la **phobie scolaire** (voir le chapitre 4 page 94). Le caractère réputé transitoire des phobies et obsessions de l'enfance peut être lié aux phases successives de découverte du monde (peur d'un animal, d'un jeu, d'une maladie, d'une situation ou d'une personne nouvelle...), mais nombre de ces phobies transitoires sont aussi la dimension perceptible d'une dépression. Dans les collèges, on s'amuse de ces enfants qui au moindre bobo courent à l'infirmerie rechercher la protection affectueuse d'un pansement, il s'agit le plus souvent d'un banal « syndrome de l'infirmerie », mais il faut cependant être attentif à la possibilité d'un signe révélateur d'une authentique dépression.

Les autres symptômes

La dépression s'accompagne fréquemment de difficultés d'endormissement liées notamment au vécu douloureux de la journée mais aussi à l'attente anxieuse du lendemain dont l'enfant redoute les épreuves. Les nuits peuvent être agitées, interrompues par des cauchemars ou par des réveils précoces. Ces nuits *sans sommeil* ne peuvent qu'accroître la fatigue et la souffrance dépressive.

Il n'est pas rare d'observer une *énurésie* ou une *encoprésie* secondaire (on distingue les *énurésies primaires* – l'enfant n'a jamais été propre – et les *énurésies secondaires* qui réapparaissent après un intervalle prolongé de propreté. Cette distinction permet dans une première approche d'envisager pour l'énurésie secondaire une *étiologie psychologique*, une dépression ou toute situation de détresse – sauf intercurrence somatique – et pour les énurésies primaires une cause plutôt physiologique).

L'*alimentation* est souvent perturbée. Perte de l'appétit ou chipotage mais aussi boulimie ou grignotage peuvent s'observer. L'anorexie mentale peut débuter, notamment chez l'adolescente, par une perte de l'appétit et de poids initiée par une dépression.

Les idées suicidaires et donc le risque d'un passage à l'acte existent à tous les âges. À l'adolescence, le passage à l'acte suicidaire est fréquent. Pour les jeunes enfants, la tentative de suicide est rare, mais les idées suicidaires sont fréquentes (une étude clinique réalisée auprès d'enfants déprimés a montré que près de deux tiers d'entre eux exprimaient des idées de suicide).

Variations cliniques

Les troubles de l'humeur ou troubles thymiques* peuvent s'exprimer selon plusieurs modes. On distingue :

- *Le syndrome dépressif majeur* se caractérise par un début franc qui contraste avec un état antérieur sain. On peut parfois le dater avec précision : « Fin juin tout allait bien, mais, début juillet, il a commencé à ne plus dormir. » Les symptômes sont intenses et dominés par la tristesse, l'asthénie ou le désintérêt. L'évolution naturelle (sans traitement) est de l'ordre de quelques mois. Un événement adverse (deuil, maladie d'un proche, séparation parentale...) est possible mais non impératif au diagnostic.
- *La dysthymie* est une dépression subchronique. Les symptômes sont plus discrets, mais ils peuvent persister des années et réaliser un fond dépressif où peuvent dominer manque d'entrain et irritabilité. La force de l'habitude peut inciter l'entourage de l'enfant à s'accommoder de cette symptomatologie modérée et à s'abstenir de consulter.
- *Les réactions dépressives brèves* sont en relation explicite, quoique parfois différée, avec un événement (changement d'école, déménagement...). Les symptômes sont modérés, et on parle plus volontiers de *troubles de l'adaptation avec composante dépressive* pour ne pas les confondre avec les syndromes dépressifs « vrais ».
- *Les troubles bipolaires** (ou maladie maniaco-dépressive) sont rares chez l'enfant. Ce déséquilibre de l'humeur se caractérise le plus souvent par une *alternance*, sur un fond d'intervalles sains, de *phases dépressives* dites mélancoliques (dépression intense où dominent les idées de mort et de culpabilité) et de *phases d'excitation* (hilarité, euphorie, propos agressifs et actes violents ou délictueux, agitation, idées de grandeur, insomnie...). Ces phases durent de quelques jours à quelques mois. On ne confondra pas ces épisodes d'excitation (appelés aussi phases maniaques) avec de brefs moments d'exaltation ludique ou de joie bruyante

et désordonnée tout à fait banals chez un enfant, on ne les confondra pas d'avantage avec l'agitation **permanente** du TDAH (hyperactivité).

Cher confrère,

Je vous remercie d'accueillir dans votre service le jeune Hervé, âgé de 11 ans, pour une agitation d'apparition récente. Il semble s'agir d'une phase maniaque, dans un cadre bipolaire probable. Il est arrivé débraillé aux urgences, chantant à tue-tête, riant de tout, affirmant connaître la médecine « par cœur », être dans une forme « éblouissante », refusant un examen sauf « par une jeune interne toute nue sous sa blouse blanche ». L'analyse sanguine est en cours, mais rien n'indique une prise d'alcool ou de toxiques. L'examen somatique est normal et son père qui l'accompagne signale la survenue par le passé de plusieurs épisodes dépressifs.

Sentiments confraternels,
Docteur H., interne.

Comment établir le diagnostic ?

Les premiers entretiens avec l'enfant sont une étape essentielle pour le diagnostic médical. On distingue les entretiens libres (dialogue entre le médecin et l'enfant) et les entretiens structurés (ce sont des entretiens standardisés comportant plusieurs dizaines de questions auxquelles il faut répondre par oui ou par non). À l'évidence, les entretiens libres offrent un petit supplément d'âme, mais les entretiens structurés permettent plus de fiabilité. Les entretiens libres ne décèlent le diagnostic de dépression chez l'enfant que dans 80 % des diagnostics révélés par l'entretien structuré. Ces deux types d'entretiens sont complémentaires, l'un permettant de cerner l'enfant dans son parcours personnel et l'autre de confirmer ou d'établir un diagnostic. Les entretiens structurés peuvent apparaître comme un excès de technicité ou un facteur de déshumanisation dans la relation entre un médecin ou un psychologue et son patient. Ils suscitent, de ce fait, une certaine réticence et sont, en France, d'une pratique encore confidentielle. Pour notre part, nous pensons que les classifications internationales (CIM 10, DSM-IV) apportent une aide au diagnostic en complément du CDI (Inventaire de dépression chez l'enfant, lire p. 124). Le CDI est un questionnaire d'autoévaluation composé de 27 questions. C'est moins un outil de diagnostic qu'un instrument d'évaluation qui permet de mesurer l'intensité de la dépression, son évolution dans le temps ou l'efficacité d'un traitement. Mais ce questionnaire peut représenter aussi un support psychothérapique en favorisant une meilleure connaissance de soi.

Critères diagnostiques de la dépression

Un syndrome dépressif majeur se définit par la présence d'au moins cinq des symptômes parmi les neuf suivants, pendant une même période minimale de deux semaines.

1. Humeur dépressive ou irritabilité chez les enfants et les adolescents.
2. Diminution de l'intérêt ou du plaisir pour les activités quotidiennes.
3. Perte ou gain de poids significatif en l'absence de régime.
4. Insomnie ou hypersomnie.
5. Agitation ou ralentissement psychomoteur.
6. Fatigue ou perte d'énergie.
7. Sentiment de dévalorisation ou de culpabilité.
8. Diminution de l'aptitude à penser ou à se concentrer, indécision.
9. Pensées de mort et idées suicidaires récurrentes.

Aucun de ces symptômes ne doit être lié à un deuil ou imputable aux effets physiologiques directs d'une substance ou d'une affection médicale générale. Ils doivent s'accompagner d'une souffrance significative ou d'une altération du fonctionnement social.

American Psychiatric Association, DSM-IV, *Manuel diagnostique et statistique des troubles mentaux*, traduction française, Paris, Masson, 1996.

Questionnaire pour l'enfant
(Inventaire de dépression chez l'enfant / Children's depression inventory)

Il arrive que les enfants n'aient pas toujours les mêmes sentiments et les mêmes idées. Ce questionnaire te donne une liste par groupes de sentiments et d'idées. Dans chaque groupe, choisis une phrase, celle qui décrit le mieux ce que tu as fait, ressenti, pensé, au cours des deux dernières semaines. Quand tu auras choisi ta phrase dans le premier groupe, tu passeras au suivant.

Il n'y a pas de bonne ou de mauvaise réponse. Choisis seulement la phrase qui décrit le mieux ta manière d'être ces derniers temps. Inscris une croix comme ceci X à côté de ta réponse, dans la case correspondant à la phrase que tu as choisie.

Souviens-toi, choisis la phrase qui décrit tes sentiments et tes idées au cours des deux dernières semaines.

1	☐ Je suis triste de temps en temps. ☐ Je suis triste très souvent. ☐ Je suis triste tout le temps.
2	☐ Rien ne marchera jamais bien pour moi. ☐ Je ne suis pas sûr que tout marchera bien pour moi. ☐ Tout marchera bien pour moi.
3	☐ Je réussis presque tout ce que je fais. ☐ Je rate beaucoup de choses. ☐ Je rate tout.
4	☐ Des tas de choses m'amusent. ☐ Peu de choses m'amusent. ☐ Rien ne m'amuse.
5	☐ Je suis désagréable tout le temps. ☐ Je suis souvent désagréable. ☐ Je suis désagréable de temps en temps.
6	☐ De temps en temps, je pense que des choses désagréables vont m'arriver. ☐ J'ai peur que des choses désagréables m'arrivent. ☐ Je suis sûr que des choses horribles vont m'arriver.
7	☐ Je me déteste. ☐ Je ne m'aime pas. ☐ Je m'aime bien.

8	☐ Tout ce qui ne va pas est de ma faute. ☐ Bien souvent, ce qui ne va pas est de ma faute. ☐ Ce qui ne va pas n'est généralement pas de ma faute.
9	☐ Je ne pense pas à me tuer. ☐ Je pense à me tuer, mais je ne le ferai pas. ☐ Je veux me tuer.
10	☐ J'ai envie de pleurer tous les jours. ☐ J'ai souvent envie de pleurer. ☐ J'ai envie de pleurer de temps en temps.
11	☐ Il y a tout le temps quelque chose qui me tracasse/travaille. ☐ Il y a souvent quelque chose qui me tracasse/travaille. ☐ Il y a de temps en temps quelque chose qui me tracasse/travaille.
12	☐ J'aime bien être avec les autres. ☐ Souvent, je n'aime pas être avec les autres. ☐ Je ne veux jamais être avec les autres.
13	☐ Je n'arrive pas à me décider entre plusieurs choses. ☐ J'ai du mal à me décider entre plusieurs choses. ☐ Je me décide facilement entre plusieurs choses.
14	☐ Je me trouve bien physiquement. ☐ Il y a des choses que je n'aime pas dans mon physique. ☐ Je me trouve laid(e).
15	☐ Je dois me forcer tout le temps pour faire mes devoirs. ☐ Je dois me forcer souvent pour faire mes devoirs. ☐ Ça ne me pose pas de problèmes de faire mes devoirs.
16	☐ J'ai toujours du mal à dormir la nuit. ☐ J'ai souvent du mal à dormir la nuit. ☐ Je dors plutôt bien.
17	☐ Je suis fatigué de temps en temps. ☐ Je suis souvent fatigué. ☐ Je suis tout le temps fatigué.
18	☐ La plupart du temps je n'ai pas envie de manger. ☐ Souvent je n'ai pas envie de manger. ☐ J'ai plutôt bon appétit.

19	☐ Je ne m'inquiète pas quand j'ai mal quelque part. ☐ Je m'inquiète souvent quand j'ai mal quelque part. ☐ Je m'inquiète toujours quand j'ai mal quelque part.
20	☐ Je ne me sens pas seul. ☐ Je me sens souvent seul. ☐ Je m'amuse souvent à l'école.
21	☐ Je ne m'amuse jamais à l'école. ☐ Je m'amuse rarement à l'école. ☐ Je me sens toujours seul.
22	☐ J'ai beaucoup d'amis. ☐ J'ai quelques amis mais je voudrais en avoir plus. ☐ Je n'ai aucun ami.
23	☐ Mes résultats scolaires sont bons. ☐ Mes résultats scolaires ne sont pas aussi bons qu'avant. ☐ J'ai de mauvais résultats dans des matières où j'avais l'habitude de bien réussir.
24	☐ Je ne fais jamais aussi bien que les autres. ☐ Je peux faire aussi bien que les autres si je le veux. ☐ Je ne fais ni mieux ni plus mal que les autres.
25	☐ Personne ne m'aime vraiment. ☐ Je me demande si quelqu'un m'aime. ☐ Je suis sûr que quelqu'un m'aime.
26	☐ Je fais généralement ce qu'on me dit. ☐ La plupart du temps je ne fais pas ce qu'on me dit. ☐ Je ne fais jamais ce qu'on me dit.
27	☐ Je m'entends bien avec les autres. ☐ Je me bagarre souvent. ☐ Je me bagarre tout le temps.

Inventaire de dépression chez l'enfant (*Children's depression inventory*), M. Kovacs et A. T. Beck, trad. française de L. Moor et C. Mack, publiée notamment dans *L'Évaluation clinique standardisée en psychiatrie*, sous la direction de J.-D. Guelfi, Éditions médicales Pierre Fabre, 1997.

Quelles sont les causes de la dépression ?

Il est des dépressions qui surviennent après un événement douloureux, par exemple le deuil d'un parent, et le lien de cause à effet apparaît alors comme une évidence. Mais d'autres dépressions tout aussi intenses surviennent dans une période sereine, de même que certains drames de l'existence ne provoquent pas toujours de dépression. Il semble que cette vulnérabilité ou cette absence de vulnérabilité à la dépression soit pour une grande part le fait de la génétique et donc des gènes hérités de nos parents. Nombre d'études familiales confirment en effet qu'un enfant issu de parents souffrant de dépression présente un risque accru de développer à son tour une dépression. Mais une question demeure cependant, un enfant issu de parents déprimés peut certes hériter de gènes favorisant la dépression mais ne peut-il tout autant subir une influence affective en lien avec cet environnement défavorable ? Pour tenter de mieux distinguer les *facteurs génétiques* et les *facteurs d'environnement* de tous ordres (affectif, familial, social, scolaire...), on peut recourir à des études sur les jumeaux* en comparant les monozygotes (les « vrais » jumeaux disposant d'un même patrimoine génétique) et les hétérozygotes (les « faux » jumeaux dont le patrimoine génétique est différent). Dans leur grande majorité, ces études concluent que les facteurs génétiques ont une influence prépondérante. C'est notamment la conclusion d'une étude australienne d'envergure, portant sur 3 800 couples de jumeaux ! D'autres études ont affiné ces résultats en précisant que la génétique joue un rôle essentiel dans la survenue de la dépression majeure et des troubles bipolaires mais n'exerce que peu d'influence sur la dysthymie et les réactions dépressives brèves. Quelque importance que l'on attache à la génétique de la dépression, il ne faudrait pas en conclure que l'adversité existentielle ou la souffrance familiale sont sans incidence aucune.

Toutes les études de situations psychosociales défavorables (conflits parentaux, divorces, décès d'un proche, alcoolisme ou toxicomanie d'un parent, pauvreté, chômage…) montrent la réalité de l'influence de ces événements sur la survenue des dépressions chez l'enfant.

Scolarité et dépression

Les liens entre dépression et échec scolaire sont établis depuis longtemps. Deux enfants déprimés sur trois subissent un fléchissement ou un échec scolaire. Un enfant déprimé sur deux consulte pour un motif d'ordre scolaire. Les périodes de baisse de la moyenne des notes d'un bulletin à l'autre peuvent parfois désigner assez précisément les périodes dépressives.

Cependant la dépression d'un enfant ou d'un adolescent n'est pas toujours aisée à repérer par les enseignants ou par les parents. *Il n'est pas rare que le « diagnostic » initial proposé soit un jugement négatif : « paresse, crise d'adolescence, indiscipline, mauvaise volonté… », qui ne peut qu'accroître le sentiment d'échec et de culpabilité, les réactions d'agressivité et la souffrance dépressive* : « Je sais que je suis nul et que je n'y arriverai jamais, mais j'en ai marre de l'école et encore plus de la vie. »

L'ensemble des symptômes de la dépression concourt à une baisse des résultats scolaires :

- le désintérêt, le découragement et la faible estime de soi ne peuvent que favoriser la *démotivation*, les épreuves scolaires apparaissant insurmontables ;
- la passivité et le ralentissement sont perçus comme une attitude d'*apathie* ;
- l'agitation et l'irritabilité apparaissent comme une volonté d'*indiscipline* ;
- l'anxiété et les idées dépressives polarisent la pensée et suscitent de l'*inattention* ;

– les nuits sans sommeil ainsi que les excès ou les faiblesses de l'appétit ajoutent au mal-être physique, à la fatigue et aux *difficultés de concentration et de mémorisation.*

Mais il est possible d'observer des effets paradoxaux, ainsi un enfant ordinairement insouciant et peu porté à l'effort, peut lors d'un épisode dépressif modéré à dominante anxieuse, réagir par un surcroît de travail : « Régis vérifiait le contenu de son cartable de peur d'un oubli, recopiait tous ses cours au propre et apprenait ses leçons jusque tard le soir. Dans un premier temps, nous nous en sommes réjouis mais ensuite nous avons compris qu'il était motivé par l'anxiété et qu'il se rendait malade. »

Le lien entre dépression et scolarité se tisse dans les deux sens, la dépression contribue à l'échec, mais les difficultés scolaires peuvent à leur tour participer de la survenue d'une dépression. Il ne fait guère de doute qu'une souffrance familiale, une inconduite parentale, le décès d'un proche ou une rupture affective peuvent favoriser une dépression mais l'échec scolaire (ou un redoublement) n'est que rarement envisagé ou cité comme un facteur de risque dans la survenue d'une dépression. Un « mauvais élève » (on notera l'expression), un enfant en échec scolaire peut apparaître comme insouciant, voire fanfaron, mais il le vit souvent douloureusement, même s'il n'en laisse rien paraître. Les « sales notes » (*idem*), les mauvais carnets, les remontrances et parfois les humiliations des enseignants relayées par celles des parents sont rarement accueillis dans l'indifférence. Certains enfants peuvent réagir de façon adaptée à leurs succès et à leurs échecs, ils se réjouissent de leurs bonnes notes et s'attristent des mauvaises. Mais d'autres enfants concluent toujours négativement. Une mauvaise note confirme leur opinion : « Je suis nul, je mérite ces notes… », mais une bonne note ne les valorise guère plus : « C'était trop facile ; le prof a dû se tromper… » L'enfant se perçoit comme coupable de ses échecs mais non responsable de ses réussites. Cette idéation constamment négative et pessimiste participe de l'aggravation ou de la pérennisation de la dépression d'autant que parfois le sentiment de dévalorisation s'étend à d'autres domaines : « Je suis nul en classe parce que je suis nul en tout. »

Que dire (ou ne pas dire) à un enfant déprimé ?

« Tu dois être courageux, surmonter ta tristesse, cesser tes pleurs, prendre sur toi… » Ces propos sont certes toniques et bien intentionnés, mais ils provoquent souvent chez l'enfant déprimé le sentiment d'être incompris. « Tu dois surmonter ta tristesse » signifie que ce dont il souffre est une mauvaise passe qui dépend de sa responsabilité et relève finalement – s'il ne parvient à s'en délivrer – de sa propre volonté. Cet appel à la seule bonne volonté de l'enfant exclut implicitement la reconnaissance de la singularité de la souffrance dépressive (ce n'est pas une simple tristesse passagère) et la possibilité de recourir à une écoute (prendre toujours le temps de parler avec son enfant, de sa tristesse, de ses peurs, de sa solitude au moment du coucher…). Un enfant déprimé doit être informé de son état, de la signification de sa souffrance (« Si tu te sens incapable, peureux, fatigué, ce n'est pas de ta faute, c'est parce que tu es déprimé »), du caractère universel et résolutif de la dépression (« C'est une souffrance que l'on connaît bien et qui se soigne »).

Mais, si la dépression paraît être la conséquence d'un échec scolaire, il semble plus sage de mettre en avant la résolution des difficultés car il n'est pas rare qu'une amélioration des résultats suffise à produire des effets également positifs sur l'humeur. Et, dans l'attente, on pourra tenter de rompre avec une attitude exagérément critique. Il conviendra bien sûr de ne pas abonder en généralités négatives : « Tu es vraiment nul, tu es incapable du moindre effort, ton frère, lui, a réussi… », mais il ne faudra pas d'avantage recourir à des idéaux mirifiques ou à des poncifs convenus : « Si tu voulais, tu pourrais être le meilleur », qui ne feront qu'amplifier chez l'enfant déprimé un sentiment de faute. Parler à un enfant qui connaît l'échec est un exercice difficile, comment trouver le ton juste ? Tout dépend finalement de la cause. S'il s'agit seulement d'une faiblesse passagère liée à un excès de jeux vidéo ou d'autres activités ludiques, on pourra utilement gronder et punir, mais si les difficultés scolaires ou comportementales semblent se prolonger et s'accompagner d'incapacité ou de souffrance, on devra être plus « à l'écoute ». Un traitement spécifique peut remédier à l'échec scolaire d'autant plus efficacement qu'il s'accompagne d'une aide parentale : on pourra notamment fixer avec l'enfant des objectifs concrets, par exemple, progresser pour une ou deux matières, apprendre une demi-leçon, résoudre un exercice pour obtenir *par étapes* et *par contrat* quelques légers progrès et tenter ainsi de surmonter le découragement et la résignation. Ce travail scolaire doit s'accompagner d'un « programme ludique » progressif et consenti (un enfant déprimé a perdu le goût du plaisir).

Quels traitements proposer ?

Échec scolaire et dépression peuvent être liés. Chacune de ces deux entités pouvant contribuer au renforcement de l'autre. Mais il ne suffit pas d'être un bon élève pour être à l'abri d'une dépression et nombre d'enfants dépriment pour de tout autres causes que la scolarité.

Un adulte qui souffre de dépression sait se plaindre et revendiquer sa maladie et des soins, mais l'enfant déprimé ne comprend pas toujours la signification de sa souffrance. Apprendre à l'enfant à cerner sa dépression et sensibiliser les parents à la reconnaissance de ce diagnostic est une étape essentielle. Il convient de distinguer le sentiment passager de tristesse lié à un événement pénible et les symptômes durables de la dépression qui modifient les pensées et le comportement et imposent aux raisonnements et aux jugements une tonalité négative. Un enfant déprimé se juge mal, se lamente et s'irrite de tout, de lui-même et des autres. Pour son anniversaire, il manque un seul ami et personne ne l'aime. Tous les autres copains sont présents, mais ils sont venus pour le gâteau. Une bougie est cassée et l'anniversaire est gâché… On peut reprendre avec l'enfant ces jugements si sombres, lui indiquer d'autres façons de penser. Si tous ses amis ont répondu à son invitation sauf un, c'est déjà formidable. Accepter une invitation pour une fête, c'est tout partager, de l'amitié, mais aussi les jeux et la gourmandise…

C'est précisément la compréhension de cette idéation dépressive qui fonde l'essentiel des **psychothérapies cognitivo-comportementales** qui proposent un programme de renforcement des idées positives et constructives et incitent à la critique et au contrôle des idées négatives. Les études concernant les enfants et les adolescents dépressifs montrent l'importance d'automatismes de pensée et donc d'erreurs systématiques à l'origine d'une perception négative de soi, du monde et du futur ainsi que d'une interprétation systématiquement dévalorisante des événements adverses. Les psychothérapeutes peuvent intervenir seuls ou en alliance thérapeutique avec les parents dont l'un des cadres est représenté par les **thérapies familiales**. Dans la perspective cognitiviste, ce sont les schémas de pensée négatifs qui induisent la dépression, les comportementalistes précisant que la dépression induit aussi l'acquisition de comportements relationnels inadaptés (par exemple, l'agressivité).

Dans la conception **psychanalytique**, la dépression est liée à une souffrance affective inconsciente dont la psychothérapie permet, par le biais de jeux notamment, l'expression fantasmatique. L'objectif de la psychanalyse est moins d'obtenir l'amélioration immédiate des symptômes que la révélation et la compréhension d'une problématique inconsciente proclamée ou supposée. Un objectif certes ambitieux, mais qui ne répond que rarement à l'attente de ceux qui souffrent.

L'efficacité des psychothérapies, quelles qu'elles soient, n'est jamais assurée et il convient parfois de leur associer la prescription d'un **antidépresseur**, soit d'emblée si la souffrance paraît intense, notamment dans le cadre des dépressions bipolaires, soit après une première phase psychothérapique, si la symptomatologie persiste. Une bonne connaissance des psychotropes permet de prescrire un antidépresseur adapté au profil symptomatique dominant (anxiété, insomnie, asthénie, etc.) et d'apporter ainsi un soulagement rapide sur au moins l'une des composantes qui participent de la souffrance dépressive.

Les dépressions chez l'enfant comme chez l'adulte peuvent être liées à des désordres biologiques ou à des situations existentielles dramatiques qui peuvent rendre illusoire et inopérante la seule intervention psychothérapique. Les médecins prescrivent régulièrement aux adultes depuis près de quarante ans des antidépresseurs. Mais nombre de psychiatres sont opposés à leur usage chez l'enfant. Quelle est cette idéologie qui offre tant de pragmatisme aux adultes et si peu de compassion aux enfants ? (Cette question se pose en termes identiques avec les antalgiques.)

Un enfant déprimé construit sa personnalité et sa découverte du monde autour de sa souffrance. Ne peut-on craindre les effets irréversibles d'une détresse dépressive prolongée, d'autant que des études neuroradiologiques récentes (IRM) ont montré que chaque épisode dépressif prolongé et non traité peut induire un désordre cérébral durable susceptible d'accroître le risque de récidive (on parle de neuroplasticité* pour désigner ces modifications anatomiques et physiologiques) ? Précisons enfin que la rapidité d'action des antidépresseurs (quelques jours sur l'anxiété et le sommeil, quelques semaines sur l'humeur) peut parfois « sauver » une année scolaire et éviter ainsi un redoublement. Mais, depuis que certains antidépresseurs ont été cités comme étant susceptibles d'augmenter les pensées suicidaires chez l'adolescent, leur prescription est devenue plus craintive. Une méta-analyse récente portant sur l'ensemble des recherches et études publiées sur le sujet montre cependant un net avantage en faveur de la prescription des antidépresseurs, non seulement sur la dépression mais aussi sur l'anxiété et sur les troubles obsessionnels. S'il existe en effet un risque d'idées suicidaires lié à la prescription de quelques antidépresseurs, ce risque reste cependant bien inférieur aux conséquences d'une dépression non soignée.

CHAPITRE 7

Les troubles du comportement

Tous les chapitres cliniques de ce livre décrivent des comportements. Ainsi l'enfant déprimé peut être ralenti et l'enfant hyperactif agité sans que pour autant ces modifications du comportement puissent être qualifiées de troubles du comportement. La signification de ce vocable est implicitement restreinte : les troubles du comportement désignant principalement les troubles du comportement social. La terminologie est prolixe et nous utiliserons dans ce chapitre des expressions telles que comportements antisociaux, trouble oppositionnel avec provocation (le TOP qui débute dans l'enfance), trouble des conduites (pour l'adolescence) et psychopathie (ou trouble de la personnalité antisociale qui concerne plutôt l'adulte). On pourra distinguer approximativement ces termes, mais on ne confondra pas la délinquance qui procède de la loi et le trouble des conduites qui relève de la psychologie. Les statistiques précisent que si la majorité des adolescents qui présentent un trouble des conduites sont confrontés à la justice, l'inverse n'est pas vrai (la majorité des délinquants ne répond pas à la définition médicale de la psychopathie). Selon les études et les critères diagnostiques retenus, la prévalence des troubles du comportement concerne pour l'école primaire de 2 à 8 % des garçons et de 1 à 2 % des filles. Ces chiffres grimpent à l'adolescence avec un taux de 4 à 9 % pour les garçons et de 1 à 8 % pour les filles.

Les symptômes des troubles du comportement

Le trouble des conduites peut se définir comme un « ensemble de conduites répétitives et persistantes, dans lequel sont bafoués les droits fondamentaux d'autrui ou les normes et règles sociales correspondant à l'âge du sujet » (DSM-IV). Définir ces troubles correspond souvent à un recensement hétérogène de signes qui dépendent de l'âge, du sexe et du cadre social. Il semble cependant que l'agressivité représente le dénominateur commun du trouble des conduites. Dès son plus jeune âge, l'enfant peut exprimer un désir, un désaccord ou une frustration par de l'agressivité physique : jeter, pousser, gifler, griffer, mordre… mais, le plus souvent, avec les progrès du langage et la réprobation de ses proches, le comportement s'apaise. Cependant, pour quelques enfants, l'agressivité physique s'accroît avec les années et s'accompagne d'impulsivité, d'intolérance à la frustration et de désinhibition pour l'interdit. Là, il convient de distinguer le trouble oppositionnel avec provocation (TOP) et le trouble des conduites. Le premier apparaît plus tôt et décrit surtout des difficultés relationnelles. Le second s'observe plus tardivement et se caractérise par la permanence et parfois la gravité des transgressions sociales. L'âge médian d'apparition du trouble oppositionnel avec provocation se situe autour de 6 ans. Les principaux signes sont l'opposition, le non-respect des règles, la provocation, l'esprit querelleur et rancunier, la non-reconnaissance de ses fautes et leur attribution aux autres, les colères faciles, les mensonges, la susceptibilité, l'intolérance, l'intransigeance et l'irritabilité. L'agressivité s'exprime plutôt sur un mode dit réactif, s'accompagne d'émotion et réagit à une situation adverse. Ces troubles s'observent d'abord en famille puis tendent à s'étendre à l'école. Avant la puberté, la prévalence est masculine, mais elle tend à s'égaliser à l'adolescence. L'âge médian pour les troubles des conduites est de 9 ans. De nombreux symptômes peuvent être cités : absentéisme scolaire, fugues, vols, toxicomanie, violation des règles, cruauté envers les animaux et les personnes, pyromanie, viol, utilisation d'armes. L'agressivité est dite proactive, peu marquée émotionnellement, intentionnelle et utilitaire (domination, racket, etc.). Ces adolescents n'ont souvent que peu d'accès à l'empathie ou à la culpabilité. L'apparition de ces symptômes après l'âge de 10 ans est de meilleur pronostic (le trouble persiste d'autant plus à l'âge adulte que le début est précoce).

Comment établir le diagnostic ?

À des degrés divers, les classifications internationales (CIM 10 et DSM-IV) distinguent le TOP et le trouble des conduites. Mais, pour nombre d'auteurs, le TOP serait un trouble annonciateur du second. La question mérite d'être soulevée puisque, en effet, trois adolescents sur quatre souffrant de trouble des conduites ont présenté par le passé un trouble oppositionnel. De même que la moitié des enfants qui ont manifesté un trouble oppositionnel développera un trouble des conduites à l'adolescence. Le trouble des conduites s'atténue ou disparaît à l'âge adulte s'il est apparu à l'adolescence, mais il a tendance à persister s'il est apparu dès l'enfance. Les premières tentatives standardisées de validation diagnostique ont entraîné une inflation des taux de prévalence. Depuis lors, les critères sont devenus plus sélectifs : au recensement rigoureux des symptômes il convient d'ajouter la présence d'une altération du fonctionnement social, scolaire ou professionnel.

Critères diagnostiques du TOP (trouble oppositionnel avec provocation)

A. Ensemble de comportements négativistes, hostiles ou provocateurs, persistant pendant au moins 6 mois durant lesquels sont présentes quatre (ou plus) des manifestations suivantes :
— se met souvent en colère ;
— conteste souvent ce que disent les adultes ;
— s'oppose souvent activement ou refuse de se plier aux demandes ou règles des adultes ;
— importune souvent les autres délibérément ;
— attribue à autrui la responsabilité de ses erreurs ou de sa mauvaise conduite ;
— souvent susceptible ou facilement agacé par les autres ;
— souvent fâché et plein de ressentiment ;
— se montre souvent méchant ou vindicatif.
N.B. : Un critère est retenu si le comportement survient plus fréquemment qu'on ne l'observe habituellement chez des sujets d'âge et de niveau de développement comparables.

B. La perturbation des conduites entraîne une altération cliniquement significative du fonctionnement social, scolaire ou professionnel.

C. Les comportements décrits en A ne surviennent pas exclusivement au cours d'un trouble psychotique ou d'un trouble de l'humeur.

D. Le trouble ne répond pas aux critères du trouble des conduites ni, si le sujet est âgé de 18 ans ou plus, à ceux de la personnalité antisociale.

Pour les garçons, le trouble est plus fréquent chez ceux ayant présenté, avant l'âge scolaire, un tempérament difficile (par exemple, réactivité excessive, difficulté à se calmer) ou une hyperactivité motrice. À l'âge scolaire, on peut observer une mauvaise estime de soi, une labilité de l'humeur, une faible tolérance à la frustration, un langage grossier, et une consommation précoce d'alcool, de tabac ou de drogues illicites. L'enfant est souvent en conflit avec ses parents, ses professeurs ou ses camarades. Ce trouble est plus fréquent dans les familles où la continuité de l'éducation a été interrompue (succession de personnes différentes), ou dans lesquelles les pratiques éducatives ont été dures, incohérentes ou négligentes. Il est plus fréquent dans les familles où existe un conflit conjugal grave et semble plus fréquent dans les familles où au moins l'un des parents a des antécédents de trouble de l'humeur, de trouble oppositionnel avec provocation, de trouble des conduites, de déficit de l'attention/hyperactivité, de personnalité antisociale ou de trouble lié à une substance.

American Psychiatric Association, DSM-IV, *Manuel diagnostique et statistique des troubles mentaux*, traduction française, Paris, Masson, 1996.

Critères diagnostiques du trouble des conduites

A. Ensemble de conduites, répétitives et persistantes, dans lequel sont bafoués les droits fondamentaux d'autrui ou les normes et règles sociales correspondant à l'âge du sujet, comme en témoigne la présence de trois des critères suivants (ou plus) au cours des 12 derniers mois, et d'au moins un de ces critères au cours des derniers mois :

• Agressions envers les personnes ou des animaux

— brutalise, menace ou intimide souvent d'autres personnes ;

— commence souvent les bagarres ;

— a utilisé une arme pouvant blesser sérieusement autrui (par exemple, un bâton, une brique, une bouteille cassée, un couteau, une arme à feu) ;

— a fait preuve de cruauté physique envers des personnes ;

— a fait preuve de cruauté physique envers des animaux ;

— a commis un vol en affrontant la victime (par exemple, agression, vol de sac à main, extorsion d'argent, vol à main armée) ;

— a contraint quelqu'un à avoir des relations sexuelles.

• Destruction de biens matériels

— a délibérément mis le feu avec l'intention de provoquer des dégâts importants ;

— a délibérément détruit le bien d'autrui (autrement qu'en y mettant le feu).

• Fraude ou vol
— a pénétré par effraction dans une maison, un bâtiment ou une voiture appartenant à autrui ;
— ment souvent pour obtenir des biens ou des faveurs ou pour échapper à des obligations (par exemple, « arnaque » les autres) ;
— a volé des objets d'une certaine valeur sans affronter la victime (par exemple, vol à l'étalage sans destruction ou effraction ; contrefaçon).
• Violations graves de règles établies
— reste dehors tard la nuit en dépit des interdictions de ses parents (cette transgression a commencé avant l'âge de 13 ans) ;
— a fugué et passé la nuit dehors au moins à deux reprises alors qu'il vivait avec ses parents ou en placement familial (ou a fugué une seule fois sans rentrer à la maison pendant une longue période) ;
— fait souvent l'école buissonnière (cette transgression a commencé avant l'âge de 13 ans).

B. La perturbation du comportement entraîne une altération cliniquement significative du fonctionnement social, scolaire ou professionnel.

C. Si le sujet est âgé de 18 ans ou plus, le trouble ne répond pas aux critères de la personnalité antisociale.

Les résultats d'études de jumeaux et d'études d'adoption indiquent que ce trouble peut être favorisé par une prédisposition génétique et par les conditions de l'environnement. Parmi ces dernières, on note : un rejet parental ou une carence de soins, des pratiques éducatives inadéquates avec discipline très dure, des sévices physiques ou sexuels, un manque de surveillance, un placement précoce en institution, des changements fréquents de garde, l'appartenance à une famille nombreuse, la fréquentation de bandes de délinquants et certains types de psychopathologies familiales (par exemple parent présentant un trouble de personnalité antisociale). Cette liste n'est pas exhaustive.

American Psychiatric Association, DSM-IV, *Manuel diagnostique et statistique des troubles mentaux*, traduction française, Paris, Masson, 1996.

Les troubles du comportement peuvent-ils être associés à d'autres troubles ?

Le trouble oppositionnel et le trouble des conduites peuvent être isolés, associés ou se succéder. Ces deux entités s'accompagnent souvent d'autres difficultés. Le TDAH (trouble déficit attention/hyperactivité) en particulier est fréquemment associé aux troubles du comportement pour près de 60 % des enfants et pour plus de 30 % chez les adolescents. Cette association augmente le risque de survenue, l'intensité et la précocité de l'échec scolaire. De même que ces enfants manifestent une probabilité plus élevée d'attitudes violentes à l'adolescence et à l'âge adulte. Les troubles dépressifs s'observent avec une fréquence importante chez les enfants présentant des troubles du comportement. Un risque cinq fois supérieur à celui des enfants indemnes de comportements perturbateurs (cette comorbidité représente pour la CIM 10 une catégorie diagnostique mixte : le trouble des conduites avec dépression). De même que le risque suicidaire apparaît six fois plus important pour les adolescents exposés, selon une étude d'« autopsie psychologique ». Un autre lien fréquent avec les troubles du comportement concerne l'usage de drogues. Il semble que les comportements antisociaux et l'abus de drogues se renforcent et s'aggravent mutuellement. L'indice prédictif le plus fiable d'un risque de toxicomanie est précisément le trouble des conduites. L'étude de la comorbidité croisée de ces quatre facteurs (troubles du comportement, dépression, risque suicidaire, toxicomanie) montre une interdépendance du risque de survenue. En revanche, l'anxiété diminue les conséquences des troubles des conduites : l'agressivité est mieux contrôlée et le risque de comportements antisociaux est atténué.

Troubles du comportement et scolarité

Tout enfant apprend à l'école les premières règles de la vie sociale. Le respect de la loi et de l'autorité, le goût de la transgression et l'acceptation des punitions, la confrontation de sa liberté à celle des autres, la tentation de l'égoïsme et le plaisir du partage… Autant de performances auxquelles ne sont pas précisément rompus les enfants présentant un trouble des conduites. Mais, aux difficultés comportementales (agressivité, opposition, provocations…), ces enfants ou ces adolescents ajoutent souvent une tendance à blâmer autrui pour les difficultés auxquelles ils sont confrontés, à ne percevoir dans tout conflit que la faute de l'autre et donc à s'absoudre de toute responsabilité. Dans les conflits avec d'autres élèves, ces enfants se proclament vainqueurs ou se posent en victimes alors même que leur faute est établie. Il existe une rhétorique de l'enfant violent qui défie parfois le sens (moral) commun : « Je l'ai frappé parce qu'il s'est laissé faire. » Dans les situations de contrainte, ces enfants ont tendance à emprunter les voies les plus hostiles tant pour interpréter les intentions d'autrui que pour justifier le choix de leurs réactions. La discipline scolaire la plus ordinaire est inaccessible aux enfants qui la vivent comme un ensemble de brimades humiliantes imposées par des adultes qui « abusent de leurs pouvoirs ». La notation des devoirs ou les appréciations critiques sur le bulletin ne sont plus perçues comme une incitation à progresser mais comme un affront. L'étude prospective des élèves ressentant un rejet scolaire montre une aggravation des comportements agressifs et la tendance à s'associer en groupe avec d'autres enfants perturbateurs. L'appartenance à ces bandes est une parade contre la faible estime de soi qui résulte inéluctablement de l'échec scolaire auquel sont souvent confrontés les enfants opposants. **Le groupe offre des valeurs alternatives à la compétition scolaire. À la honte d'être un mauvais élève se substitue la fierté d'être un dur.** Les enfants et les adolescents confrontés à l'échec scolaire présentent un risque deux fois plus élevé de manifester un comportement délinquant. Une étude conduite à l'Université de Minneapolis (États-Unis) et portant sur l'analyse de l'interrogatoire de 10 800 adolescents (échantillon représentatif au plan national) a précisé les liens qui associent échec scolaire et délinquance. L'entretien a porté sur les comportements délictueux mineurs ou majeurs (par exemple, fumer une cigarette ou agresser avec une arme) et sur un ensemble de paramètres sociaux. Les facteurs habituellement invoqués, tels que l'appartenance à une minorité culturelle ou ethnique, la pauvreté ou la monoparentalité, ne sont que peu prédictifs d'une évolution délinquante. En revanche, l'échec scolaire d'une part et « le temps libre peu ou non structuré partagé avec d'autres adolescents dans la même situation » d'autre part sont très prédictifs d'un risque de conduites déviantes. Le docteur Blum, professeur de pédiatrie, qui a dirigé cette étude conclut que ces facteurs expliquent près de 50 % de la déviance comportementale et que ces résultats contredisent « nombre d'idées reçues, notamment celles qui ont trait à une approche exclusivement socio-économique ». Les troubles isolés du comportement présentent un risque moindre d'échec scolaire en comparaison de ceux provoqués par l'association troubles du comportement et TDAH.

Échec scolaire et troubles des conduites réalisent un enchevêtrement s'amplifiant dans la souffrance (dépression, rejet social, perte de l'estime de soi...) et se masquant dans la prestance (provocations, appartenance à une bande...). Ce parcours-catastrophe ne doit plus être considéré comme inéluctable pour autant qu'une prévention s'exerce dès la maternelle ou le début du primaire. L'entrée au collège sert de révélateur, mais à l'adolescence les problèmes scolaires et comportementaux sont plus difficiles à maîtriser. Les échecs scolaires au collège peuvent succéder à un parcours brillant à l'école primaire. Loin s'en faut, cependant, qu'il s'agisse de la norme. L'échec est souvent inscrit depuis fort longtemps dans le parcours scolaire sans qu'aucune prise en charge n'ait été, parfois, instituée ou même

Quelle attitude adopter en classe face à un enfant opposant et agressif

1. Engagez une communication individualisée et dialoguez hors des cours, dites-lui que vous êtes à sa disposition après certains cours.
2. Expliquez-lui « en privé » ce que vous attendez de lui et en échange de bons procédés demandez-lui ce qu'il attend de vous, si certains de vos propos ont pu le blesser N'oubliez pas qu'un enfant agressif pense souvent que les autres lui sont hostiles.
3. Évitez d'en faire la risée de la classe ou d'user à l'excès d'ironie (ce que nous appelons de l'humour). L'humiliation suscite la haine.
4. Soulignez tout succès et encouragez tout effort.
5. Gardez votre calme et ne punissez qu'à bon escient et sans précipitation, si possible sur la base d'un contrat avec l'enfant.
6. Encouragez la solidarité entre les élèves et n'incitez pas à la compétition.
7. Gardez des liens réguliers avec les parents et insistez sur les aspects positifs.

proposée. L'école est un lieu d'épanouissement pour les élèves qui réussissent mais ceux qui échouent ne rencontrent que frustration, humiliation et dévalorisation. Toutes ces années d'échec ne peuvent qu'accroître les difficultés comportementales initiales et rendre bien inopérantes les théorisations sur le désir d'apprendre, l'une des plus séduisantes fadaises métapédagogiques relayées à l'occasion par les psys : « Tant que votre fils n'aura pas le désir d'apprendre, on ne peut rien faire. » Petite astuce dilatoire pour passer le relais à l'enfant. Il est vrai que les troubles des conduites ne gratifient pas toujours les intervenants, sauf à aimer les travaux d'Hercule et de Sisyphe réunis. La création de *classes relais* et d'*ateliers relais* répond à « la vocation du collège à accueillir l'ensemble d'une classe d'âge en permettant à tous les élèves de poursuivre leur scolarité grâce à des voies diversifiées… » (circulaire du 12 juin 1998). Ces deux dispositifs relais (classe et atelier) s'adressent à des élèves qui manifestent leur rejet de l'institution scolaire par « une forte agressivité à l'égard des adultes et des élèves, des manquements graves et répétés au règlement intérieur, un absentéisme chronique non justifié », mais curieusement la circulaire précise que ces classes concernent aussi les enfants qui s'expriment par « un désintérêt profond, une passivité extrême, une attitude de repli et d'autodépréciation systématique ». Formulation plutôt malhabile et ambiguë qui énonce une symptomatologie relevant plus de la dépression que du trouble des conduites, même s'il est vrai, comme nous l'avons indiqué plus haut, que les deux syndromes peuvent s'associer. Il ne faudrait pas cependant que cette circulaire prise au pied de la lettre fasse cohabiter encore plus étroitement les élèves opposants et agressifs avec leurs victimes. Ces classes relais proposent un accueil temporaire limité à une année. La finalité reste la réinsertion dans une classe ordinaire avec une double ambition de resocialisation et de rescolarisation. L'admission est soumise à l'accord des élèves et au consentement des parents. L'effectif se compose idéalement de six élèves encadrés par un enseignant et un éducateur. La pédagogie spécifique de ces classes se fonde sur la réconciliation de l'élève avec l'école et son adhésion à la réalisation de projets afin de rompre avec un passé de contraintes et d'échecs. Les premiers résultats sont prometteurs. Un rapport publié le 21 avril 2005 (direction de l'enseignement scolaire), portant sur 346 classes ou ateliers relais, indique que plus de 80 % des élèves concernés ont été rescolarisés.

Quelles sont les causes des troubles du comportement ?

Les études de jumeaux et les études d'adoption incitent à craindre la possibilité d'une participation génétique dans la genèse des comportements antisociaux. Mais il n'y a pas lieu cependant de soulever cette question en termes fatalistes car ces études n'invalident pas d'autres recherches qui montrent l'influence prépondérante de l'environnement social. Les études étiologiques recensent les facteurs de risque et de protection plus qu'elles ne désignent une cause unique. La génétique participe des facteurs de risque, mais les comportements déviants n'apparaîtront qu'après un cheminement impliquant l'environnement (seule l'idéologie oppose environnement et génétique). Au nombre des facteurs d'implication familiale, on relève notamment l'alcoolisme ou la toxicomanie d'un ou des parents ainsi que les conflits conjugaux, la dépression (surtout maternelle) ou l'anomie (absence ou disparition des normes et des valeurs sociales qui fondent l'organisation d'un groupe ou d'une société). Mais l'analyse de ces facteurs n'autorise que des conclusions incertaines, car il est souvent difficile de distinguer la part génétique de la part environnementale et plus encore de préciser la chronologie des responsabilités : les désordres parentaux peuvent à l'évidence provoquer des troubles chez les enfants mais faut-il exclure pour autant une causalité inverse ou à tout le moins une perturbation croisée ? Plusieurs recherches illustrent la possibilité d'une responsabilité initiale des enfants et notamment une étude américaine[1]. Dans cette étude, des adultes sont invités à partager un après-midi de jeux et de devoirs avec, par tirage au sort, soit un groupe d'enfants paisibles, soit des enfants perturbés (en réalité il s'agit d'enfants de 10 à 12 ans jouant un rôle). Au terme de cette rencontre, ces adultes peuvent souffler un peu, boire un verre et remplir un questionnaire. Les réponses du « groupe perturbé » témoignent plus volontiers d'anxiété, de dépression, d'hostilité et d'un sentiment d'inefficacité parentale. Mais, fait plus significatif, ils consomment lors de ce moment de détente d'avantage d'alcool (plus de 30 %) que leurs homologues privilégiés du « groupe paisible ». Il faudrait cent pages pour simplement énumérer toutes les études sociologiques, psychologiques et criminologiques se rapportant aux facteurs de risque ou de protection sociaux participant de l'apparition, de

1. Pelham, 1997.

l'amélioration ou de l'aggravation des troubles des conduites. Et mille de plus pour en discuter les conclusions ! Car le statut socio-économique est associé à de nombreux paramètres (niveau de vie, logement, qualité scolaire, accès aux soins, chômage, ségrégation sociale et/ou ethnique, exposition à la violence...). Bien que les comportements antisociaux apparaissent fréquemment sous le masque de désordres collectifs (« quartiers difficiles », « bandes de jeunes », « familles à problèmes », etc.), ils sont souvent la résultante d'une alchimie associant paramètres individuels et facteurs sociofamiliaux. Rien d'inéluctable cependant, puisque la majorité des enfants exposés à un environnement social défavorable ne développe pas de trouble des conduites de même que les enfants des quartiers chics ne sont pas toujours immunisés contre la tentation délinquante. La complexité de ces questions incite à la prudence terminologique et nombre d'auteurs préfèrent parler de facteurs de risque plus que d'étiologie et s'interroger sur leurs caractères prédictifs. Il semble, comme nous l'avons écrit plus haut, que les deux facteurs corrélés ou simplement prédictifs les plus fiables d'un risque de comportement antisocial grave soient l'échec scolaire (ou tout autre sentiment de rejet, d'humiliation ou de ségrégation notamment d'ordre social ou ethnique) et l'appartenance à une bande (l'un favorisant l'autre). Plusieurs études récentes se sont attachées à comprendre l'effet de contrainte sociale. Il semble que beaucoup d'enfants recourent à la violence en bande, à l'école notamment, pour échapper au statut de victime, préférant être prédateur plutôt que proie. Faute parfois de surveillance, de vigilance et d'intervention de l'encadrement scolaire.

Quels traitements proposer ?

Les thérapeutes de tous bords seraient avisés de ne pas attribuer systématiquement aux parents la responsabilité des troubles des conduites de leurs enfants. Ils pourraient ainsi espérer plus d'indulgence de ces mêmes parents pour leur inefficacité thérapeutique. Car il est vrai que les thérapies dont nous disposons ne permettent parfois que de se satisfaire d'une absence d'aggravation. Les thérapies comportementales sont plus performantes pour les enfants que pour les adolescents (la mise en œuvre précoce est un gage d'efficacité). Les parents peuvent apprendre à restaurer leur autorité ou à mieux gérer les conflits en limitant avec constance et fermeté leurs interventions à quelques cibles déviantes.

Quelle attitude adopter à la maison face à un enfant opposant et agressif ?

1. Ne plus s'interroger pour savoir s'il faut être sévère ou indulgent : il faut être sévère pour l'essentiel (par exemple, la violence physique) et indulgent pour l'accessoire (par exemple, le rangement de la chambre). On diminue ainsi le volume global de querelles et on apprend à l'enfant à hiérarchiser les fautes. Tout n'est pas d'une égale gravité.
2. Retenir une seule cible déviante (par exemple, les coups portés contre une sœur ou un frère), sur laquelle tous les efforts sont portés : mise en garde solennelle, punition immédiate, long sermon, seconde punition différée, le soir « conseil de famille » magistral avec les deux parents et dans le même temps proposition d'une récompense négociée si le comportement s'améliore.
3. Une fois cette bataille gagnée et l'autorité restaurée, on peut attaquer une autre cible (par exemple le travail scolaire, tout en laissant définitivement tomber les querelles de prestance pour l'accessoire, ce n'est pas bien grave si un enfant ne vous aide pas à mettre la table).
4. Dire oui à une demande raisonnable de votre enfant, c'est la règle. Ne dites jamais non par lassitude ou énervement.
5. Lors de querelles entre frères et sœurs, ne pas les renvoyer dos à dos (« Ça m'est égal de savoir qui a commencé… »). Prenez le temps de les écouter et donnez votre avis, sinon vous encouragez les actes coupables et vous aggravez les sentiments d'injustice.

Les thérapies cognitives répondent aux distorsions cognitives observées chez les enfants agressifs. Ces enfants ont une tendance exagérée à attribuer aux autres des intentions hostiles et à s'enfermer avec plus ou moins de sincérité dans une logique de réplique. Jeux de rôle, mises en situation, analyse de faits réels permettent parfois de promouvoir habileté cognitive et relationnelle en lieu et place des interprétations hostiles et des réactions d'agressivité. Les médicaments n'ont que peu d'indications spécifiques pour les comportements antisociaux. Ils peuvent en revanche apporter une aide pour les troubles associés. Les antidépresseurs et les anxiolytiques en particulier doivent être prescrits avec parcimonie chez ces adolescents impulsifs et transgressifs en raison des risques de passage à l'acte suicidaire et de facilitation de la toxicomanie. L'agressivité associée à la dangerosité peut justifier la prescription de neuroleptiques. L'association fréquente du trouble des conduites et du TDAH (hyperactivité) a permis d'observer une action favorable des psychostimulants sur ces deux syndromes. Quelques études ont même suggéré que l'action des psychostimulants sur les comportements antisociaux isolés n'était pas dénuée d'efficacité.

CHAPITRE 8

L'enfant victime

Les guerres, les catastrophes naturelles, les violences sociales, institutionnelles et familiales peuvent provoquer souffrance physique et psychologique. En 1987, l'Inspection générale des affaires sociales au ministère de la Santé a donné de la maltraitance la définition suivante : « Toutes violences physiques ou morales, psychologiques ou affectives, que ce soit de façon active ou passive (omission, carences), qui retentissent de façon grave sur son état de santé. » L'étude des conséquences de ces situations traumatiques chez l'enfant est récente. La Première Guerre mondiale a été à l'origine de recherches sur les situations de guerre, permettant à Freud notamment de développer la notion de névrose traumatique chez l'adulte. La Seconde Guerre mondiale a incité plusieurs pédopsychiatres à étudier la situation d'enfants séparés de leurs parents, placés dans des institutions et vivant donc une situation traumatisante. Les premières études menées auprès d'enfants souffrant de maltraitance datent des années 1970. Les maltraitances physiques ou sexuelles responsables de traumatismes psychiques affectent en majorité les enfants et les adolescents. Une enquête nationale réalisée par l'Inserm en 1993 conclut qu'un adolescent sur cinq aurait subi une agression sexuelle ou physique. Une autre étude américaine parle de 40 % d'adolescents victimes d'un traumatisme, parmi lesquels 6 % souffriraient à vie d'un état de stress post-traumatique. Dans l'unité médico-judiciaire de l'hôpital Trousseau, sur 1 000 enfants et adolescents reçus en 2005, 480 souffraient de coups et blessures, 20 environ avaient subi des excisions, 216 des agressions sexuelles (99 avaient moins de 10 ans). Les violences scolaires sont un motif de consultation de plus en plus fréquent (200 cas en 2005), de même que les rackets (120 cas). L'état de stress post-traumatique (ESPT), également dénommé psychotraumatisme, est plus sévère après une agression sexuelle et varie en fonction de la personnalité de la victime mais aussi du contexte : les séquelles traumatiques sont majeures lorsque les agressions sont répétées notamment lors de relations incestueuses. Le psychotraumatisme qui en résulte est le plus souvent chronique.

Le concept d'état de stress post-traumatique (ESPT) est apparu en 1980 dans les pays anglo-saxons. Il peut surgir après un événement considéré comme menaçant pour la vie et l'intégrité du sujet à l'exclusion des petits et grands tracas de la vie quotidienne. À la description initiale concernant les adultes, est venue s'ajouter celle du syndrome psychotraumatique chez l'enfant avec ses caractéristiques spécifiques.

Quels sont les signes cliniques de l'état de stress post-traumatique chez l'enfant (ESPT) ?

Rappelons les principaux signes chez l'adulte : 1) le syndrome de répétition : l'événement traumatique est sans cesse présent sous forme de *reviviscence*, sursauts, cauchemars, émotions douloureuses face à toute situation évoquant le traumatisme ; 2) des troubles cliniques variés non spécifiques tels que troubles anxieux, syndromes dépressifs, troubles du sommeil ou plaintes somatiques ; 3) une modification du comportement qui se traduit par un état d'alerte constant, et des *conduites d'évitement* de tout ce qui peut évoquer le traumatisme.

Chez l'enfant, les conséquences d'un traumatisme dépendent du niveau d'élaboration psychique, un même événement n'aura pas la même signification ni la même incidence selon l'âge.

Le syndrome de répétition précédemment décrit est constant et représente la caractéristique essentielle de tout syndrome psychotraumatique. L'enfant revit l'événement sous des formes diverses, par des jeux répétitifs par exemple mais sans le plaisir qui les accompagne ordinairement. Les *reviviscences* émergent à la suite de stimuli évocateurs ou surviennent spontanément lorsque l'attention est moins soutenue si l'enfant s'ennuie en classe, devant la télévision ou lors de l'endormissement. Contrairement à ce qui est observé chez l'adulte, les cauchemars n'ont pas de thème spécifique.

Après un traumatisme, l'enfant porte un regard différent sur la vie avec un sentiment de vulnérabilité et une moindre confiance à l'égard d'autrui. Les peurs spécifiques, *phobies avec conduites d'évitement* de tout ce qui est associé au traumatisme sont caractéristiques du syndrome psychotraumatique chez l'enfant. Tel enfant souffrira d'une phobie scolaire, tel autre développera une symptomatologie obsessionnelle avec des rituels à visée protectrice. Il évoque le passé à la recherche de présages ou de prédictions.

Chez les enfants de 6 à 12 ans, toute baisse brutale des performances scolaires doit faire rechercher un événement traumatique. Le dévoilement tardif peut être lié à l'absence de la prise de conscience de la gravité des faits par l'enfant, à la crainte de représailles ou à l'indistinction entre victimes et coupables. Il n'est pas rare qu'un enfant victime de violences se juge coupable de n'avoir pas su s'en défendre. Parmi les poncifs éducatifs les plus dévastateurs, citons le classique « dans la vie, il faut savoir se défendre », dont la cour de récréation représente l'une des applications les plus éprouvantes. Ce statut de victime-coupable s'accompagne fréquemment de manifestations anxieuses ou dépressives.

Les plus jeunes, avant l'âge de 6 ans, souffrent de manifestations somatiques ou présentent des comportements régressifs (énurésie, encoprésie) ainsi que des retards de développement du langage ou de la motricité.

Chez l'adolescent, les symptômes sont plus proches de ceux observés chez l'adulte, avec prédominance des pensées obsédantes et des troubles phobiques. On constate également à cet âge des troubles du comportement alimentaire, des actes suicidaires, des conduites toxicomaniaques et prédélinquantes.

La durée d'exposition à l'événement traumatique est déterminante pour les conséquences cliniques :

– le traumatisme est unique et limité dans sa durée (type I) : les symptômes de reviviscence sont prédominants ;

– le traumatisme est caractérisé par la répétition de l'événement (type II) : les troubles phobiques avec évitement de situation et les modifications de la personnalité sont fréquents. Ces modifications se traduisent par une attitude de méfiance à l'égard du monde, une tendance au retrait, des sentiments de vide et d'angoisse et une instabilité des relations affectives. L'ensemble de ces symptômes correspond à la personnalité dite « état limite ». Westen (1990) a constaté que plus de 50 % d'adolescentes ayant été victimes d'agressions sexuelles avec maltraitance physique à répétition présentaient une personnalité limite. Les enfants victimes d'abus sexuels au sein de leur famille ou subissant des parents agressifs, alcooliques, violents ou incohérents souffrent souvent de troubles sévères de l'estime de soi.

Les violences scolaires

> « Entre le fort et le faible, c'est la loi qui libère et la liberté qui opprime. »
>
> Henri LACORDAIRE (1802-1861)

Les violences urbaines spectaculaires des quartiers dits sensibles occupent depuis quelques années le devant de l'actualité. Mais il existe une autre violence scolaire quotidienne qui n'intéresse que peu la politique et la justice, que les Scandinaves appellent le *mobbing* et les Anglo-Saxons le *school bullying* et qui en France peine à intéresser les médias ou même les enseignants. Le *school bullying* correspond à ces violences ordinaires, à ces microviolences que sont les moqueries, humiliations, vexations, insultes, menaces, intimidations, coups, pincements et toute forme d'ostracisme dont est victime un élève par le fait du harcèlement d'un autre enfant ou d'un groupe d'enfants au prétexte d'un conflit ou le plus souvent par intolérance ou abus de faiblesse. Les psys reçoivent souvent les confidences d'enfants victimes de ces violences. Ils sont à la fois malheureux et résignés, préférant souvent cacher peurs et tourments à leurs parents pour leur épargner une peine inutile ou de crainte qu'une dénonciation n'aggrave leur sort. Beaucoup d'enfants rapportent l'absence d'adultes dans les cours de récréation ou leur non-intervention alors même qu'ils sont informés ou témoins des exactions. Il existe parfois une indifférence, un laisser-faire, une banalisation face à la violence entre élèves soit parce qu'il en coûte aux enseignants de faire l'effort d'intervenir pour ce qui ne leur apparaît ni comme une de leurs priorités ni même comme une de leurs missions (« On n'est pas là pour faire le gendarme »), soit parce qu'ils soutiennent l'idée que les enfants doivent « apprendre à se défendre par eux-mêmes » et que plus l'on intervient ou protège, moins les enfants s'aguerrissent aux risques de la vie. De tels propos, qui négligent le rapport de forces entre l'agresseur et l'agressé, suggèrent à l'enfant victime de violences qu'il est responsable de ce qu'il subit puisqu'il ne parvient pas à s'en défendre. Il est ainsi confronté à l'impuissance et à la culpabilité tandis que l'agresseur est assuré de son bon droit et de sa légitimité, puisque ni réfutation ni sanction ne lui sont opposées, et conforté par la caution implicite des adultes dans son statut de chef auprès des autres enfants.

Les conséquences de la violence et du harcèlement scolaires sont peu étudiées en France. Plusieurs recherches menées notamment en Grande-Bretagne et dans les pays scandinaves ont montré que les victimes de violence présentent avec une fréquence accrue des signes d'anxiété, de dépression, de fatigue chronique, de culpabilité, de dévalorisation et d'idées suicidaires. Dès 1978, un auteur américain montrait qu'« une victime de harcèlement en milieu scolaire qui ne bénéficie pas du soutien des adultes parce qu'elle n'a pas parlé de son problème ou parce que les adultes pensent qu'il ou elle doit apprendre à se défendre seul et qu'il s'agit de simples chamailleries entre enfants présente quatre fois plus de risques d'attenter à sa vie qu'un autre enfant[1] ». L'interrogatoire de trente jeunes hospitalisés dans une unité d'accueil en France après une tentative de suicide a montré que plus de la moitié avait « une expérience de harcèlement et de maltraitance en milieu scolaire[2] ». L'exposition régulière à des comportements violents altère certaines capacités cognitives telles que la mémoire ou la concentration. Lors d'une évaluation d'un programme d'intervention contre le *school bullying* (États-Unis, 2001), il avait été observé une hausse importante des résultats scolaires dans l'école bénéficiant de ce programme tandis que les résultats stagnaient dans l'école témoin. Dans une étude au Pays de Galles, menée auprès de 188 absentéistes chroniques, près de 20 % d'entre eux affirment s'être absentés initialement ou durablement parce qu'ils étaient victimes de maltraitance ou de harcèlement.

De nombreux projets de plans nationaux de lutte contre la violence à l'école sont annoncés en France depuis plus de dix années. Aucun n'a permis d'avancée significative en particulier pour les élèves des collèges en zone urbaine sensible qui sont plus exposés que les autres enfants au risque de toutes les formes de violence.

Quelques plans locaux de prévention de la violence scolaire sont mis en œuvre à l'étranger (plus rarement en France). Ces programmes sont le plus souvent d'inspiration cognitivo-comportementale (gestion des conflits, des émotions et des frustrations, intervention de médiateurs). Leur évaluation permet d'énoncer quelques critères d'efficacité :

---

1. Olweus D., *Agression in the School, Bullies and Whipping Boys*, Washington DC, Hemisphère, 1978.
2. Blaya C., *Construction sociale du refus de l'école*, rapport de recherche, 2003.

Prévenir la violence à l'école

1. Former tous les enseignants aux pratiques d'intervention et d'implication.

2. Intervenir précocement, sans relativiser, dès la maternelle (plus les élèves sont jeunes, mieux ils adhèrent aux règles).

3. Intervenir systématiquement avec une vigilance de tous les instants (ne pas banaliser la violence, prendre le temps de comprendre le conflit et de le gérer, ne pas renvoyer dos à dos l'agresseur et l'agressé).

4. Gérer tous les conflits à l'aide de délégués de classe ou de médiateurs élèves et adultes (tiers impartial et indépendant).

5. Favoriser la culture pacifiste et le sentiment d'appartenance au « groupe classe ».

6. Intégrer et formaliser dans l'emploi du temps les programmes d'évaluation, de formation et d'intervention.

7. Encourager le partenariat avec les familles.

Un programme « antibrutalités » en Norvège

Ce programme mené à l'échelle nationale en Norvège a permis de réduire de moitié les affrontements. Il a inspiré nombre de programmes d'intervention et notamment le Toronto Board of Education (Canada). Il comprend quatre registres d'intervention :

1. Tous les membres de la communauté scolaire sont concernés par la violence et doivent participer d'une surveillance accrue des couloirs et de la cour. Des journées de formation sont proposées aux enseignants et à l'ensemble des intervenants. Chacun doit reconnaître sa responsabilité d'agir face à la violence.
2. Les parents sont invités à participer de réunions d'information sur la violence scolaire et sont incités à en parler avec leurs enfants.
3. L'emploi du temps des élèves comprend un programme de réflexion et d'échanges afin de favoriser la pacification et la médiation des conflits.
4. Les enseignants sont incités à prendre du temps pour parler avec les agresseurs et les victimes.

La prévention de la violence entre enfants est une priorité, mais elle doit s'accompagner d'une réflexion sur les violences exercées contre les enfants par une minorité d'enseignants : « Première surprise, mais elle est de taille, certaines plaintes portent sur des mauvais traitements commis par des enseignants sur de très jeunes enfants. Il existe des instituteurs qui frappent les enfants, leur collent du scotch sur la bouche. Il s'est trouvé une enseignante pour tenir un enfant par les chevilles, la tête en bas, pour lui apprendre à écrire les lettres à l'endroit. Une autre obtenait le silence en plaçant des pinces à linge sur la bouche des plus bavards. Plus fréquent, est l'usage de sobriquets dévalorisants : "Jeanne la pisseuse", "Luc le menteur" ou de commentaires dévalorisants : "On ne fera jamais rien de toi", "Tu ne seras même pas bonne à faire la manche", voire carrément racistes ou hostiles à tel ou tel groupe religieux [...]. Deuxième surprise. De même qu'elle s'est longtemps bornée à muter les pédophiles dès lors qu'ils étaient détectés, l'Éducation nationale a été d'une grande timidité pour sanctionner ce genre de comportement. Certes l'Éducation nationale n'est pas toujours aussi indulgente. Dans ses rangs, de plus en plus nombreux sont ceux qui se refusent à fermer les yeux[3]... »

Comment évolue l'enfant victime ?

Tous les enfants victimes de violences ou de maltraitance ne présentent pas des troubles psychotraumatiques. La vulnérabilité individuelle et l'environnement familial sont des variables déterminantes. Les enfants qui souffrent de troubles cognitifs, d'hyperactivité ou de troubles du comportement risquent de développer un état de stress post-traumatique (ESPT) plus intense avec trouble dépressif majeur et comportement déviant ou suicidaire. L'évolution vers des troubles graves de la person-

3. Brisset Claire, *Quinze millions d'enfants à défendre*, Albin Michel, 2005.

nalité ou l'abus de substances est alors plus fréquente. La résilience c'est-à-dire la capacité à résister aux épreuves puis à les surmonter dépend de facteurs de protection également appelés « tuteurs de résilience ». Les enfants « résilients » accèdent plus facilement à l'autonomie ou à la sociabilité, soit par leur disposition naturelle, soit parce qu'ils reçoivent aide et compréhension. Ils peuvent relativiser les événements de la vie. Un équilibre familial permettant à l'enfant de parler de ses épreuves, d'exprimer ses émotions et d'être rassuré réduit le risque d'apparition et l'intensité d'un éventuel ESPT. Les enfants exposés durant de nombreuses années à un climat social traumatisant comme la guerre mais aussi à un environnement familial violent peuvent présenter une symptomatologie proche de la dépression dite « d'engourdissement psychique » : l'enfant se met en retrait, marque peu d'intérêt pour les jeux, manifeste peu d'émotions et n'envisage l'avenir que dans la crainte ou l'indifférence.

Tout acte de maltraitance ou autre événement traumatique risque d'interférer sur les processus du développement psychomoteur de l'enfant et sur l'organisation de sa personnalité. Le consensus est désormais établi quant à la nécessité d'une intervention précoce accompagnée de traitements spécifiques à hauteur des enjeux. Les professionnels de la santé, mais aussi les tribunaux et les services sociaux doivent intervenir. Des centres spécialisés permettant l'articulation entre ces différentes instances paraissent plus adaptés pour le suivi des victimes et la reconnaissance de leur souffrance. Ces structures offrent la possibilité dès le premier entretien, de collaborer plus étroitement et plus efficacement. Dans les situations de maltraitance, la première étape consiste en une évaluation des faits et des risques afin d'assurer la sécurité de l'enfant : est-il nécessaire d'éloigner l'enfant de sa famille ou de changer l'enfant d'école ? Quelles sont les implications parentales ou sociales ? Une psychothérapie individuelle peut offrir un sentiment de protection et de compréhension, un meilleur contrôle de l'anxiété, une clarification de son « statut » de victime et de ses droits, une amélioration de l'estime de soi et une perception moins sombre de l'avenir.

CHAPITRE 9

L'autisme

L'autisme se définit par l'apparition avant l'âge de 3 ans de troubles de la communication verbale et non verbale associés à un manque d'intérêt et de réactivité pour autrui ainsi que d'une tendance aux stéréotypies* comportementales. Ce retrait sur soi (autisme, du grec *autos*, « soi-même ») peut être suspecté dès la première année de vie lors de la survenue des premiers symptômes, mais il est souvent diagnostiqué plus tardivement en maternelle. Longtemps associé à des terminologies confuses (psychoses infantiles, dysharmonies évolutives…), l'autisme ne doit plus être confondu avec la schizophrénie. L'autisme relève d'un diagnostic précis et d'un traitement spécifique dont la mise en œuvre précoce est un atout déterminant d'intégration scolaire. Mais ces nouveaux traitements, que nous décrirons plus avant dans ce chapitre, tardent à se répandre hors des cercles associatifs. La psychiatrie en France semble toujours à la croisée des théories. L'impasse des thèses psychanalytiques de l'autisme est patente, mais aucune politique ambitieuse de développement de thérapies alternatives, notamment éducatives et comportementales, n'est venue s'y substituer. L'autisme présente un taux de prévalence de 1 pour 1 000, il est l'une des quatre entités cliniques regroupées sous le titre générique de « troubles graves ou envahissants du développement » avec le syndrome d'Asperger (prévalence 2 pour 10 000), le syndrome de Rett et le syndrome désintégratif.

Les symptômes de l'autisme

Nous devons à Leo Kanner en 1943 les premières descriptions de l'autisme infantile. La terminologie actuelle est assez proche de ses premières descriptions basées sur l'observation de 11 enfants. Kanner affirmait déjà la spécificité des symptômes de l'autisme dans les domaines des *relations sociales,* de la *communication* et du *comportement.*

Les relations sociales

L'enfant autiste donne l'apparence de l'indifférence dans les échanges sociaux. L'enfant ne tend pas les bras pour solliciter l'adulte, évite son regard, réagit peu à sa présence ou à son absence et exprime avec parcimonie émotions et sentiments. Un certain nombre d'études insistent cependant pour que ne soit pas confondu ce manque de réactivité dans les interactions sociales avec une incapacité de différencier leurs proches et de nouer avec eux des liens d'affection. Il semble notamment que les enfants autistes développent des relations d'attachement et éprouvent un sentiment de sécurité avec leur mère dans des proportions proches de celles observées chez les enfants sans difficultés. De même, les jeunes autistes sourient spontanément à leur mère autant que les autres enfants mais beaucoup moins lorsqu'ils sont sollicités. Les perturbations relationnelles des autistes relèvent surtout d'une difficulté de réactivité et d'imitation. Sur ce dernier point, une étude portant sur des enfants autistes a montré que les relations sociales sont d'autant plus perturbées que les capacités d'imitation sont limitées.

La communication

Le langage des enfants autistes est souvent perturbé. Si certains enfants parlent sans anomalie, d'autres s'expriment peu ou même limitent leur langage à l'emploi de quelques mots. Mais, le plus souvent, les perturbations du langage portent moins sur le stock lexical (le nombre de mots connus de l'enfant) que sur l'expression qui peut manquer de réciprocité, de spontanéité et d'adaptabilité. Ainsi, ils peuvent persévérer sur un sujet hors de propos, abandonner sans transition un sujet en cours ou ajouter des chiffres, des dates ou d'autres fioritures sans raison explicite. Ils peuvent aussi poser des questions sans se soucier de la réponse et réciproquement. Les enfants autistes prolongent au-delà de l'initiation du langage l'usage de l'écholalie* immédiate ou différée ainsi que l'inversion ou l'indifférenciation des pronoms. L'usage du langage est parfois dit idiosyncrasique* (compréhensible pour le seul enfant et quelques proches) ou préservé pour les représentations concrètes mais limité pour les capacités symboliques entravant ainsi l'accès aux plaisanteries, aux jeux de rôle et à tous les plaisirs où l'on « s'amuse à faire semblant ». La communication non verbale peut également faire défaut, ainsi le regard peut apparaître comme lointain, décalé ou inexpressif et la mimique comme la gestuelle peuvent sembler figées ou désaccordées.

Le comportement

Le répertoire comportemental est souvent limité. Les jeux sont répétitifs et peuvent concerner un jouet ou un objet que l'enfant autiste manipulera ou contemplera inlassablement selon un rituel immuable : une petite voiture dont il fait tourner les roues, un objet brillant dont il recherche l'effet de lumière ou un trajet pour lui-même ou pour un jouet parcouru à l'identique. Ces activités restreintes vont de pair avec un isolement relationnel et les enfants autistes réagissent souvent avec anxiété et parfois avec colère à tout changement, non seulement pour les jeux mais aussi pour l'habillage, la toilette ou les repas. On observe aussi des stéréotypies d'attitudes parfois compulsionnelles*, comme le fait de toucher une personne, des stéréotypies de mouvement, notamment les balancements ou des stéréotypies* de posture, par exemple les poings fermés appliqués sur la poitrine.

« Il n'a jamais joué avec lui »

« Très tôt, on a observé que c'est lorsqu'on le laissait seul qu'il était le plus heureux : il ne pleurait presque jamais pour aller avec sa mère, ne paraissait pas remarquer les retours de son père à la maison et était indifférent aux visites de ses proches parents. Le père a tout spécialement mentionné que Donald n'arrivait même pas à prêter la moindre attention au Père Noël dans son costume au grand complet. Il semble se suffire à lui-même. Il ne montre pas d'affection quand on le câline. Il est indifférent aux allées et venues des personnes et ne paraît jamais content de voir son père, sa mère ou un camarade de jeu. Il semble presque se retirer dans sa coquille et vivre à l'intérieur de lui-même. Une fois, nous avons pris chez nous un petit garçon venant d'un orphelinat, du même âge que Donald et qui était particulièrement charmant, pour qu'il passe l'été à la maison avec lui, mais Donald n'a jamais posé une question à cet enfant, n'a jamais répondu à une seule de ses questions et n'a jamais joué avec lui. Quand on l'appelle, il ne vient que rarement, il faut le soulever et le porter, ou le conduire par la main, pour aller là où il doit aller. »

Leo Kanner, *Autistic Disturbances of Affectiv contact*, 1943.

L'autisme peut-il être confondu avec d'autres troubles ?

La confusion entre autisme et schizophrénie relève souvent d'une autre méprise qui confond l'autisme-maladie (ce dont nous parlons dans ce chapitre : l'autisme infantile décrit par Kanner) et l'autisme-symptôme (une tendance au repli sur soi qui peut en effet s'observer dans différents registres pathologiques et notamment dans la schizophrénie). Dans les classifications internationales et notamment celle de l'OMS, l'autisme et la schizophrénie font l'objet de deux chapitres distincts. De nombreux arguments cliniques et évolutifs justifient cette différenciation :

– l'autisme survient classiquement avant l'âge de 3 ans alors que la schizophrénie ne s'observe que très rarement avant l'adolescence ;
– l'autisme ne s'accompagne ni de délires ni d'hallucinations ;
– le déficit de communication est plus marqué dans l'autisme ;
– les potentialités intellectuelles sont globalement plus contrastées dans l'autisme.

L'autisme est l'affection la plus fréquente de ce que l'on nomme les *troubles graves ou envahissants du développement,* mais il faut ajouter trois autres diagnostics, le syndrome d'Asperger, le syndrome de Rett et le trouble désintégratif de l'enfance.

- ***Le syndrome d'Asperger*** se rapproche de l'autisme par une tendance au retrait relationnel et social ainsi qu'aux bizarreries et stéréotypies comportementales mais il s'en distingue par un développement normal ou supérieur du langage et de l'intelligence. Il n'est pas rare que les enfants atteints de ce syndrome se passionnent avec brio pour un thème scientifique. Le syndrome d'Asperger et l'autisme correspondent-ils à un continuum autistique ou à deux entités distinctes ? Les classifications internationales et notamment celle de l'OMS différencient ces deux diagnostics, mais les études familiales orientent vers une parenté génétique de l'autisme et du syndrome d'Asperger.
- ***Le syndrome désintégratif ou syndrome de Heller*** se manifeste après une phase de développement normal, minimale de deux années. Ce syndrome débute par l'association d'une symptomatologie autistique (altérations sociales, communication restreinte, désintérêt, stéréotypies, etc.) et d'une régression du langage et des capacités motrices. L'étiologie de cette maladie est inconnue.
- ***Le syndrome de Rett*** apparaît après une première phase de six à dix-huit mois de développement normal. Ce syndrome se manifeste par un ralentissement de la croissance du

Une mémoire inhabituelle

À 1 an, Donald « fredonnait et chantait de nombreux airs sans erreur ». Avant l'âge de 2 ans « il avait une mémoire inhabituelle des visages et des noms et connaissait de nombreux noms de maison » dans sa ville. Sa famille l'encourageait à apprendre par cœur et à réciter de courts poèmes et il savait même « le trente-troisième psaume et les vingt-cinq questions et réponses du catéchisme presbytérien ». Ses parents ont observé qu'« il n'apprenait à poser de questions ou à répondre aux questions que si elles avaient un rapport avec des comptines ou des choses de ce genre, et qu'alors souvent il ne posait pas de vraies questions mais disait des mots isolés ». Son articulation était claire. Il a commencé à s'intéresser aux images « et a très vite reconnu un nombre prodigieux d'illustrations dans les volumes de l'encyclopédie Compton ». Il reconnaissait les portraits des présidents des États-Unis « ainsi que la plupart des portraits de ses ancêtres et des membres de sa famille des deux côtés ». Très vite il a appris à réciter tout l'alphabet « à l'envers et à l'endroit », ainsi qu'à compter jusqu'à 100.

Leo Kanner, *Autistic Disturbances of Affectiv Contact*, « Nervous Child », vol. 2, New York, 1943.

périmètre crânien associé à une régression psychomotrice avec notamment une démarche instable ou rigide, une incoordination motrice et des stéréotypies manuelles presque pathognomoniques* (mouvements de lavage ou de torsion des mains). Les troubles alimentaires sont fréquents (risque de cachexie*). Le langage ne se développe pas ou régresse et la symptomatologie autistique se manifeste avec beaucoup d'ampleur (désintérêt relationnel, regard vide, mimique inexpressive…). Alors que l'autisme, le syndrome d'Asperger et le syndrome désintégratif concernent préférentiellement les garçons, le syndrome de Rett atteint presque exclusivement les filles.

L'autisme peut-il être associé à d'autres troubles ?

Trois enfants autistes sur quatre présentent un quotient intellectuel inférieur à 70. La signification de ce retard intellectuel global doit cependant être tempérée par l'observation de capacités paradoxales, ainsi un certain nombre d'enfants autistes peuvent apprendre à lire précocement ou disposer de dons hors normes pour le calcul (calculateur prodige), pour les arts plastiques (réalisations de dessins avec une minutie photographique) ou pour la musique (mémorisations de partitions après une seule audition) et néanmoins faire montre de faiblesse à la passation des tests de QI. Plus généralement, les autistes sont plus performants pour les épreuves de performance non verbales que pour les épreuves verbales impliquant la maîtrise du langage. L'intelligence des autistes est sous-estimée par les tests classiques de QI, tel le Wechsler. Des tests plus adaptés aux enfants autistes, tel le test des matrices de Raven, qui fait appel à l'intelligence visuelle, donnent des résultats bien supérieurs. L'autre trouble lié mystérieusement à l'autisme est l'épilepsie : environ un enfant autiste sur quatre souffre de cette association. Il faut signaler aussi les troubles du sommeil fréquemment observés chez l'autiste. Ces enfants peuvent rester éveillés toute la nuit, les yeux grands ouverts sur des abîmes de perplexité ou soumis passivement à des balancements ininterrompus.

Quelles sont les causes de l'autisme ?

Génétique

Les études de gémellité montrent l'importance des facteurs génétiques dans l'étiologie de l'autisme. Ainsi le taux de concordance pour les jumeaux homozygotes* est proche de 90 % et le risque pour la fratrie après la naissance d'un premier enfant autiste est multiplié par 100 en comparaison de la prévalence dans la population générale. Chaque parent porteur sain pourrait transmettre un ou plusieurs gènes impliqués dans un ensemble polygénétique à l'origine de la maladie. L'équipe de l'Institut Pasteur, dirigée par le docteur Thomas Bourgeron, a identifié plusieurs gènes impliqués dans certaines formes d'autisme (chromosomes X 15, 22 et 7). Ces recherches françaises portent sur 600 familles recrutées depuis 1992 et participent d'un programme mondial Autism Speaks, qui réunit 170 équipes de recherche travaillant dans 50 institutions à une nouvelle méthode de séquençage génétique de 6 000 échantillons biologiques prélevés sur plus de 6 000 personnes provenant de 1 500 familles.

Neurobiologie et neuropsychologie

Un grand nombre de recherches récentes d'imagerie cérébrale ont conforté les hypothèses neurobiologiques de l'autisme. Ainsi, une étude d'imagerie par résonance magnétique fonctionnelle (IRM*), portant sur la comparaison d'adultes autistes et d'adultes indemnes de troubles psychiques soumis à une stimulation de sons vocaux et non vocaux, montre que l'activation cérébrale pour les sons non vocaux est identique pour les deux groupes d'adultes alors qu'elle est très nettement différenciée pour les voix, aucune stimulation cérébrale n'étant enregistrée à l'IRM chez les autistes. Cette perception déficitaire des stimuli vocaux est à rapprocher d'autres particularités comme les déficits de reconnaissance des visages ou de l'interaction sociale. D'autres recherches ont permis de formuler des hypothèses différentes, ainsi l'autisme pourrait être la résultante d'une faille du système opiacé, les interactions sociales seraient freinées car elles ne recevraient aucune « gratification biologique ». Le parallèle entre les autistes et les patients souffrant de lésions frontales a montré des similitudes symptomatiques suggérant l'implication du lobe frontal* dans la survenue de l'autisme. Citons aussi deux autres modèles, l'un décrivant une défaillance ascendante du système sous-cortical susceptible de provoquer un déficit de la vigilance. L'autre proposant une théorie de l'amnésie liée à une atteinte précoce du système limbique.

Une aire cérébrale « sourde » à la voix humaine

La comparaison de l'enregistrement en IRM fonctionnelle de l'activité cérébrale de cinq adultes autistes et de huit adultes sains soumis à une alternance de voix humaines (paroles, rires, chants) et d'autres sons (cloches, voitures, etc.) montre chez les sujets sains une activation de deux zones cérébrales, l'une pour les voix, l'autre pour les sons. En revanche, chez les sujets autistes, une seule aire accueille indistinctement voix et sons tandis que l'aire spécifique de la voix demeure inactivée. L'interrogatoire confirme ces données fonctionnelles, les sujets témoins confirment leur perception des voix humaines tandis que les autistes ne signalent pour l'essentiel que les autres sons. Le déficit d'activité cérébrale chez les enfants autistes correspond à deux zones très localisées des deux lobes temporaux. Le lobe temporal jouerait un rôle déterminant dans le traitement de la signification des signaux visuels et auditifs ainsi que dans la perception du visage, les expressions du regard et les mouvements de la bouche. Difficile de ne pas corréler ces anomalies structurelles et fonctionnelles avec la clinique de l'autisme.

Inserm/CEA (Dr Zilbovicius, Orsay).

La neuropsychologie* dispose d'outils permettant d'analyser les capacités cognitives et socio-émotionnelles. La BECS (batterie d'évaluation cognitivo-sociale) évalue seize fonctions cognitives, par exemple la capacité de l'enfant à entrer en relation avec autrui, la capacité de partager son attention avec autrui pour un objet, l'imitation vocale ou gestuelle, la capacité de retrouver des objets cachés, etc. Ces échelles, ces questionnaires permettent de fiabiliser les évaluations cliniques mais aussi de participer de recherches liant structures cérébrales (neurobiologie) et tests cliniques (neuropsychologie). On ne peut établir de preuves formelles de causalité ou proposer un modèle définitif du fonctionnement cérébral de l'autisme, mais le faisceau convergent des premiers résultats encourage la poursuite de ces recherches.

Psychanalyse

Pendant des décennies, les théories psychanalytiques de l'autisme ont fait florès en France jusqu'à l'absurde. Elles proposaient le modèle explicatif d'une défaillance affective et éducative de parents décrits comme froids, distants ou maltraitants. Elles ajoutaient surtout au désarroi de ces parents, les tourments de la culpabilité (Leo Kanner inquiet de ces accusations avait répliqué par un livre au titre explicite : *À la défense des mères*). Toutes les études cliniques contrôlées ont montré, depuis lors, que les parents d'enfants autistes ne présentent pas plus de troubles de la personnalité ou de failles éducatives que les parents d'enfants indemnes de troubles graves du développement. Les parents d'enfants autistes semblent cependant plus vulnérables à la dépression, mais les études les plus récentes montrent que c'est la révélation de l'autisme qui précède la fréquence accrue des troubles dépressifs.

Comment établir le diagnostic

Les classifications internationales ont permis à la nosographie* de l'autisme de gagner en clarté depuis quelques décennies en distinguant ce trouble de la schizophrénie. Cependant, quelques adeptes isolés ont toujours foi dans la *Classification française des troubles mentaux de l'enfant et de l'adolescent*[1], qui classe l'autisme dans la nébuleuse des psychoses* infantiles

1. Misès R., Fortineau T., Jeammet P., Lang J., Mazet P., Plantade A., Quemada N., « Classification française des troubles mentaux de l'enfant et l'adolescent (CFTMEA) », *Psychiatrie de l'enfant*, 1988, 31.

et autres dysharmonies évolutives*. Il n'est pas rare que des psychiatres se chamaillent inutilement, mais en la circonstance la question est d'importance car ces confusions diagnostiques sont un obstacle majeur au dépistage. Une enquête menée par Autisme France en 2003 a montré que l'autisme est diagnostiqué dans notre pays en moyenne à l'âge de 6 ans, après une errance médicale rarement inférieure à trois ou quatre ans ! Or l'importance de la rapidité du diagnostic est démontrée par la comparaison des progrès accomplis selon que la mise en œuvre des programmes éducatifs est précoce ou retardée. Il existe des méthodes simples de dépistage qui pourraient être inscrites dans les carnets de santé ou intégrées aux bilans de médecine scolaire. Dans les pays anglo-saxons, un dépistage initial pour les enfants âgés de moins de 3 ans est proposé sur la base d'un recensement de signes « devant attirer l'attention » et de signes dits « d'alerte absolue », dont la présence doit imposer un bilan spécialisé.

Les signes devant attirer l'attention concernent :

– *la communication* : perte de mots acquis, retard de langage, surdité apparente par instants, indifférence aux ordres, absence de désignation des objets, etc. ;
– *la socialisation* : sourires sans réciprocité, regards incertains, tendance à l'isolement, manque d'intérêt pour les parents ou pour les enfants, etc. ;
– *le comportement* : jeux répétitifs, attachement à des habitudes ou à des rituels, attitudes particulières, etc.

Les cinq signes d'alerte absolue de troubles envahissants du développement (dont l'autisme) sont :

– l'absence de babillage à 12 mois ;
– l'absence de geste (« au revoir », doigt pointé…) à 12 mois ;
– l'absence de mots à 16 mois ;
– l'absence d'association spontanée de mots (hors écholalie) à 24 mois ;

– et à tout âge, une régression du langage ou des compétences sociales.

Le CHAT (Checklist for Autism in Toddlers) est un test, validé depuis 1992 en Angleterre sur des dizaines de milliers d'enfants (le diagnostic d'autisme a été confirmé pour plus de 80 % des enfants dépistés comme tels). Ce test comporte 14 items diagnostiques dont trois sont particulièrement pertinents (les épreuves A, B et C de l'observation directe).

LE CHAT : un questionnaire pour les parents
(répondre par oui ou par non)

	OUI	NON
1. Votre enfant aime-t-il être balancé, sauter sur vos genoux, etc. ?		
2. Votre enfant montre-t-il de l'intérêt pour les autres enfants ?		
3. Votre enfant aime-t-il grimper, par exemple monter les escaliers ?		
4. Votre enfant aime-t-il jouer à « faire coucou » ou à « cache-cache » ?		
5. Votre enfant aime-t-il « jouer à faire semblant », par exemple avec une dînette ?		
6. Votre enfant pointe-t-il parfois son index pour *demander* quelque chose ?		
7. Votre enfant pointe-t-il parfois son index, pour manifester son *intérêt* ?		
8. Votre enfant est-il capable de s'amuser avec des petits jouets (comme des autos ou des briques) sans constamment les mettre dans sa bouche, les brasser ou les lancer ?		

	OUI	NON
9. Votre enfant vous apporte-t-il parfois des objets pour vous les montrer ? A) Pendant l'évaluation, l'enfant vous a-t-il regardé dans les yeux ? B) Assurez-vous d'obtenir l'attention de l'enfant, puis pointez du doigt un objet intéressant dans la pièce et dites-lui : « Regarde » (nommez un jouet). Surveillez son visage. L'enfant regarde-t-il dans la direction du jouet ? Pour répondre oui à cette question, assurez-vous que l'enfant n'a pas regardé seulement votre main, mais vraiment l'objet que vous pointez. C) Assurez-vous d'obtenir l'attention de l'enfant. Donnez-lui une dînette et dites : « Peux-tu servir une tasse de lait ? » Fait-il semblant de verser du lait, d'en boire, etc. ? Si vous pouvez inciter l'enfant à « jouer à faire semblant » avec une dînette ou tout autre chose, répondez OUI. D) Dites à l'enfant : « Où est la lumière ? » ou bien : « Montre-moi la lumière. » L'enfant pointe-t-il la lumière de l'index ? Choisissez au besoin un point d'intérêt éloigné, autre que la lumière. Pour pouvoir répondre OUI, il faut que l'enfant ait regardé votre visage au moment où vous pointez. E) L'enfant peut-il construire une tour en briques Lego ? Si oui, de quelle hauteur ? Avec combien de briques ?		

Le CHAT est un test de dépistage. C'est la première étape d'une démarche diagnostique essentiellement clinique. Il n'existe à ce jour aucun test biologique. Le diagnostic repose sur l'interrogatoire des proches et sur l'observation individualisée prolongée et pluridisciplinaire. Cette démarche clinique (recherche des signes d'autisme ainsi que de tous les autres symptômes susceptibles de leur être associés) doit être validée par le recueil des critères diagnostiques des classifications internationales (CIM 10 ou DSM-IV).

Critères diagnostiques de l'autisme

A. Un total de six (ou plus) parmi les éléments décrits en (1), (2) et (3), dont au moins deux de (1), un de (2) et un de (3).

1. Altération qualitative des interactions sociales, comme en témoignent au moins deux des éléments suivants :
— altération marquée dans l'utilisation, pour réguler les interactions sociales, de comportements non verbaux multiples, tels que le contact oculaire, la mimique faciale, les postures corporelles, les gestes ;
— incapacité à établir des relations avec les pairs correspondant au niveau du développement ;
— le sujet ne cherche pas spontanément à partager ses plaisirs, ses intérêts ou ses réussites avec d'autres personnes (par exemple, il ne cherche pas à montrer, à désigner du doigt ou à apporter les objets qui l'intéressent) ;
— manque de réciprocité sociale ou émotionnelle.

2. Altération qualitative de la communication, comme en témoigne au moins un des éléments suivants :
— retard ou absence totale de développement du langage parlé (sans tentative de compensation par d'autres modes de communication, comme le geste ou la mimique) ;
— chez les sujets maîtrisant suffisamment le langage, incapacité marquée à engager ou à soutenir une conversation avec autrui ;
— usage stéréotypé et répétitif du langage, ou langage idiosyncrasique ;
— absence d'un jeu de faire semblant varié et spontané, ou d'un jeu d'imitation sociale correspondant au niveau de développement.

3. Caractère restreint, répétitif et stéréotypé des comportements, des intérêts et des activités, comme en témoigne au moins un des éléments suivants :
— préoccupation circonscrite à un ou plusieurs centres d'intérêt stéréotypés et restreints, anormale soit dans son intensité, soit dans son orientation ;

— adhésion apparemment inflexible à des habitudes ou à des rituels spécifiques et non fonctionnels ;
— maniérismes moteurs stéréotypés et répétitifs (par exemple, battements ou torsions des mains ou des doigts, mouvements complexes de tout le corps) ;
— préoccupations persistantes pour certaines parties des objets.

B. Retard ou caractère anormal du fonctionnement, débutant avant l'âge de 3 ans, dans au moins un des domaines suivants :
— interactions sociales ;
— langage nécessaire à la communication sociale ;
— jeu symbolique ou d'imagination.

C. La perturbation n'est pas mieux expliquée par le diagnostic du syndrome de Rett

American Psychiatric Association, DSM-IV, *Manuel diagnostique et statistique des troubles mentaux*, traduction française, Paris, Masson, 1996.

La scolarisation des enfants autistes

L'école est un lieu d'échange et d'interaction sociale et c'est précisément l'un des registres les plus fragiles de l'enfant autiste. Les enjeux affectifs et relationnels avec les élèves (camaraderie, jeux, disputes, partage, confidences…) et les enseignants (compliments et réprimandes, succès et échecs…) sont atténués ou perturbés. Tout apprentissage impose une possibilité minimale d'interactions sociales, d'écoute et de parole ainsi que le plaisir d'apprendre et de découvrir. Mais ces enfants ne disposent pas de toutes ces aptitudes, d'autant que d'autres troubles peuvent s'associer à l'autisme, notamment l'épilepsie. L'intelligence des enfants autistes peut être faible ou élevée, mais elle comporte aussi des spécificités :

- Le langage oral et la communication sociale des enfants autistes sont altérés, en revanche la capacité d'accéder à l'échange et à la connaissance par le visuel est maintenue.
- L'attention pour le détail est souvent privilégiée et fait obstacle à la perception d'ensemble.
- Les situations les plus simples ne sont pas toujours intelligibles. Il ne va pas de soi qu'une école, c'est fait pour apprendre.
- Commencer ou terminer, changer d'activité, progresser par séquences sont des prouesses pour ces enfants qui n'aiment rien tant que le rituel et l'immuable.
- Donner de la signification aux événements ou du sens (déduire, généraliser) à la connaissance est souvent difficile.
- La motivation affective (faire plaisir, attendre une récompense, craindre une sanction) est peu mobilisable.
- Les enfants autistes ont besoin de calme. Un environnement trop stimulant, par exemple une classe à grand effectif ou une cour de récréation, peut être perçu comme chaotique ou effrayant.
- Les capacités intellectuelles sont très disparates et le niveau scolaire souvent hétérogène. Les symptômes de l'autisme ne sont pas des obstacles infranchissables à l'intégration scolaire pour autant qu'une aide spécifique et diversifiée puisse être apportée aux enfants. Cette ambition est inscrite dans les textes de lois, mais non dans les faits. Selon l'association Autisme France, il manque dix mille places en France pour accueillir tous les enfants autistes. À cette pénurie de places, s'ajoute une insuffisance de formation des professionnels. Il n'existe à ce jour aucun diplôme ou aucune formation officielle. La France pourrait s'inspirer de l'expérience réussie de nombreux pays et en particulier de la Belgique qui dispense un enseignement d'« orthopédagogie ». Ces orthopédagogues possèdent des compétences sur différents handicaps et leurs stratégies d'apprentissage respectives. Les enfants autistes ne relèvent pas d'un moule éducatif uniforme. Plusieurs modalités de sco-

larisation peuvent être proposées. Des enfants peuvent bénéficier d'une *intégration individuelle dans une classe ordinaire.* Ce mode de scolarisation peut réussir en maternelle pour autant qu'un dispositif éducatif spécialisé et individualisé accompagne ou précède l'enseignement de base. Il peut être maintenu dans le primaire pour les enfants de bon niveau intellectuel mais il se réalise plus rarement dans le secondaire. D'autres enfants peuvent être admis dans une *classe intégrée en milieu ordinaire.* Ce sont des classes à petit effectif qui accueillent cinq ou six enfants autistes encadrés par deux ou trois adultes, en principe rompus aux méthodes éducatives spécialisées. Les enfants autistes peuvent sortir de leur classe intégrée pour participer ponctuellement ou régulièrement aux activités des classes ordinaires, selon leurs compétences et leurs centres d'intérêt. On offre ainsi à ces enfants une scolarité à la carte, associant individualisation de la pédagogie et ouverture à la vie sociale. L'enfant autiste vit avec d'autres enfants de son âge. C'est une avancée pour la socialisation. Chacun apprend à se connaître et à s'aider. Dans certaines écoles, les autres enfants deviennent les tuteurs de leurs camarades autistes. Ils les accompagnent par exemple en cour de récréation ou leur apportent de l'aide pour d'autres activités. Apprendre à vivre ensemble dès l'école, c'est un espoir d'intégration pour l'existence tout entière. Mais seul un enfant autiste sur cinq accède en France à une intégration dans une école ordinaire alors qu'il est établi que nombre de méthodes éducatives pratiquées notamment aux États-Unis et dans les pays scandinaves permettent à un enfant sur deux de réintégrer une classe ordinaire. Faute de mieux mais parfois pour le pire, les autres enfants sont accueillis dans des hôpitaux de jour ou des IME (instituts médico-éducatifs). Ce sont des établissements de soins qui n'ont pas tous vocation à donner la priorité à l'éducatif et à la pédagogie.

Quels traitements proposer ?

- *Les thérapies médicamenteuses* n'ont pas donné de résultats curatifs bien probants, même s'il est parfois légitime d'y recourir pour tenter de contrôler certains troubles du comportement. Ainsi certains neuroleptiques pourraient diminuer les stéréotypies et réduire les réactions d'agressivité. D'autres actions favorables d'atténuation des stéréotypies et des rituels ont été observées avec des antidépresseurs. Un antagoniste des opiacés, la Naltrexone®, semble améliorer l'adaptabilité sociale et freiner les automutilations*.
- *Les psychothérapies d'inspiration psychanalytique* sont sans effet sur l'autisme. Ce sont des traitements inappropriés. Toutes les études validées concluent en ce sens mais les idéologues de tous divans n'en ont que faire. La psychanalyse a forgé une pesanteur idéologique de la culpabilité parentale dont notre conscience collective n'est toujours pas libérée. « Indirectement, par des questions sur ma personnalité, sur notre couple, sur notre désir d'enfant, je suis sortie bouleversée de cette consultation, persuadée confusément que j'étais coupable, que j'étais une mauvaise mère… »
- *Les thérapies éducatives ou thérapies cognitivo-comportementales* connaissent une large audience aux États-Unis, au Canada et dans de nombreux pays européens mais tardent à convaincre les psychologues et les psychiatres de notre France freudienne. Un rapport de l'Inserm (février 2003) conclut que les prises en charge éducatives intensives précoces permettent « une amélioration très sensible du pronostic, une augmentation significative du QI, une non-réversibilité des progrès enregistrés et une amélioration de l'intégration en milieu normal de ces enfants ». Mais ces programmes éducatifs imposent une rupture avec la doctrine de la responsabilité parentale, la

formation d'un personnel spécialisé, la mise en œuvre d'un réseau d'interventions multifocales (crèches, école, domicile…) et la volonté d'en assurer… le financement.

LE TEACCH et le PECS, deux exemples de programmes éducatifs

Le TEACCH (Treatment and Education of Autistic and related Communication handicaped Children) est un programme de diagnostic, d'évaluation et de traitement fondé par Eric Schopler à la fin des années 1960 à l'Université de Caroline du Nord. À l'époque, trois idées prévalaient :

– l'autisme est une réaction de retrait social en lien avec une pathologie parentale ;
– la seule thérapie est la psychanalyse de groupe ;
– les enfants doivent être intégrés dans une classe ordinaire.

Schopler proposa une approche nouvelle : l'autisme est une maladie organique, il faut substituer à la psychanalyse un programme éducatif individualisé (PEI), les parents participent de ce programme et il convient de créer des classes spécifiques pour enfants autistes. Onze classes furent créées initialement. Chaque classe accueillait quatre à six élèves encadrés par un instituteur spécialisé et un assistant. Aujourd'hui la Caroline du Nord compte plusieurs centaines de ces classes auxquelles s'ajoutent des structures complémentaires pour les adultes (résidences, lieux de travail et activités de loisirs). Le TEACCH est un traitement éducatif empirique, qui se fonde sur l'observation des faits et non sur une théorie établie. Il est donc la somme d'une multitude de *techniques concrètes*. Prenons un exemple : les enfants autistes maîtrisent mal le langage oral ? Le programme de la journée est annoncé par de grands panneaux en couleurs avec des dessins symbolisant les activités, par exemple une cuillère pour le repas. Cela ne suffit pas pour quelques enfants ? Un emploi du temps individuel sur un panneau personnel à emporter leur sera proposé. Toujours pas ? On donnera une vraie cuillère plutôt qu'un dessin que les enfants pourront prendre à la main et emporteront de la classe vers la salle à manger. Si la méthode est efficace, les parents pourront l'appliquer à la maison. Autre exemple, les enfants autistes ne savent pas finir une activité ? L'espace de travail sera structuré, à gauche pour le travail en cours, à droite pour le travail fini. Peu efficace ? On propose plusieurs lieux distincts en lien avec chaque activité dont une aire de transition pour les emplois du temps. Encore un petit effort ? Une récompense individualisée leur sera proposée selon leurs goûts, par exemple l'écoute d'une chanson ou la projection de diapositives.

Quelques *principes directeurs* du TEACCH :

- Observation et évaluation clinique de chaque enfant : les symptômes, les compétences et les faiblesses.
- Objectif d'amélioration des capacités de communication, de socialisation et d'autonomie dans un processus d'adaptation réciproque (l'enfant doit s'adapter à son environnement, l'entourage doit s'adapter à l'enfant).
- Collaboration étroite entre professionnels et parents.
- Programme éducatif individualisé. Évaluation des progrès à l'aide de tests standardisés.
- La pédagogie est structurée et se fonde notamment sur les « compétences visuelles » des enfants autistes.
- Valorisation des points forts et des capacités en émergence.
- Gestion du comportement avec récompenses. L'efficacité du programme TEACCH (appelé aussi le Programme Caroline) a été confirmée par de nombreuses études comparatives, qui toutes rapportent une amélioration du développement et du fonctionnement des autistes dans de nombreux domaines s'exprimant à l'âge adulte par le plus haut niveau d'intégration professionnelle et la plus faible demande de placements hors du foyer familial pour la Caroline du Nord en comparaison des autres États.

La méthode **PECS** (Picture Exchange Communication System) est, comme son nom l'indique, un système de communication par échanges d'images. Lori Frost, orthophoniste, et son mari, Andy Bondy, psychologue ont développé aux États-Unis cette méthode dès 1985. Les enfants discriminent peu les stimulations auditives et communiquent difficilement par le langage. L'idée d'une médiation par l'image est née de ce constat. Le PECS est simple : les enfants disposent d'images pour communiquer (fiches plastifiées de 4 cm de côté rangées dans un cahier de communication). Cette collection d'images représente la vie usuelle d'un enfant (jouets, boissons, crayon…), s'adapte à ses préférences et se complète avec le temps. Deux adultes initient l'enfant au PECS, le premier (le partenaire de communication) présente un objet convoité par l'enfant tandis que le second (l'incitateur physique) invite l'enfant à donner l'image de cet objet. Le partenaire de communication reçoit dans une main l'image et donne l'objet de l'autre. Progressivement, l'enfant comprend la notion d'échange puis la signification de la représentation par l'image et prend de plus en plus d'initiatives sans l'aide de l'incitateur physique pour communiquer et exprimer ses désirs. L'enfant progresse par phases. Dans un premier temps, chaque demande correspond à une image, puis l'enfant peut formuler des phrases par images ou pictogrammes successifs, par exemple « je veux un ballon » se traduira par l'image ou le symbole « je veux » associé à l'image « ballon ». La capacité à communiquer s'accroît et souvent l'émergence spontanée de la parole se substitue à terme à la médiation visuelle initiale. TEACCH et PECS sont parfaitement compatibles.

Et la France ?

Selon l'association Autisme Europe, 6 000 enfants et adolescents autistes en France (sur 25 000) disposent de capacités suffisantes pour une intégration en milieu scolaire ordinaire, or à peine 1 000 d'entre eux bénéficient d'une intégration individualisée ou d'une classe intégrée (CLIS* pour le primaire, UPI* pour le collège). De surcroît, les enseignants ne reçoivent que rarement une formation pour l'accueil des autistes et les AVS (auxiliaires de la vie scolaire) dont le rôle est indispensable à l'intégration de ces enfants ne sont ni recrutés ni formés à hauteur des enjeux. Le CEDS (Conseil européen des droits sociaux) chargé de contrôler le respect de la Charte sociale européenne conclut au « non-respect par la France de ses obligations éducatives à l'égard des personnes autistes » en précisant que « la proportion d'enfants autistes scolarisés demeure extrêmement faible » et que « la France n'a pas, en dépit d'un débat national de plus de vingt ans, marqué des avancées suffisantes » s'agissant, notamment, de la persistance de « traitements inappropriés ».

CHAPITRE 10

La schizophrénie

La schizophrénie s'observe à tout âge de la vie, mais elle survient le plus souvent à la fin de l'adolescence. Le diagnostic est exceptionnel avant l'âge de 6 ans (quelques rares descriptions dans la littérature médicale). Au-delà, on relève environ 1 enfant schizophrène (de 6 à 13 ans) sur 10 000, 1 adolescent (de 13 à 18 ans) sur 500 et 1 adulte sur 100. Comparée à d'autres troubles psychiatriques bénins et fréquents, la schizophrénie chez l'enfant peut être considérée comme une maladie rare. L'hyperactivité par exemple concerne plus de 3 % des enfants, ce qui signifie qu'une classe de 30 élèves accueille en moyenne et chaque année un enfant hyperactif tandis qu'il faudrait cinquante années scolaires d'une école primaire de 200 élèves pour observer un seul enfant schizophrène, mais une seule année cependant d'un lycée de 1 000 élèves pour le diagnostic de deux adolescents schizophrènes. Chez l'enfant comme chez l'adolescent, la schizophrénie entraîne des troubles de la pensée, de la perception et des émotions qui interférent gravement avec la scolarité et justifient une prise en charge médicale, institutionnelle et pédagogique spécifique.

Histoire de Julien, classe de CM1, dossier scolaire

1er trimestre : peu d'acquisitions. Julien doit moins s'isoler. Il est de bonne volonté mais trop souvent à contretemps.

2e trimestre : résultats faibles (parfois copie blanche !). Julien est ailleurs. Il semble préoccupé par de nombreux sujets imaginaires sans lien aucun avec la classe (des animaux monstrueux qui l'empoisonnent, des chansons qui racontent sa vie…).

3e trimestre : aucun travail ce trimestre. Julien vit dans son « monde » et ne participe plus à la classe. Il n'est pas opposant mais répond peu aux sollicitations ou de façon absurde (« Je ne peux pas faire cet exercice car un enfant de chœur m'a dit que c'était dangereux »).

Les symptômes de la schizophrénie

La symptomatologie de la schizophrénie concerne trois registres, les symptômes positifs (délires et hallucinations), les symptômes négatifs (retrait et apathie) et les symptômes de désorganisation de la pensée. L'apparition de ces troubles est plus souvent progressive et insidieuse plutôt que soudaine et aiguë. Les premiers signes peuvent être anodins : tendance à la rêverie, fléchissement scolaire, idées baroques, brusqueries… En dépit de quelques analogies entre la pensée de l'enfant (goût pour l'imaginaire, naïvetés illogiques…) et la pensée délirante, il est souvent aisé de séparer chez le jeune enfant le normal et le pathologique. Un enfant qui parle à ses poupées ou qui aime mêler le réel et le fantastique ne doit inspirer aucune inquiétude. Le bon sens ou, à défaut, le sens clinique permettront de distinguer la saine imagination ludique d'un envahissement délirant morbide.

Les symptômes positifs (ou productifs)

Il s'agit d'*idées délirantes,* irrationnelles, absurdes, invraisemblables qui persistent hors de tout jeu. L'enfant est possédé par des démons, persécuté par des proches ou victime d'influences invisibles, soumis à des transformations corporelles ou l'élu d'une mission salvatrice. Les thèmes délirants sont multiples, parfois fantastiques (une invasion imminente des Vénusiens), parfois plus prosaïques (la nourriture est empoisonnée). Ces idées peuvent être le seul fait d'une intuition ou d'une conviction délirante, mais elles s'accompagnent souvent d'*hallucinations*, notamment verbales (entendre des voix). Ces voix peuvent être menaçantes et susciter l'effroi (« Tu es le diable et je retournerai ton épée contre toi »), paisibles et commenter les faits et gestes quotidiens (« Tu aimes courir dans la cour de récréation ») ou bienveillantes et donner quelques conseils (« Sois sage et tout ira bien »). Ces voix peuvent être anonymes ou au contraire bien identifiées (« Ma maîtresse me souhaite bonne nuit tous les soirs »). On ne pourra parler d'hallucinations que si l'enfant est bien éveillé et on ne les confondra pas avec les récits des cauchemars. Plus de 80 % des schizophrènes perçoivent des hallucinations auditives (dénommées aussi hallucinations acoustico-verbales, car aux voix peuvent s'ajouter de simples sons, par exemple le tintement d'une cloche), près de 30 % ont des hallucinations visuelles et une petite minorité souffre aussi d'hallucinations tactiles, olfactives ou gustatives.

« C'est le grand **ténébrateur** qui me donne des ordres. Il chuchote la destruction du monde et personne ne l'entend sauf moi. Il suffit de tendre l'oreille, c'est quand même plus important que le cours de maths... », Jean, 13 ans, classe de 5e (on notera le néologisme*).

Les symptômes négatifs (ou déficitaires)

Aux symptômes positifs « bruyants » (les délires et les hallucinations), s'opposent les symptômes négatifs qui désignent un vécu affectif et émotionnel affadi, peu réactif et indifférent plus qu'opposant aux êtres et aux événements. En réalité, il semble qu'il s'agisse plus d'une apparence que d'une réelle indifférence. Cet *émoussement affectif* est souvent amplifié par une communication verbale stéréotypée et peu spontanée. On peut observer de l'*apathie* et donc l'apparition de difficultés à accomplir les faits et gestes de la vie quotidienne. À l'extrême, on peut observer de la *catatonie* (inertie psychomotrice). « Le principal nous a dit qu'il ne fallait pas céder, qu'il fallait le sortir de son lit le matin et l'empêcher de rêvasser toute la journée, mais nous avons vite perçu qu'il ne s'agissait pas d'une simple provocation d'adolescent. » (Les parents de Michel, 15 ans, classe de seconde.)

Les troubles du cours de la pensée

Il s'agit principalement d'une désorganisation du discours qui peut apparaître comme embrouillé, illogique et sans souci de cohérence ou de vraisemblance. Les thèmes se suivent sans lien logique et les réponses sont peu accordées aux questions, suggérant ainsi que le langage abandonne partiellement sa fonction de communication. La vie affective et émotionnelle peut également s'exprimer sur un mode illogique et discordant* ou par des affects* inappropriés : pleurs à contretemps, rires immotivés…

« J'aime les stylos de luxe surtout ceux qui ont la tête à l'envers. Mais je suis bien trop jeune pour être vieux et pour changer de tête. Les ordinateurs, j'en voudrais plus pour les empiler à l'envers et rompre dans la lagune avec toutes les filles de ma classe. » Romain, 17 ans, classe de terminale.

La schizophrénie peut-elle être confondue avec d'autres troubles ?

Un épisode dépressif, notamment dans un cadre bipolaire, peut s'accompagner de délires, d'hallucinations et de troubles de la pensée mais, si les troubles délirants et les troubles de l'humeur apparaissent, évoluent et disparaissent ensemble (on dit alors qu'ils sont congruents*), le diagnostic de schizophrénie ne peut être retenu. Il existe cependant un trouble dit schizo-affectif* associant les deux diagnostics (dépression et schizophrénie) mais qui implique la persistance partielle de symptômes schizophréniques hors de toute phase dépressive ou maniaque. Seul un suivi au long cours autorise à conclure entre les diagnostics de dépression « simple », schizophrénie et trouble schizo-affectif.

Certains délires peuvent être induits par une *toxicomanie*, mais la durée d'action des drogues est relativement courte. Quelques heures, quelques jours tout au plus suffisent souvent à lever le doute. Une authentique schizophrénie peut cependant débuter au décours d'une prise de drogue. On cite souvent le cannabis qui peut mimer une symptomatologie psychotique (démotivation, pensée ralentie, inhibition…), mais il semble que l'implication de ce toxique dans la survenue d'une schizophrénie se limite à un rôle déclenchant.

La folie à deux concerne des adultes vulnérables ou des enfants adhérant à l'identique au délire d'un proche, mais si la « copie » de ces idées délirantes ne s'accompagne d'aucune autre symptomatologie psychotique, le diagnostic de schizophrénie est hors sujet.

La schizophrénie infantile a longtemps été confondue avec l'autisme. La majorité des spécialistes s'accorde aujourd'hui pour distinguer ces deux diagnostics (sur l'autisme, voir chapitre 9).

La schizophrénie peut-elle être associée à d'autres troubles ?

Il n'y a pas de lien induit entre schizophrénie et déficience intellectuelle. Cependant, près d'un enfant schizophrène sur deux a un quotient intellectuel modeste ou faible. La survenue précoce (dès l'enfance) de la schizophrénie semble plus fréquemment associée à un déficit de l'intelligence. En revanche, les schizophrénies de l'adolescence et du jeune adulte ne s'accompagnent pas de déficits intellectuels marqués. La schizophrénie peut être associée à d'autres troubles et notamment à de l'hyperactivité (40 % des enfants), des troubles de l'humeur (30 %) ou des troubles du comportement (30 %).

Enfin il faut signaler que, chez l'enfant comme chez l'adulte, la schizophrénie est un facteur de risque suicidaire.

Critères diagnostiques de la schizophrénie

A. *Symptômes caractéristiques*

Deux ou plus des manifestations suivantes sont présentes, chacune pendant une partie significative du temps sur une période d'un mois (ou moins quand elles répondent favorablement au traitement) :

— idées délirantes ;

— hallucinations ;

— discours désorganisé (coq-à-l'âne fréquents ou incohérence) ;

— comportement grossièrement désorganisé ou catatonique ;

— symptômes négatifs, par exemple, émoussement affectif, alogie* ou perte de volonté.

N.B. : Un seul symptôme du critère A est requis si les idées délirantes sont bizarres ou si les hallucinations consistent en une voix commentant en permanence le comportement ou les pensées du sujet, ou si, dans les hallucinations, plusieurs voix conversent entre elles.

B. *Dysfonctionnement social des activités*

Pendant une partie significative du temps depuis la survenue de la perturbation, un ou plusieurs domaines majeurs du fonctionnement tels que le travail, les relations interpersonnelles, ou les soins personnels sont nettement inférieurs au niveau atteint avant la survenue de la perturbation (ou, en cas de survenue dans l'enfance ou l'adolescence, incapacité à atteindre le niveau de réalisation interpersonnelle, scolaire, ou dans d'autres activités auxquelles on aurait pu s'attendre).

C. *Durée*

Des signes permanents de la perturbation persistent pendant au moins six mois. Cette période de six mois doit comprendre au moins un mois de symptômes (ou moins quand ils répondent favorablement au traitement) qui répondent au critère A. Pendant les périodes prodromiques ou résiduelles, les signes de la perturbation peuvent se manifester uniquement par des symptômes négatifs ou par deux ou plus des symptômes figurant dans le critère A présents sous une forme atténuée (par exemple, croyances bizarres, perceptions inhabituelles).

D. *Exclusion d'un trouble de l'humeur*

E. *Exclusion d'une affection médicale générale due à une substance (drogue ou médicament)*

F. *Relation avec un trouble envahissant du développement*
En cas d'antécédents de trouble autistique ou d'un autre trouble envahissant du développement, le diagnostic additionnel de schizophrénie n'est fait que si des idées délirantes ou des hallucinations prononcées sont également présentes pendant au moins un mois (ou moins quand elles répondent favorablement au traitement).

American Psychiatric Association, DSM-IV, *Manuel diagnostique et statistique des troubles mentaux*, traduction française, Paris, Masson, 1996.

Schizophrénie et scolarité

La phase prodromique (prodrome : signe avant-coureur de la maladie) de la schizophrénie, qui peut évoluer à bas bruit pendant l'enfance et l'adolescence, dure en moyenne six années et coïncide alors avec les années de collège et de lycée. Pendant cette phase, les symptômes ne sont pas toujours francs et significatifs et souvent le diagnostic ne peut être établi que rétrospectivement. Les symptômes prodromiques peuvent se confondre avec certaines « fantaisies » de la personnalité : froideur affective, agressivité sociale, petites étrangetés des idées et du comportement, goût pour l'occultisme… Il est maintenant établi que plus cette période sans soins (en anglais, la DUP ou Duration of Untreated Psychosis) se prolonge, moins le pronostic est favorable.

Lorsque surviennent à la fois un fléchissement scolaire et une modification du comportement, il serait sage de consulter pour éviter que ne perdurent, s'il y a lieu, ces premiers symptômes psychotiques. Mais si cette recommandation est suivie à la lettre, nous pouvons craindre que ne consultent en psychiatrie et en file ininterrompue, tous les ados un peu décalés. Le discernement des psychologues et des médecins scolaires devrait nous en protéger. En toute hypothèse, le risque d'une consultation sans objet paraît moindre que le danger d'une schizophrénie sans soins. La phase prodromique commence souvent par des signes négatifs (retrait, passivité, anhédonie*) et se poursuit par des signes positifs (interprétations baroques, idées d'influences ou de persécutions...). Le dépistage précoce de la schizophrénie favorise aussi la prévention des tentatives de suicide qui sont plus fréquentes et plus violentes (défenestration, armes à feu...) chez les schizophrènes que chez les autres adolescents.

Les phases d'entrée dans la schizophrénie peuvent être insidieuses ou brusques et parallèlement les résultats scolaires peuvent baisser selon les mêmes modalités évolutives. Mais un fléchissement scolaire important peut s'observer dès la phase prodromique, en relation avec la symptomatologie initiale (démotivation, distraction...). Toute faiblesse scolaire prolongée qui semble hors de portée de l'ensemble des ressources de la pédagogie classique et qui s'accompagne de signes concomitants évocateurs devrait inciter à proposer une consultation en psychiatrie. Le partage des rôles entre l'Éducation nationale et la psychiatrie est ainsi bien délimité. L'institution scolaire se préoccupe du *dépistage* (ou détection, repérage, évaluation, signalement...) et la médecine établit le *diagnostic*. Cette précision lexicale évite la confusion des responsabilités. Plusieurs études internationales en cours explorent le parcours de la schizophrénie, il semble que cette maladie n'apparaît pas subitement à l'âge de 20 ans mais qu'elle fait suite à une phase prodromique elle-même précédée d'une phase prémorbide dès la petite enfance. Une étude britannique (comté de Buckingham) menée dès les années 1980 avait déjà exploré la possibilité de déceler, diagnostiquer et soigner la schizophrénie dès sa phase prodromique.

Les médecins généralistes qui participaient de cette recherche avaient décelé 16 patients (sur 1 000) présentant des signes prodromiques qui furent confirmés lors de consultations de psychiatrie. Le traitement institué d'emblée a permis une évolution apparemment beaucoup plus favorable que celle observée ordinairement. Mais les médecins généralistes ne peuvent être seuls concernés et la communauté éducative doit être incitée à accomplir un *travail de liaison* avec le secteur psychiatrique*, ainsi dans un lycée parisien le médecin scolaire propose d'accompagner le jeune lors de la consultation psychiatrique initiale. Cette initiative isolée ne peut cependant masquer les difficultés de la mise en place d'un authentique travail de liaison entre les enseignants, attentifs à ne pas « tout psychiatriser » et les psychiatres, soucieux de préserver le pré carré du secret médical. Et, souvent, le baptême du feu de cette nouvelle collaboration entre l'enseignant et le psychiatre pose la question du devenir scolaire de l'adolescent. Que faire ? Peut-on le maintenir au collège ou au lycée ? Faut-il proposer son admission dans un établissement spécialisé ? Chaque adolescent devrait idéalement disposer de structures adaptées : une unité d'hospitalisation pour les périodes délirantes les plus fécondes, une « clinique soins-études » associant encadrement médicalisé et poursuite des études ou une UPI (unité pédagogique d'intégration), classe adaptée à la poursuite des études dans l'établissement d'origine. Mais chacun se heurte sur le terrain à une indigente réalité institutionnelle avec laquelle il faut souvent composer. Les secteurs de psychiatrie infanto-juvénile ne disposent pas tous de services d'hospitalisation, les « cliniques soins-études » ne peuvent accueillir qu'une petite minorité de candidats et les UPI sont à un stade expérimental de développement. Faute de places, le maintien à domicile et la déscolarisation sont parfois inévitables et le recours au Cned associé ou non à un tutorat à domicile s'avère parfois inévitable.

Quelles sont les causes de la schizophrénie ?

Des décennies de recherches sur l'origine de la schizophrénie ont suscité à ce jour plus de controverses que de données fiables. Ainsi, dans les années 1940, la schizophrénie était attribuée à la mère, à son comportement froid et rejetant. L'enfant était perçu comme une victime de sa mère, de son « agressivité conduisant à la destruction de l'enfant » et la schizophrénie comme « la seule façon de survivre à ces mères ». Puis, dans les années 1960, Bateson a proposé la théorie du double lien (*double bind*) qui précisait le comportement contradictoire des « mères de schizophrènes ». Une mère par exemple repousse physiquement son enfant, tout en lui parlant avec des mots tendres. D'autres décrivaient des mères hyperprotectrices ou des pères absents… Ces théories familiales de la schizophrénie ont toujours quelques adeptes notamment dans les cercles psychanalytiques, mais pour la majorité des médecins, il s'agit de sornettes sans fondement et absurdement culpabilisantes.

Que l'on soit convaincu du caractère spéculatif de ces théories ne doit pas inciter à rejeter en bloc toute approche psychoaffective ou psychosociale de la schizophrénie, mais simplement à les intégrer dans une compréhension psychobiologique plurifactorielle. Notamment parce qu'il existe des arguments en faveur d'une étiologie génétique : les taux de concordance sont trois fois plus élevés chez les jumeaux* monozygotes (près de 50 %) que chez les jumeaux dizygotes (15 %), de même que le fait d'avoir un parent schizophrène multiplie le risque de développer à son tour cette maladie par sept. Mais ces chiffres montrent que la génétique ne semble intervenir que comme facteur de vulnérabilité et que seule la conjonction de l'hérédité et de facteurs d'environnement défavorables (psychologiques ou autres) provoque la survenue effective de la schizophrénie.

Quels traitements proposer ?

Les neuroleptiques représentent le traitement pharmacologique électif de la schizophrénie. Ces médicaments exercent une action antidopaminergique*. Toutes les études chez l'enfant comme chez l'adulte montrent, lors d'essais contrôlés en double aveugle* *versus* placebo*, que les neuroleptiques sont efficaces.

Toutefois, cette efficacité est plus suspensive que curative (ce qui signifie que le risque de rechute ou d'aggravation à l'arrêt du traitement est important). Les neuroleptiques agissent de surcroît plus volontiers sur les symptômes positifs que sur les symptômes négatifs. Les adolescents sont parfois rétifs à l'idée de prendre un traitement psychotrope. Ils craignent de « n'être plus eux-mêmes », ne perçoivent rien de leurs troubles (anosognosie*), redoutent les effets secondaires ou contestent la légitimité de toute autorité et de tout soin.

Les psychothérapies dans le domaine de la schizophrénie infantile n'ont pas fait l'objet d'évaluations aussi accomplies que chez l'adulte. On retiendra cependant que les traitements pharmacologiques associés aux psychothérapies sont plus efficaces que chacune de ces deux approches thérapeutiques proposées isolément. Les psychothérapies doivent s'intégrer dans une prise en charge globale. Il importe dans un premier temps de recevoir l'enfant avec sa famille, d'informer sur les symptômes de la maladie, sur leurs conséquences et sur les objectifs du traitement. Il convient aussi de favoriser le dialogue et la résolution des problèmes concrets auxquels chacun est confronté (vie scolaire, familiale, affective et sociale), de développer la motivation autant que l'espoir en définissant des projets, notamment dans le domaine de l'autonomisation (que puis-je faire seul ?) et de la socialisation (que puis-je faire avec les autres ?). Les thérapies cognitivo-comportementales complètent ces approches éducatives et pédagogiques en favorisant la maîtrise des symptômes, l'entraînement intellectuel (exercices de définitions, de concentration, de mémorisation…) et la réhabilitation sociale.

CHAPITRE 11

Les déficiences intellectuelles

La déficience intellectuelle ou retard mental correspond à un « fonctionnement intellectuel général significativement inférieur à la moyenne qui s'accompagne de limitations significatives du fonctionnement adaptatif ». L'ensemble des fonctions mentales est déficitaire et notamment les fonctions psychomotrices et cognitives, le langage, l'affectivité. La déficience intellectuelle est souvent associée à d'autres troubles mentaux ou physiques.

Le déficit intellectuel provoque une **incapacité**, c'est-à-dire une limitation de l'activité, ainsi qu'un certain **handicap** dans les compétences scolaires et sociales.

La *diversité* des troubles n'est pas seulement le reflet de la variabilité du déficit intellectuel mais aussi la conséquence des étiologies multiples, des troubles associés.

Il existe plusieurs classifications internationales des déficiences intellectuelles. Toutes retiennent quatre stades de sévérité : léger, moyen, grave, profond. Cette classification se fait à l'aide de tests d'intelligence standardisés et d'échelles de maturité et d'adaptation sociale. On distingue donc :

– la déficience mentale légère : QI de 50 à 69 (insertion sociale possible) ;

– la déficience mentale moyenne ou modérée : QI de 35 à 49 (capacité de communication très limitée) ;

– la déficience mentale grave ou sévère : QI de 20 à 34 (déficit moteur important, besoin d'un environnement contrôlé) ;

– la déficience mentale profonde : QI inférieur à 20 (assistance et surveillance permanentes indispensables).

Les enfants souffrant d'un retard moyen, grave ou profond sont dépistés au plus tard au cours des années de maternelle. Ils présentent le plus souvent des troubles neurologiques, sensoriels et des troubles du comportement. Ils sont donc assez tôt orientés vers des établissements spécialisés. On ne peut parler pour ces enfants d'échec scolaire.

Seuls les enfants présentant une **déficience mentale légère** intègrent le cours préparatoire comme les autres enfants et le dépistage se fait plus tardivement, au cours des années de scolarité primaire, révélé par… l'**échec scolaire**. C'est d'ailleurs pour ces enfants que les premiers tests d'intelligence ont été conçus. En 1911, Binet a proposé la première échelle d'évaluation du développement intellectuel en fonction de l'âge en réponse à la demande du ministère de l'Instruction publique : « Trouver une méthode pour dépister les enfants ayant des difficultés intellectuelles à suivre l'enseignement pour tous. » Il en est résulté une confusion entre déficience intellectuelle et inaptitude scolaire. Ce sont d'abord les exigences scolaires qui ont défini la limite supérieure du retard intellectuel.

Nous parlerons ici du *déficit intellectuel léger.*

La **prévalence** du retard léger est estimée à plus de 1 % de la population générale. Comme pour les autres déficits, ce trouble est plus élevé chez les garçons. Le retard léger touche 80 % des sujets atteints de déficit intellectuel. L'estimation de cette prévalence a toujours été délicate, la limite supérieure entre la déficience légère et la normalité étant source de polémiques ; des études récentes concluent qu'un QI supérieur à 96 est nécessaire pour une scolarité normale. Mais les tests étant conçus pour que 95 % de la population générale se situent dans la norme, la déficience légère commence alors pour un QI inférieur à 70. Nombre de pédiatres et de pédopsychiatres parlent de déficience lorsque le QI est inférieur à 85. D'autres refusent aussi de se référer aux tests psychométriques, qu'ils jugent trop réducteurs. Il est sûr que l'évaluation clinique ne doit pas se résumer aux quelques chiffres donnés par les tests. Comme le précise l'arrêté du 9 janvier 1989, on retiendra que, « pour ceux des enfants qui présentent essentiellement une déficience intellectuelle, l'évaluation clinique va au-delà des tests psychométriques. Elle insistera sur la dynamique évolutive de chaque individu, riche de potentialités parfois insoupçonnées et sur l'importance des interactions entre l'enfant et son environnement familial et social ».

Comment dépister le déficit intellectuel léger ?

Ces enfants ont généralement un développement psychomoteur normal et une insertion sociale satisfaisante durant la période préscolaire. Certes, l'acquisition de la marche, la compréhension et l'utilisation du langage peuvent se faire un peu tardivement mais sans conséquence sur l'adaptation en maternelle. Ils sont un peu lents et fatigables mais leur mémoire souvent bonne leur permet d'assimiler ce que l'on appelle les prérequis du langage écrit et les bases graphiques. C'est au cours de la scolarité primaire que les difficultés vont apparaître : l'acquisition de la lecture peut être retardée et très rapidement le retard touche tous les domaines, les mathématiques notamment car leurs capacités d'abstraction sont limitées. *Le diagnostic de déficience intellectuelle s'établit sur l'existence d'un ensemble de symptômes, mais aucun de ces symptômes pris isolément ne peut suffire au diagnostic.*

Le **dépistage** du déficit est réalisé le plus souvent dans le **cadre scolaire**, les enseignants alertant les parents qui très vite constatent les mauvais résultats scolaires dans la plupart des matières. Un redoublement, voire deux seront conseillés en primaire.

Parfois, lorsque l'enfant est assisté dans les conditions optimales, il peut accéder au collège mais l'intégration dans une classe spécialisée ou (pré)professionnelle) devient souvent nécessaire.

Comment établir le diagnostic ?

Devant tout retard d'acquisition scolaire, les parents doivent consulter le pédiatre ou pédopsychiatre afin d'évaluer l'importance du retard intellectuel.

La première consultation commence par un entretien avec les parents et retrace les différentes étapes du développement.

Moteur

Tenue de la tête (normalement acquise vers 3 mois), de la position assise (acquise vers 8 mois), debout avec appui, debout seul puis âge de la marche (en principe avant l'âge de 18 mois).

De 2 à 8 ans, on peut retenir les étapes suivantes :

- À 2 ans, l'enfant saute sur deux pieds, tape dans un ballon, monte et descend les escaliers sans alterner les pieds, fait du tricycle. Il mange et boit seul. La propreté diurne est acquise. Il recopie une croix, fait des encastrements de figures géométriques simples, réalise une tour avec trois cubes.
- À 3 ans, il court, commence à se déshabiller seul, sait délacer ses chaussures. Il dessine un bonhomme têtard, recopie le rond, fait un pont avec des cubes.
- À 4 ans, la marche est assurée, il saute sur un pied. Il boutonne ses vêtements, commence à faire du vélo à deux roues. Il copie le carré.
- À 5 ans, âge de la grande section de maternelle, la coordination de la motricité fine se met en place : il recopie des lettres et des chiffres, le triangle et dessine un bonhomme complet.
- À 6 ans, âge du CP, il saute à pieds joints, joue au football. Il écrit son prénom, recopie le losange.

- À 8 ans, il court avec aisance et rapidité, est prêt à la pratique de sports assez complexes sur le plan technique. Il peut recopier des figures géométriques complexes.

Linguistique

Les différentes étapes du développement du langage ont été présentées (troubles spécifiques du langage, voir chapitre premier).

Il est important de faire décrire le comportement de l'enfant, ses réactions face aux situations nouvelles ou situations de frustration, les relations qu'il entretient avec les membres de la famille et avec les autres enfants ou adultes. Les **troubles affectifs et comportementaux** concernent un enfant sur deux et se manifestent notamment soit par une instabilité avec agressivité pouvant conduire à des actes délictueux lors de l'adolescence, soit par une inhibition, une passivité avec dépendance à l'égard de l'entourage proche.

Cet entretien doit également préciser l'évolution de la grossesse et de l'accouchement. La recherche d'antécédents médicaux chez les parents et la famille proche est systématique. Certains retards ont une origine génétique.

L'examen physique et neurologique de l'enfant est une étape importante. Certains signes physiques sont révélateurs de maladies avec retard. La taille du crâne et le faciès peuvent évoquer des anomalies génétiques telles que la trisomie 21 ou le syndrome X fragile.

L'appréciation du niveau de développement psychomoteur se fait par le biais de quelques exercices simples : marche, course, graphisme, dessin du bonhomme, orientation dans le temps et l'espace… Parler avec l'enfant permet d'évaluer approximativement son niveau d'expression et sa compréhension linguistique. Les questions posées ne doivent pas être trop directives. Ces enfants sont souvent très suggestibles et cherchent à plaire. Le médecin évalue également l'image de soi, les capacités de tolérance à la frustration et de contrôle des impulsions.

Cette première consultation doit être complétée par des examens à la recherche de troubles sensoriels éventuellement associés ou d'autres pathologies. La passation de tests standardisés va confirmer le diagnostic qu'il faut compléter par l'étude du développement affectif et émotionnel.

Les examens de l'audition et de la vision

(Sur les troubles spécifiques d'apprentissages, troubles du langage oral puis écrit, voir chapitre premier)

Ces deux examens doivent être systématiques.

Les troubles visuels sont très fréquents et divers : baisse de l'acuité visuelle telle que les hypermétropies ou les myopies mais aussi malformations avec cataracte, glaucome.

Des troubles auditifs peuvent être révélés par un audiogramme et par l'étude des potentiels évoqués auditifs.

Les tests psychométriques

Les psychologues disposent de plusieurs tests. Le plus utilisé qui sert de référence aux classifications du déficit intellectuel est le test de Wechsler*. Trois échelles existent en fonction de l'âge :

– la WPPSI pour les enfants de 4 à 6 ans ;
– le WISC pour les enfants de 6 à 16 ans 11 mois ;
– la WAIS pour les sujets de 16 à 79 ans.

Le WISC est donc le plus utilisé pour les enfants d'âge scolaire.

D'autres tests apportent des informations complémentaires quant aux modes de traitement de l'information ou de résolution de problèmes. Le K-ABC de Kaufman dispose de deux échelles : une échelle séquentielle qui évalue la capacité à résoudre un problème suivant un ordre en fonction du temps et une échelle qui évalue l'approche globale sur un mode spatial. Une troisième teste les connaissances relatives à l'environnement et à la scolarité.

Ces tests vont donc confirmer le retard mental en donnant un profil des différentes fonctions mentales. Ils seront éventuellement complétés par des tests de personnalité si l'examen clinique constate des troubles du comportement ou un contexte familial particulier.

Le bilan orthophonique doit être systématique afin d'apprécier le niveau de langage oral et écrit, et sera pratiqué après les tests auditifs.

Les examens complémentaires

Ils permettent de repérer des troubles associés : ceux-ci sont rarement présents chez les enfants présentant un retard léger.

Certains examens seront demandés en fonction des données cliniques : un *électroencéphalogramme* si le médecin retrouve lors de l'entretien avec la famille des signes d'épilepsie.

Les radiographies du crâne apportent peu de renseignements utiles. L'*IRM* (imagerie par résonance magnétique) peut visualiser des anomalies du cerveau, qui sont plus significatives d'un retard sévère ou profond.

Les anomalies génétiques sont une cause fréquente de déficit intellectuel. Une consultation auprès d'un généticien permet parfois de préciser le diagnostic et l'étiologie, notamment par l'examen du caryotype (examen du chromosome).

Compte rendu du bilan de Thierry

Ce garçon consulte à l'âge de 11 ans 6 mois pour difficultés scolaires. Il est dans une CLIS (classe d'intégration scolaire) où il suit un enseignement de niveau CE2. Une rééducation orthophonique est mise en place depuis quatre ans, mais la lecture n'est pas acquise. Cette hospitalisation de jour a pour but d'évaluer ses difficultés, son niveau, et de réfléchir sur l'orientation pédagogique.

Examen somatique. Taille : 152 cm, poids : 43,5 kg, PC (périmètre crânien) : 54 cm. L'examen neurologique est normal. Les réflexes sont faiblement perçus mais symétriques. Pas d'anomalie à la poursuite oculaire.

Observation pédagogique. En relation duelle, contact facile au premier abord, puis excitation qui de ludique devient franchement provocatrice. En présence d'autres enfants ou d'adultes, Thierry se montre très inhibé. On constate que la numération est connue jusqu'à 100 et la numération décimale non acquise. Il sait faire des additions avec retenues.

Examen psychomoteur. Comportement et propos désadaptés par rapport à la situation traduisant une angoisse sous-jacente. Agressivité dominant sur le plan verbal (injures), agressivité gestuelle (coups de crayon sur l'examinateur). Retard psychomoteur important touchant les domaines suivants : lenteur et difficulté d'orientation lors du graphisme, difficultés de coordination majeures, lacunes importantes pour l'organisation temporo-spatiale et la représentation du schéma corporel. Une rééducation est à envisager.

Examen psychologique. Enfant souriant, apparemment de bon contact. Agressivité vis-à-vis des objets et de l'examinateur. Son mode de relation se situe sur le registre affectif, passant d'attitudes de séduction à des réactions agressives. Expression verbale correcte. Efficience intellectuelle au WISC. QIV : 73, QIP : 82, QIG : 76, le situant à un niveau de déficience intellectuelle légère. Les résultats obtenus aux sous-tests des épreuves verbales et des performance sont disparates.

Examen du langage. Cet examen met en évidence diverses difficultés : des facilitations de la parole, un langage correctement structuré mais restant pauvre tant au niveau de la construction syntaxique que du choix des mots par stock lexical insuffisant. La compréhension paraît lacunaire. Trouble de la rétention auditive immédiate. Se pose aussi le problème d'un trouble de la mémorisation à long terme. Des troubles d'apprentissage du langage écrit restent importants malgré une rééducation bihebdomadaire depuis trois ans.

L'orthophoniste préconise une classe à petit effectif (UPI) avec prise en charge orthophonique, psychomotrice et éducative quotidienne. Thierry a passé deux années dans cette classe UPI. Il s'y est très bien intégré et a fait d'importants progrès tant sur le plan scolaire que comportemental. À l'âge de 15 ans, il a intégré une école d'horticulture à sa demande. Il y suit des cours en alternance avec des stages et semble satisfait.

Quelles sont les causes des déficiences intellectuelles ?

On distingue les retards « endogènes » dont la cause est génétique ou congénitale et les retards acquis. Les examens actuels permettent de retrouver une anomalie dans 60 % des cas des retards moyens ou profonds. En revanche, les retards légers restent souvent sans explication biologique, les facteurs socio-économiques apparaissant parfois déterminants.

➤ *Retards endogènes*

Ils sont d'origine génétique ou congénitale.

Les anomalies génétiques

La trisomie 21 et le syndrome X fragile représentent les causes génétiques les plus fréquentes.

- ***La trisomie 21***

Appelée aussi syndrome de Down, nom du médecin anglais qui en a fait la description en 1866, la trisomie 21 est facilement dépistée en raison des caractéristiques physiques associées à un retard mental. La majorité des enfants ont un retard mental sévère ou profond. Quelques enfants présentant un retard mental léger pourront être scolarisés en primaire.

L'incidence du syndrome de Down est estimée à 1 sur 700 naissances.

• ***Le syndrome X fragile***

Appelé ainsi du fait d'une mutation sur le chromosome X, ce syndrome est la deuxième cause de déficit intellectuel. Le retard est d'intensité variable. Les caractéristiques morphologiques et comportementales ainsi que la présence de ce syndrome dans la famille doivent orienter vers les tests permettant de confirmer le diagnostic. Il atteint les deux sexes mais est plus fréquent chez les garçons et les symptômes sont plus modérés chez les filles. Elles peuvent avoir un niveau intellectuel normal, mais les difficultés d'apprentissage et les troubles émotionnels sont fréquents.

Comment le dépister ? Il est difficile de repérer ces enfants avant l'âge de 4-5 ans. Les troubles du langage avec certaines particularités (persévérations écholalies*) et des troubles du comportement, hyperactivité évitement du regard et stéréotypies* doivent orienter vers ce diagnostic. Les signes morphologiques apparaissent plus tardivement : front haut et large, grandes oreilles, doigts hyperextensibles, macroorchidie*. Ces enfants ont de bonnes aptitudes à la communication même si leurs profils psycholinguistiques sont spécifiques. Leurs capacités intellectuelles ont tendance à décliner au moment de la puberté. Dans les formes sévères, on observe des comportements autistiques.

• ***Le syndrome de Prader-Willi***

Il est dû à une anomalie du chromosome 15 et entraîne un retard mental léger. Le développement moteur est caractérisé par une hypotonie. Très jeunes, dès l'âge de 2 ou 3 ans, les enfants atteints de ce syndrome sont hyperphagiques et risquent de devenir obèses. Leur taille reste inférieure à la normale et dès l'âge de 12 ou 13 ans, ils présentent souvent un comportement d'opposition et des troubles obsessionnels compulsifs.

• ***Le syndrome de Klinefelter***

Caractérisé par la présence d'un chromosome X surnuméraire, ce syndrome atteint un homme sur 660, chiffre probablement en deçà de la réalité. On pense en effet que 75 % des hommes affectés par ce syndrome ne sont pas diagnostiqués.

La description clinique classique est celle d'un homme de grande taille dont la pilosité est peu développée et présentant un léger déficit intellectuel. Une insuffisance hormonale avec infertilité et des testicules de petite taille sont constants, ce qui pourrait justifier un traitement préventif substitutif et donc un dépistage systématique à la naissance.

D'autres anomalies génétiques peuvent entraîner un retard mental, mais leur incidence est beaucoup plus faible que celle des syndromes cités ci-dessus. Nombreuses sont les anomalies qui sont actuellement détectables chez la femme durant la grossesse.

D'autres maladies dites géniques ne sont pas diagnostiquées par l'observation des chromosomes mais par des tests biologiques. Un dysfonctionnement de certains gènes entraîne des troubles métaboliques pouvant être à l'origine d'un retard mental. La plus fréquente de ces maladies est la phénylcétonurie que l'on recherche systématiquement chez tous les enfants à la naissance. Un régime pauvre en phényalamine observé avant que l'enfant n'atteigne 6 mois suffit à éviter l'apparition du retard mental.

Les troubles congénitaux

Le terme congénital signifie que le trouble existe avant la naissance.

Il peut s'agir notamment de malformations du cerveau souvent héréditaires ou de troubles hormonaux, en lien plus fréquent avec des retards sévères.

➤ *Retards acquis*

Les causes peuvent être pré-, péri-, ou postnatales.

Certaines infections maternelles durant la vie fœtale peuvent entraver le développement cérébral. Quelques-unes de ces maladies peuvent être évitées par la vaccination comme la rubéole. La toxoplasmose due à l'ingestion d'un parasite présent dans la viande peu cuite risque de provoquer des malformations fœtales et un retard intellectuel. Le diagnostic chez la femme enceinte permet de prescrire un traitement qui évite les complications chez le fœtus.

Les causes périnatales concernent essentiellement les souffrances subies au moment de l'accouchement, défaut d'oxygénation, hémorragies cérébrales, infections.

La prématurité définie par la naissance avant 32 semaines de gestation et la dysmaturité caractérisée par un poids de naissance à terme inférieur à 2 000 g peuvent avoir pour conséquence un retard mental avec troubles du développement psychomoteur et linguistique. Des conditions de vie difficiles pendant la grossesse ou la prise d'alcool, de tabac, ou d'autres drogues sont des facteurs de prématurité ou de dysmaturité.

Parmi les causes postnatales, des infections tout comme des traumatismes crâniens peuvent atteindre le système nerveux.

Chez les sujets présentant un retard mental léger, une étiologie est retrouvée dans un cas sur deux et seulement dans un cas sur quatre pour ceux qui présentent un fonctionnement intellectuel à la limite de la normalité.

Toutes les études s'accordent à constater que la déficience intellectuelle légère est beaucoup plus fréquente chez les enfants issus de milieux socio-économiques défavorisés. La qualité de l'environnement affectif joue également un rôle fondamental.

Un déficit intellectuel peut-il être confondu avec d'autres pathologies ?

➤ *Les pseudo-déficiences mentales*

Il arrive que des enfants, malgré des potentialités intellectuelles normales, se présentent comme des enfants déficitaires. Ceci s'observe dans les situations suivantes.

Les inhibitions d'origine affective

Lorsque l'enfant a vécu un abandon au cours de sa petite enfance ou une situation familiale conflictuelle, il peut avoir des difficultés d'apprentissage globales et se présenter comme un enfant ayant un retard léger. Les performances de ces enfants sont perfectibles si l'on parvient à mettre en place une prise en charge globale de l'enfant et de sa famille.

Les troubles spécifiques d'apprentissage

Des troubles du langage, une dyslexie-dysorthographie ou une dyscalculie peuvent faire penser à tort à un retard léger. Un bilan complet permet de porter le diagnostic exact.

➤ *L'autisme infantile*

Les enfants autistes ont des capacités cognitives parfois inférieures à la normale, mais les tests d'efficience intellectuelle montrent des profils non homogènes contrairement à ceux des déficits intellectuels. Par ailleurs, le comportement d'un enfant autiste est marqué par ses difficultés à communiquer (voir page 162).

➤ *La schizophrénie de l'enfant*

Les signes cliniques de pseudo-déficience apparaissent après une période de développement et d'acquisitions scolaires normale. Ces enfants ont une communication difficile car hermétique, qui laisse un sentiment d'étrangeté (voir page 184).

Quels traitements proposer ?

À l'exception des traitements spécifiques liés à l'étiologie du retard mental (extrait thyroïdien, régime dans certains troubles métaboliques, antiépileptiques), la prise en charge de l'enfant déficient mental va s'organiser autour de deux axes : l'aide familiale et les mesures pédagogiques. L'objectif essentiel est d'obtenir la meilleure autonomie et l'adaptation sociale optimale.

Les psychothérapies

L'observation du comportement de l'enfant et du contexte familial fera opter pour la thérapie la plus adaptée : **psychothérapie cognitive et comportementale** pour limiter les réactions agressives ou anxieuses, renforcer les comportements sociaux et améliorer l'estime de soi ou **psychothérapie de soutien** lorsque les difficultés relationnelles sont majeures et entravent le développement psychoaffectif.

La guidance familiale

Apprendre à la famille comment se comporter avec un enfant déficient est fondamental pour l'évolution de l'enfant. Les parents ne doivent pas être trop exigeants pour ce qui est des acquisitions scolaires mais ils doivent valoriser leur enfant et l'aider à améliorer ses compétences. L'équilibre est difficile à trouver entre l'apprentissage de l'autonomie et la réassurance par une présence chaleureuse.

Chacun des parents doit pouvoir exprimer ses émotions, ses sentiments de découragement, de culpabilité et d'angoisse.

Lorsque les conditions socio-économiques sont difficiles, un travailleur social ou une aide familiale peut intervenir temporairement.

Les traitements médicamenteux

Les médicaments agissant sur le système nerveux central peuvent être indiqués lorsque les symptômes d'anxiété ou les troubles du comportement sont importants. Ils sont prescrits à faibles doses, pour une période limitée, et la surveillance médicale doit être très régulière.

Les mesures pédagogiques

Elles sont à envisager en priorité dès que le diagnostic est posé après bilan complet.

Le jeune devra suivre une *rééducation individuelle* si le bilan a mis en évidence des déficiences plus importantes dans certains domaines comme le langage, par exemple. Cette rééducation a lieu le plus souvent hors de l'établissement scolaire. Certaines écoles, toutefois, font appel à des orthophonistes ou rééducateurs qui suivent les enfants en difficultés individuellement ou en petits groupes.

Prise en charge dans l'école : différentes structures existent pour les enfants déficients.

Depuis 1975, plusieurs circulaires se sont fixé pour objectif de favoriser l'intégration des enfants « handicapés ». Plus récemment, la loi du 11 février 2005 prévoit leur inscription de droit dans l'école ou l'établissement « le plus proche du domicile ». Les élèves handicapés doivent bénéficier depuis 2006 d'un bilan de leurs compétences et de leurs besoins afin d'établir un « projet personnalisé de scolarisation ». Le président de l'Union nationale des associations de parents et amis de personnes handicapées mentales (UNAPEI) a déclaré que « Cette loi est un acte politique fort [...]. Mais elle ne va pas résoudre les problèmes de scolarisation d'un coup de baguette magique. J'ai bien peur que, cette année, nous n'ayons autant d'enfants que l'an dernier sur le bord de la route [...]. Nous réclamons depuis une dizaine d'années 300 postes supplémentaires d'instituteurs spécialisés. On ne peut avoir une scolarisation sans professionnels formés au handicap. » En janvier 2006, 65 % des départements disposaient d'une maison du handicap. L'APAJH (Association pour adultes et jeunes handicapés) a demandé que soient évalués dans trois ou quatre départements pendant un an les résultats de l'intégration scolaire des handicapés.

Les RASED (réseau d'aide spécialisée aux élèves en difficulté) peuvent orienter un enfant vers un CMP (centre médico-psychologique) ou CMPP (centre médico-psychopédagogique).

Ces centres, dans lesquels travaillent des psychiatres, psychologues, orthophonistes, psychomotriciens, etc., pratiquent des bilans diagnostiques et proposent un suivi de l'enfant et de sa famille. Les RASED constitués de professionnels spécialisés interviennent auprès de l'enfant dans l'école pour une aide pédagogique individualisée.

Lorsque l'enfant ne peut plus suivre le cursus scolaire normal à la fin de la scolarité primaire, un programme pédagogique individualisé lui est proposé. Cette décision est prise après examen du dossier de l'enfant par une commission.

Dès la 6e, le maintien dans une classe « normale » au sein d'un collège devient difficile et non souhaitable pour l'enfant car l'écart se creuse avec les autres enfants. Le choix d'une classe spécialisée et adaptée au mieux au profil de l'enfant s'impose. Ce choix est souvent très difficile car le nombre de structures existantes reste insuffisant. Les CCSD (commissions de circonscription du second degré) ont pour rôle d'orienter les enfants et adolescents vers les services proposant une éducation spéciale adaptée à leurs besoins. Les parents ont toujours la possibilité de s'opposer aux décisions prises par ces commissions. Actuellement, les UPI (unités pédagogiques d'intégration) sont les structures scolaires les plus adaptées aux jeunes de 11 à 16 ans souffrant d'un retard mental léger. Les UPI existent dans certains collèges ce qui permet l'intégration des jeunes aux activités des autres classes. Les adolescents ont également la possibilité de faire des stages d'initiation professionnelle à l'extérieur de l'établissement afin d'apprécier leurs compétences et désirs dans certains domaines pour leur orientation socioprofessionnelle.

Les institutions reçoivent les enfants présentant un retard moyen ou sévère (EMP, hôpital de jour) proposant une pédagogie adaptée ainsi qu'une prise en charge psychothérapeutique. La décision d'une inscription dans un internat peut être justifiée lorsque les conditions de vie au sein de la famille sont difficiles.

La diversité est là aussi une caractéristique de l'évolution des enfants atteints de déficit : diversité relative à l'intensité du déficit intellectuel, aux troubles associés et surtout à la qualité de l'environnement familial et scolaire. Les enfants et adolescents bénéficiant d'un environnement social et affectif stimulant peuvent améliorer leurs compétences et leurs capacités d'intégration sociale.

CHAPITRE 12

Les épilepsies

L'épilepsie est une maladie neurologique caractérisée par la répétition de crises dont les manifestations cliniques sont très variées. Ces crises sont toujours liées à l'hyperexcitabilité d'un certain nombre de neurones (cellules du cortex cérébral). Entre les crises, rien ne permet de distinguer un enfant épileptique, mais il doit respecter son traitement et certaines règles d'hygiène de vie. On estime que deux tiers des enfants épileptiques suivent une scolarité normale. Un tiers d'entre eux présente des troubles cognitifs, psychologiques et comportementaux qui peuvent retentir sur la scolarité. Les crises elles-mêmes et certains médicaments sont à l'origine de difficultés d'apprentissage qui peuvent aussi refléter la souffrance de l'enfant s'il n'accepte pas sa maladie et les quelques contraintes qu'elle implique. À part certaines épilepsies graves liées à des lésions cérébrales qui justifient alors le suivi des enfants dans des institutions spécialisées, les autres types d'épilepsies que l'on qualifiera de bénignes permettent à l'enfant, grâce aux traitements actuels, de bénéficier d'une scolarisation dans des classes « normales » avec éventuellement une aide pédagogique individualisée.

L'épilepsie est relativement fréquente, touchant 6 à 8 enfants sur 1 000. Cinquante pour cent des crises apparaissent avant l'âge de 10 ans, 70 % avant 20 ans. Certaines épilepsies guérissent, ce qui explique une prévalence plus faible chez les adultes.

Dans 70 % des cas, les épilepsies sont dites fonctionnelles ou idiopathiques, donc non secondaires à une affection cérébrale.

Dans 30 % des cas seulement, des lésions cérébrales peuvent être visualisées par des techniques d'imagerie. Ces lésions sont survenues lors de la période périnatale ou, plus tardivement, à la suite d'accidents, d'infections ou de tumeurs cérébrales…

Quels sont les différents types d'épilepsies ?

Il existe plusieurs épilepsies que l'on classe en fonction des signes cliniques et des tracés électroencéphalographiques.

➤ *Les épilepsies partielles*

L'hyperexcitabilité concerne un nombre limité de neurones dans une région localisée du cortex. Les signes cliniques sont très divers en fonction de la région cérébrale atteinte. Ces épilepsies peuvent être consécutives à des lésions congénitales ou acquises. Elles sont le plus souvent fonctionnelles donc sans lésion sous-jacente. Chez l'enfant, la forme la plus fréquente et aussi la plus bénigne est l'*épilepsie à paroxysme rolandique.* Elle apparaît chez le petit enfant sous forme de mouvements musculaires de la sphère buccale durant le sommeil. Le pronostic intellectuel est très bon et la guérison s'observe au plus tard à l'âge de 15 ans. Les *épilepsies du lobe temporal* sont associées à des troubles cognitifs et émotionnels assez spécifiques qui nécessitent des évaluations précises.

➤ *Les épilepsies généralisées*

L'hyperexcitabilité touche d'emblée l'ensemble des neurones du cortex de manière synchrone. Chez le jeune enfant dès l'âge de 3 ans, le *petit mal* est une forme d'épilepsie généralisée assez fréquente caractérisée par des absences : durant moins d'une minute, il y a suspension de la conscience ; l'enfant cesse son activité pour la reprendre dès la fin de la crise. Quelques mouvements des paupières peuvent être observés, ainsi qu'une énurésie. L'EEG confirmera le diagnostic car le tracé observé est très caractéristique. Un traitement s'impose et, dans la majorité des cas, l'épilepsie disparaît à l'adolescence. Le *grand mal* qui se manifeste par une grande crise tonico-clonique apparaît plus tard vers 10 ans. Une perte de connaissance brutale entraîne une chute suivie d'une phase de rigidité musculaire d'environ 10 à 20 secondes (tête rejetée en arrière avec mâchoires serrées et membres en extension) puis d'une phase clonique généralisée avec des secousses musculaires pendant 40 à 60 secondes. Il y a ensuite reprise progressive de la conscience. L'amnésie de la crise est constante. Chez l'adolescent, le grand mal peut apparaître après des crises de petit mal. Le pronostic est le plus souvent très favorable car ces épilepsies ne sont pas la conséquence de lésions cérébrales. D'autres épilepsies généralisées sont secondaires à des encéphalopathies sévères. Nous ne les développerons pas ici.

➤ *L'épilepsie avec pointes ondes continues pendant le sommeil lent (POCS)*

Le diagnostic de ce syndrome repose sur le tracé électroencéphalographique de sommeil (existence de pointes ondes continues durant le sommeil lent). Les crises épileptiques sont peu fréquentes, partielles ou généralisées survenant essentiellement durant le sommeil. Entre 2 et 10 ans, il est important de l'évoquer et de pratiquer un examen EEG lorsque apparaît de manière soudaine une perturbation des fonctions cognitives ou des troubles du comportement.

Ce syndrome est à différencier des anomalies électroencéphalographiques de type pointes ondes diffuses ou localisées décrites chez des enfants présentant des terreurs nocturnes ou des accès de somnambulisme. Ces anomalies ne sont pas pathologiques chez les jeunes enfants et n'auront aucune conséquence sur le développement cognitif.

L'épilepsie peut-elle être associée à d'autres troubles ?

Les troubles des conduites avec opposition apparaissent chez 20 à 25 % des enfants épileptiques. Cinq à 15 % ont des troubles attentionnels. Les troubles du comportement sont donc fréquents au cours de l'évolution d'une épilepsie. Aussi faut-il les rechercher systématiquement. Les troubles dépressifs qui seraient présents chez 20 à 25 % des enfants épileptiques sont le plus souvent méconnus. Les signes de dépression sont les mêmes que chez les autres enfants (baisse du rendement scolaire, troubles alimentaires, troubles du sommeil, agressivité en sont les principales manifestations).

L'épilepsie peut-elle être confondue avec d'autres troubles ?

Entre 12 et 18 mois, un enfant peut faire des **spasmes du sanglot** : l'enfant perd connaissance peu de temps dans des circonstances particulières. À la suite de réprimandes, il pleure, bloque sa respiration, devient bleu et perd connaissance quelques secondes. Le spasme peut également survenir à la suite d'une peur ou d'une douleur subite : l'enfant pousse un cri bref, pâlit et tombe.

Dans les deux formes, on peut observer des mouvements musculaires saccadés des membres et une révulsion des globes oculaires. L'examen clinique est normal, sans signe neurologique. Ces crises disparaissent vers l'âge de 3 ans et ne laissent aucune séquelle. La prévalence des spasmes du sanglot est estimée à 4 à 5 %.

Le diagnostic différentiel peut être plus difficile à établir avec des **crises hystériques.** Des crises d'agitation, des états dits crépusculaires, voire des amnésies peuvent évoquer une crise d'épilepsie. Un examen clinique approfondi complété d'un tracé électroencéphalographique permet dans la plupart des cas de faire le diagnostic précis.

Comment établir le diagnostic ?

La première consultation doit être prise auprès d'un neuropédiatre ou d'un neurologue, en milieu hospitalier de préférence, ce qui permet d'organiser en un même lieu les différents examens complémentaires indispensables pour la prise en charge.

Un entretien avec l'enfant et sa famille reprend les antécédents de l'enfant, l'histoire de la maladie avec la description détaillée des crises. Cet entretien qui apprécie également le contexte psychosocial est suivi d'un examen clinique. Une deuxième étape essentielle évalue les conséquences de l'épilepsie sur les apprentissages et sur le comportement de l'enfant.

Le médecin conseille les examens complémentaires suivants :

- **L'électroencéphalogramme** : même à distance d'une crise, l'électroencéphalogramme est l'examen indispensable pour confirmer le diagnostic. Un appareil, l'électroencéphalographe, mesure et enregistre sur papier l'activité électrique des neurones. Cet examen est, dans les cas les plus typiques, suffisant. Totalement indolore, il est à faire régulièrement pour suivre l'évolution de la maladie. D'autres investigations sont proposées en cas de résistance au traitement ou en cas de doute quant à l'existence d'une lésion sous-jacente.
- **L'examen neuropsychologique** : un grand nombre d'enfants épileptiques connaissent des difficultés d'apprentissage non liées à un retard intellectuel. En effet, à l'exception des épilepsies lésionnelles, les épilepsies n'entraînent pas de détérioration intellectuelle. L'évaluation des capacités intellec-

tuelles est un des premiers tests que passera l'enfant. Les évaluations de QI auprès d'un grand nombre d'épileptiques montrent une répartition à peu près identique à celle de la population générale. Si les épilepsies n'entravent pas les capacités intellectuelles globales, certaines entraînent des déficits cognitifs spécifiques que l'on peut repérer par les résultats obtenus aux sous-tests du WISC*. Par exemple, les scores aux épreuves de mémoire de chiffres, de représentation visuo-spatiale et de rapidité graphique sont moins bons chez les enfants souffrant d'une épilepsie généralisée. Les études de QI montrent que le quotient performance est souvent inférieur au quotient verbal, car les tâches visuo-constructives leur sont difficiles à réaliser ; de plus ces enfants sont lents et maladroits. Pour l'épilepsie temporale gauche, le score est moins bon aux épreuves verbales et plus précisément au test de vocabulaire.

Les troubles spécifiques d'apprentissage sont très fréquents chez les enfants épileptiques. Aussi est-il important d'en faire un repérage précoce puis une évaluation précise.

Un bilan de langage oral et écrit s'impose. Certaines épilepsies partielles de la région frontale ou temporale peuvent entraîner des troubles du langage oral avec déficits de fluence verbale ou d'évocation. Les troubles d'acquisition du langage écrit s'observent fréquemment lorsque les crises sont partielles et localisées dans la région temporale gauche.

Ces bilans doivent être complétés par des tests explorant l'attention et la mémoire. Des troubles de l'attention avec ou sans hyperactivité sont souvent observés quel que soit le type d'épilepsie Les crises de petit mal perturbent la vigilance. Certains médicaments antiépileptiques, la phénytoïne et le phénobarbital surtout peuvent diminuer les capacités de concentration. La prescription du phénobarbital est de plus en plus rare chez l'enfant. D'autres produits ont montré une meilleure efficacité et une meilleure tolérance.

La mémoire semble être une fonction cognitive particulièrement vulnérable chez l'enfant ayant une épilepsie temporale. Le déficit mnésique peut être partiel, concernant soit la mémoire visuelle, soit la mémoire verbale.

L'épilepsie peut avoir également des conséquences psychologiques et comportementales. Une **consultation auprès d'un pédopsychiatre** ou d'un **psychologue** est conseillée lorsqu'une souffrance psychologique est perçue par l'entourage. L'enfant épileptique peut présenter un défaut de mentalisation, c'est-à-dire une difficulté à réguler ses fantasmes et ses pulsions. Cela se traduit soit par une inhibition avec restriction de l'expression des émotions, soit par des passages à l'acte agressif. Des troubles du caractère ou des troubles anxieux et dépressifs apparaissent plutôt à l'adolescence. C'est à cet âge que la prise de conscience de la maladie avec son enjeu existentiel peut entraîner des arrêts du traitement antiépileptique et le refus de respecter certaines règles d'hygiène de vie.

Il est essentiel d'évaluer l'inquiétude et l'attitude de la famille. Les parents imposent parfois des restrictions excessives pour les sorties et les activités sportives.

Quels traitements proposer ?

Le diagnostic d'épilepsie modifie la vie de l'enfant et de sa famille. Une prise en charge globale pluridisciplinaire doit être proposée.

La plupart des épilepsies **nécessitent un traitement médicamenteux**. Un seul médicament suffit dans la majorité des situations. Ce traitement est à prendre durant plusieurs années. Les méthodes dites alternatives telles que des régimes, l'acupuncture, l'homéopathie ou les thérapies comportementales n'ont pas fait preuve de leur efficacité. Certaines épilepsies partielles non contrôlées par le traitement médicamenteux peuvent nécessiter une intervention chirurgicale. Les médicaments peuvent avoir des effets secondaires qui sont généralement réversibles :

– troubles cognitifs avec diminution des capacités d'attention, de mémorisation, fatigabilité ;
– troubles neurologiques moteurs, vertiges, troubles de la vision ;
– troubles affectifs : instabilité de l'humeur ;
– troubles gastro-intestinaux.

Lorsque les effets secondaires sont trop importants, un réajustement du traitement est possible par une modification du dosage ou un changement de médicament. Des analyses de sang permettent de contrôler les dosages de produit actif et la tolérance de certains produits.

Les consultations médicales doivent être régulières afin de suivre l'évolution des crises, le tracé électroencéphalographique et le traitement. Le médecin doit rappeler quelques règles d'hygiène de vie à respecter absolument : un temps de sommeil suffisant, un rythme veille/sommeil assez régulier, la prise régulière des médicaments et quelques précautions pour les activités sportives : la natation nécessite une surveillance, le vélo, la varappe par exemple peuvent se pratiquer sous certaines conditions.

Les rééducations

Le profil neuropsychologique obtenu par un bilan complet oriente vers une prise en charge spécifique, que ce soit une rééducation orthophonique lorsqu'il y a des déficits du langage oral et/ou écrit, une rééducation de psychomotricité lorsque les praxies* sont perturbées. Une rééducation auprès d'un neuropsychologue est conseillée si les déficits constatés portent plus spécialement sur le raisonnement, la mémoire, l'attention et le jugement.

Les psychothérapies

L'amélioration des fonctions cognitives pour de meilleures performances scolaires est nécessaire, mais il est important de tenir compte de la souffrance de l'enfant face à sa maladie. L'épilepsie favorise les sentiments d'impuissance, de révolte et de culpabilité. Une psychothérapie peut être nécessaire lorsque des troubles psychologiques persistent. Une aide orientée sur le vécu de l'épilepsie est proposée dans le cadre de réunions de groupe entre enfants.

La guidance parentale

L'attitude de la famille est déterminante sur l'évolution de la maladie. Aussi est-il important de voir les parents régulièrement, de les aider à exprimer leurs craintes et leur malaise. Ils doivent être informés au mieux du traitement et l'accepter, seule garantie de son observance optimale par l'enfant. Les parents peuvent également participer à des réunions de groupe ce qui favorise les échanges et permet à certains de s'exprimer plus volontiers.

L'enfant épileptique et l'école

Dans la majorité des cas, l'enfant épileptique ne doit bénéficier d'aucun statut particulier, d'aucune attention privilégiée de la part des enseignants, mais certaines mesures sont à prendre lorsque l'épilepsie a des conséquences cognitives et comportementales. Il faut cesser d'entretenir l'image inquiétante de l'épilepsie. Nombreux sont les parents qui taisent la maladie de leur enfant. Il est difficile d'exclure totalement le risque de survenue d'une crise à l'école. Aussi est-il préférable d'informer le corps enseignant. Il peut être nécessaire d'en parler à la classe en organisant une leçon sur l'épilepsie et en expliquant la conduite à tenir en cas de crise. L'enfant concerné doit bien sûr y assister.

L'enfant épileptique peut généralement poursuivre sa scolarité dans une classe « normale » avec quelques aménagements lorsqu'il y a des difficultés d'apprentissage. Un accompagnement pédagogique personnalisé peut lui être apporté au sein même de la classe sous la forme d'un projet individuel d'intégration scolaire, le PIIS ou d'un projet personnalisé de réussite éducative, le PPRE, officialisé depuis septembre 2006. Le RASED peut renforcer le soutien pédagogique par des aides spécifiques. Dans les collèges, les classes UPI (unité pédagogique d'intégration) reçoivent les adolescents présentant un handicap. Grâce au SESSAD (service d'éducation et de soins spécialisés à domicile), un soutien scolaire spécialisé peut être proposé à domicile. L'accord de la CDES en permet la prise en charge financière.

Une prise en charge souvent pluridisciplinaire doit dans la majorité des cas permettre à l'enfant épileptique un cursus scolaire normal et une socialisation satisfaisante.

CHAPITRE 13

L'adolescent et le cannabis

La consommation de cannabis a pris une telle ampleur chez les jeunes de 12 à 18 ans qu'elle représente un réel problème de santé publique. La France détient le triste record de consommateurs de cannabis en Europe, le nombre d'usagers a doublé entre 1993 et 2003. Une enquête réalisée par l'Inserm auprès de 16 000 adolescents de 12 à 18 ans rapporte que 30 % d'entre eux ont déjà « fumé un joint » et 27 % une cigarette. Toutes les études épidémiologiques concluent à une augmentation des consommateurs réguliers : entre 1993 et 1999, le critère de régularité est passé de 10 prises de cannabis en un an à 10 prises au cours des 30 derniers jours. Parmi les jeunes de 14-15 ans, 4,5 % ont pris du cannabis au moins 10 fois en un an, ils n'étaient que 0,5 % en 1993. Seize pour cent des 16-17 ans sont devenus de gros consommateurs, ils n'étaient que 5, 5 % en 1993. Classé parmi les drogues « douces », le cannabis, ou haschisch, par les problèmes qu'il engendre chez un nombre croissant de jeunes, préoccupe les professionnels de l'adolescence dans le monde médical et enseignant. Fort heureusement, l'ère de banalisation a pris fin. Depuis 2005, une campagne nationale de sensibilisation est menée auprès des enseignants et collégiens afin d'informer des conséquences de la consommation régulière sur la scolarité et la santé physique et mentale. Rappelons que le cannabis accélère le rythme cardiaque et peut donc être nocif chez les sujets atteints d'une maladie cardiovasculaire. Il semble, selon des études récentes, plus cancérigène que le tabac pour le système respiratoire (cancer de la gorge et du poumon). L'académie de médecine a organisé fin 2005 un colloque à l'intention des enseignants. Qu'elle soit occasionnelle ou *a fortiori* régulière, la consommation de cette drogue entraîne inévitablement une baisse des performances scolaires : « Pétard du matin, poil dans la main. Pétard du soir, trou de mémoire » (J. Constantin, chercheur au CNRS). Elle cause également des troubles psychologiques plus ou moins graves en fonction de la vulnérabilité de chacun. Enfin, la prise de cannabis est souvent associée à la consommation d'alcool et peut favoriser la consommation d'autres drogues (cocaïne, ecstasy…).

Comment agit le cannabis sur le système nerveux central ?

Le cannabis est une plante que l'on fume en utilisant l'herbe (marijuana, chanvre indien) ou la résine (haschisch). Il est parfois consommé dans des gâteaux ou infusé. Le principe actif du cannabis est le THC ou tétrahydrocannabinol. Par son mode d'action sur certains récepteurs du SNC, il va modifier la libération de substances appelées neurotransmetteurs et augmenter notamment la libération de dopamine. La dopamine est responsable de la mise en marche d'un circuit qui provoque un sentiment de plaisir. Il s'ensuit une tendance à vouloir reproduire cette même sensation. Le mécanisme de la dépendance est amorcé. Le THC ou d'autres molécules du cannabis ont probablement d'autres effets sur de nombreuses aires cérébrales.

Quels sont les facteurs favorisant la consommation ?

Il existe différents facteurs de vulnérabilité :

- Les facteurs individuels : un déficit en récepteurs dopaminergiques* dans le système nerveux central semble favoriser les addictions*. Une pathologie telle qu'un syndrome anxio-dépressif, un trouble déficitaire de l'attention, une schizophrénie ou des troubles des conduites alimentaires multiplie par deux le risque de consommation de substances.

- Les facteurs sociaux et familiaux : la consommation régulière de cannabis est plus fréquente chez les enfants de cadres ou de parents ayant fait des études supérieures que chez les enfants d'ouvriers ou d'employés. Elle l'est également chez les enfants de parents séparés. Les violences familiales et les carences éducatives sont fréquentes. Le niveau scolaire est un élément influent. Les redoublants et les élèves en difficultés scolaires sont plus nombreux à consommer. Mais le facteur le plus déterminant concerne le mode de vie relationnel. Les sorties dans les soirées ou les cafés favorisent la prise de cannabis alors que les activités de loisirs sportives ou artistiques n'ont pas d'incidence.

Cannabis, santé mentale et scolarité

Les effets et les conséquences psychologiques dépendent de la personnalité, mais certains sont communément constatés. Lors des premières expériences, le jeune éprouve une exaltation de l'humeur, un état de relaxation avec sentiment de bien-être et de puissance. Ce plaisir ressenti explique le risque de dépendance psychologique. Une hypersensibilité aux stimuli, une perturbation des repères temporo-spatiaux ainsi qu'un ralentissement sont des phénomènes fréquents. À l'euphorie et à l'apaisement des premières expériences peuvent se substituer des angoisses de mort avec sentiment de dépersonnalisation et hallucinations. Ces expériences appelées « *bad trip* » sont le plus souvent transitoires. Mais elles sont parfois la première manifestation d'une schizophrénie ou d'un trouble bipolaire. Le *bad trip* survient quand la quantité absorbée est importante ou associée à l'ingestion d'autres toxiques, l'alcool par exemple. Le malaise peut être physique avec des palpitations, tremblements, suffocation et vomissements.

Le *risque* est de passer d'une consommation occasionnelle à une consommation régulière avec dépendance. Ce risque est plus grand à cette période de l'adolescence. Le jeune soumis à des bouleversements physiques ou psychiques trouve avec le cannabis un apaisement immédiat, mais temporaire, à ses tourments. Les angoisses et les incertitudes propres au processus de l'adolescence favorisent les conduites addictives. La période de dépendance peut être heureusement passagère et prendre fin sans aucune séquelle. Mais, lorsque la consommation devient quotidienne, l'objectif visé n'est plus tant le plaisir que l'apaisement d'une souffrance. Seule l'absorption de fortes doses permet de parvenir à l'état de quiétude recherché. Dès l'âge de 14 ans, les adolescents sont de plus en plus nombreux à consulter dans des centres de soins pour toxicomanes. Devenus des consommateurs quotidiens, ils sont à peu près tous en situation d'**échec scolaire**. Ils présentent effectivement de graves troubles de l'attention et leurs capacités de mémorisation sont affaiblies. Ils souffrent du **syndrome de démotivation** ou **syndrome de déficit de l'activité**. Ce syndrome peut apparaître assez rapidement après quelques mois de consommation régulière. L'absence de prise entraîne des réactions de violence et d'agressivité à l'égard des membres de la famille essentiellement, réactions qui ne font qu'accentuer l'inefficience scolaire et la marginalisation. La perte de motivation concerne non seulement la scolarité mais aussi les activités de loisirs. Une étude récente menée en Grèce a évalué les perturbations cognitives secondaires à la consommation de marijuana. Avec plus de quatre joints par semaine depuis plus de dix ans, d'importantes difficultés sont observées portant essentiellement sur les capacités de mémorisation et de rappel d'informations, mais aussi sur la vitesse de pensée, l'attention et la fluidité verbale. Les sujets témoins répondent normalement à toutes les épreuves. « Plus l'usage de marijuana est ancien, plus les capacités cognitives sont détériorées. » (*Neurology*, mars 2006.)

Des **réactions psychotiques aiguës** peuvent également apparaître avec idées délirantes et hallucinations. L'apparition d'hallucinations auditives semble être un élément de prédiction d'évolution vers une schizophrénie. Ces troubles nécessitent une hospitalisation.

Comment évaluer la consommation de cannabis ?

Le calcul de la quantité fumée repose sur les données suivantes : un « pétard » contient environ 1/4 g de cannabis. Une pipe à eau nécessite 1/8 g pour une « douille ». On distingue quatre profils de fumeurs :

- Les fumeurs **occasionnels** : ce sont les plus nombreux, ils fument seulement à certaines occasions dans un but convivial. La conduite automobile représente le principal danger durant les deux à dix heures qui suivent la prise. L'association avec de l'alcool accroît considérablement le risque d'accident. Un *bad trip* est toujours possible, mais ce mode de consommation est peu conséquent sur la scolarité et la socialisation.
- Les petits fumeurs **réguliers** : ils fument de petites quantités, soit 10 à 15 g par mois, le week-end surtout. De faible incidence scolaire ou sociale, ce mode de consommation risque d'évoluer vers la catégorie suivante.
- Les fumeurs dans un **but autothérapeutique** : la quantité mensuelle varie de 20 à 60 g. Les adolescents recherchent chaque jour un apaisement à leurs angoisses, leurs idées sombres et leurs insomnies. Les difficultés scolaires et la désocialisation apparaissent rapidement. Les tentatives de sevrage deviennent difficiles car certains troubles apparaissent : irritabilité, anxiété, difficultés d'endormissement. Enfin, le coût de leur consommation le plus souvent supérieur à leur argent de poche les pousse parfois à voler ou racketter, voire participer au trafic…

- Les **toxicomanes** : ils consomment chaque mois de 60 à 200 g de haschisch et recherchent l'effet anxiolytique permanent du produit. La marginalisation et la déscolarisation sont inévitables. Toxicomanie et troubles mentaux tels que schizophrénie ou troubles bipolaires sont parfois associés. On ne peut parler de lien de cause à effet entre le cannabis et la schizophrénie. La prise de cannabis favorise la manifestation de la pathologie sans en être la cause. Il existe une consommation abusive importante chez les sujets schizophrènes.

Cette classification permet une appréciation du danger encouru. Elle doit toutefois être interprétée avec prudence et s'accompagner d'une surveillance au long cours de l'adolescent.

Le questionnaire suivant propose une autoévaluation de la consommation : deux réponses positives révèlent une consommation excessive, trois réponses imposent une consultation

Évaluez votre consommation de cannabis

	OUI	NON
Au cours de votre vie (une seule croix par ligne) :		
Avez-vous déjà fumé du cannabis *avant midi* ?	☐	☐
Avez-vous déjà fumé du cannabis *lorsque vous étiez seul(e) ?*	☐	☐
Avez-vous déjà eu des *problèmes de mémoire* quand vous fumez du cannabis ?	☐	☐
Des *amis ou des membres de votre famille* vous ont-ils déjà dit que vous devriez réduire votre consommation ?	☐	☐
Avez-vous déjà essayé de *réduire* ou d'arrêter *sans y parvenir* ?	☐	☐
Avez-vous déjà eu des problèmes à *cause de votre consommation* (dispute, bagarre, accident, mauvais résultats à l'école) ?	☐	☐

Beck F., Legleye S., Reynaud M., Karila L., in *Cannabis, ce qu'il faut savoir*, plaquette distribuée par le ministère de la Santé et des Solidarités, la mission interministérielle de lutte contre la drogue et la toxicomanie et l'INPES (Institut national de prévention et d'éducation pour la santé), 2005.

Quels sont les facteurs pouvant favoriser la dépendance ?

Dix à 15 adolescents sur 100 consommateurs de cannabis vont devenir dépendants. La dépendance est liée à une vulnérabilité psychologique. Il est difficile de décrire précisément un profil psychologique mais nombreuses sont les circonstances favorisant les conduites addictives. Interrogés sur les motivations qui les poussent à la prise de drogues, les adolescents évoquent avant tout une curiosité puis une recherche d'évasion, un besoin de transgression. L'étude plus approfondie de la problématique de l'adolescence et de la personnalité dépendante souligne les points de vulnérabilité suivants : des difficultés identificatoires, la prédominance des passages à l'acte sur la verbalisation des conflits, et une insécurité quant à la capacité à être autonome. La conduite toxicomaniaque peut être un symptôme de dépression ou un mécanisme de défense contre l'angoisse.

Quels traitements proposer ?

Tout changement de comportement, de moins bons résultats scolaires, une somnolence sont autant de signes qui doivent alerter les parents. Banaliser ou réprimer à l'excès n'est certainement pas l'attitude à adopter. Tout acte d'intrusion (fouiller la chambre par exemple) doit être mesuré. Parvenir à un dialogue et faire accepter à son enfant de consulter sont les objectifs prioritaires. Il est rare qu'un jeune dans un état de dépendance puisse se sevrer sans une aide médicale et psychologique.

Le médecin psychiatre est l'acteur essentiel du suivi thérapeutique. Les modalités de traitement diffèrent selon le profil de l'adolescent. En se reportant à la classification des différents modes de consommation, un suivi thérapeutique est nécessaire pour les deux derniers profils de consommateurs : les fumeurs dans un but autothérapeutique et les toxicomanes. Les uns comme les autres sont dépendants. Les premiers peuvent bénéficier de consultations régulières auprès de médecins exerçant dans un cabinet privé ou un centre médico-psychologique, alors que les seconds sont le plus souvent suivis dans des centres spécialisés pour toxicomanes.

Quelques entretiens préliminaires permettent d'évaluer le type de consommation et la personnalité du jeune. Il est indispensable de rechercher l'existence de troubles psychologiques associés car leur présence est un élément déterminant du projet thérapeutique. Ce projet va également tenir compte de l'environnement familial, de la situation scolaire et des relations sociales. Les premières rencontres visent à établir une « alliance thérapeutique » entre l'adolescent et le thérapeute, médecin psychiatre le plus souvent. Le discours à tenir concernant le cannabis ne doit pas être moralisateur, mais le rappel des risques et de la législation peut être utile. Le jeune doit accepter un rythme régulier de consultations. La confidentialité des entretiens lui est rappelée. Le médecin insiste sur cette règle fondamentale s'il lui semble important de rencontrer les parents ou les enseignants. Un traitement psychotrope peut être indiqué. Il est prescrit par le psychothérapeute si celui-ci est médecin ou par un confrère. En effet, il peut être préférable de diversifier les intervenants. Le traitement est instauré avec prudence, le médecin devant obtenir l'adhésion totale du patient qui redoute souvent une dépendance au médicament. Le traitement psychotrope ne peut suffire et doit être associé à une psychothérapie. L'adolescent parvient peu à peu à verbaliser ses émotions et à parler de ses relations. Il va au fil des séances reconstituer sa vie, en accepter les aléas et les contraintes, trouver de nouveaux repères. La psychothérapie doit lui permettre de rompre le lien avec le cannabis.

Une hospitalisation s'impose lorsque l'adolescent présente des troubles de la personnalité ou des symptômes psychiatriques sévères. Un suivi psychothérapique individuel lui est proposé, le plus souvent associé à un traitement médicamenteux. Des réunions avec d'autres patients ou des ateliers sont l'occasion d'établir de nouvelles relations. Des rencontres avec les familles ont lieu très régulièrement afin de préparer le retour à la vie familiale et la reprise de la scolarité.

Les soins proposés s'adaptent à chaque adolescent. En tout lieu où ils sont prodigués, ils reposent essentiellement sur la psychothérapie, les conseils et des informations précises concernant le cannabis, le traitement médicamenteux et la thérapie familiale.

Mais il faut avant tout développer les programmes de prévention et les diffuser auprès du monde enseignant, des collégiens et des familles. L'usage du cannabis dans un but convivial et festif comporte des risques. Tout adolescent risque de tomber dans le piège de la dépendance, de l'échec scolaire et de la marginalisation.

CHAPITRE 14

Quels spécialistes consulter ?

Les difficultés scolaires ont des origines très diverses. Les professions médicales ou paramédicales ont chacune leur spécificité. Devant le constat d'échec scolaire, il n'est pas facile de savoir qui consulter. Il est fréquent que les troubles soient associés : ainsi des troubles anxieux ou dépressifs peuvent accompagner un trouble spécifique d'apprentissage, de même que l'hyperactivité et une dyslexie-dysorthographie sont fréquemment diagnostiquées chez un même enfant. Aussi est-il prudent de conseiller un premier bilan pluridisciplinaire pour lequel plusieurs spécialistes vont intervenir. La synthèse de ces bilans est le plus souvent confiée à un médecin : **pédiatre**, **neuropédiatre**, **pédopsychiatre** ou **médecin scolaire**. Les enseignants peuvent participer de ce bilan d'autant que nombre de prises en charge requièrent la compétence d'enseignants spécialisés.

Le pédiatre

Il voit régulièrement l'enfant et sa famille, surveille le développement psychomoteur et le comportement. Il occupe donc une place privilégiée pour dépister les troubles du développement, les troubles spécifiques d'apprentissage et les troubles psychoaffectifs. Au cours d'une consultation, il est à même de dépister un trouble sensoriel, que ce soit un problème visuel ou auditif. Il va apprécier le langage oral et écrit, l'évaluer éventuellement par des tests étalonnés, tels que l'ERTL4* ou ERTL6. La réalisation de dessins simples, de certains gestes lui permet de suspecter une dyspraxie. Un examen neurologique peut mettre en évidence des signes de prématurité ou des anomalies si l'enfant souffre d'un retard mental ou d'une psychose. En dialoguant avec l'enfant, le pédiatre peut identifier un trouble anxieux ou des signes dépressifs. Il repère ainsi tel ou tel trouble et oriente l'enfant si nécessaire vers un orthophoniste un psychomotricien, un pédopsychiatre… Dans des situations complexes, une consultation dans un service hospitalier peut être conseillée. Après avoir décidé du suivi thérapeutique, le pédiatre revoit régulièrement l'enfant afin d'évaluer l'efficacité du ou des traitements mis en œuvre avec les différents intervenants.

Le neuropédiatre

Il travaille principalement au sein d'équipes hospitalières en tant que spécialiste des maladies du système nerveux. Il est donc le médecin à consulter lorsqu'il y a suspicion de retard mental, d'une maladie épileptique ou de toute autre maladie d'origine neurologique. Aujourd'hui, nombreux sont les neuropédiatres qui ont suivi une formation en neuropsychologie de l'enfant. Aussi sont-ils compétents pour diagnostiquer les troubles spécifiques d'apprentissage. Comme lors de toute consultation médicale, le neuropédiatre, après un entretien avec les parents et l'enfant, procède à un examen neurologique. Il recherche notamment l'existence de signes neurologiques discrets ou *soft signs*, d'anomalies cutanées et de tout signe témoin d'une atteinte neurologique. L'exploration du langage, des praxies* et des différentes fonctions cognitives complète l'examen clinique et permet une orientation diagnostique. Après cette première étape essentielle, le recours à d'autres professionnels peut s'avérer nécessaire. Le neuropédiatre fait ensuite la synthèse de tous les bilans pratiqués et organise la prise en charge tout en mettant en relation les différents intervenants.

Le pédopsychiatre

Le psychiatre d'enfants ou pédopsychiatre exerce dans un cabinet privé ou dans une équipe de service hospitalier ou de centre spécialisé (CMP, CMPP*). Hors l'épilepsie qui nécessite une consultation auprès d'un neuropédiatre ou pédiatre, toutes les autres pathologies (ou presque) de l'échec scolaire relèvent des compétences du pédopsychiatre. Toute situation d'échec scolaire impose une compréhension portant sur l'ensemble de la vie de l'enfant et des principales étapes de son développement affectif, comportemental et intellectuel. L'examen clinique, ainsi que quelques tests évaluant le langage, la motricité fine et générale et les fonctions cognitives peuvent orienter vers le diagnostic d'un trouble spécifique d'apprentissage. Dialogue avec l'enfant et sa famille, observation et anamnèse permettent d'approcher la personnalité de l'enfant et de préciser son décor social et familial. Le psychiatre peut alors proposer un diagnostic, qu'il conviendra le plus souvent de confirmer par quelques examens complémentaires : tests de quotient intellectuel, tests de personnalité, bilan de langage et/ou bilan psychomoteur. Le psychiatre coordonne l'ensemble des bilans, établit une synthèse et propose psychothérapies, rééducation orthophonique et toutes mesures thérapeutiques adaptées aux difficultés propres à chaque enfant et notamment la prescription si nécessaire de médicaments psychotropes.

Le médecin scolaire

Sa première mission est d'identifier les enfants en difficulté. Il peut et doit effectuer chez tout enfant âgé de 5 ans un examen approfondi des fonctions visuelles et auditives. Il dispose également d'outils d'évaluation de certaines fonctions cognitives. À 4 ans, un bilan (ERTL4) permet au médecin de PMI de repérer les troubles spécifiques du langage oral. À 5-6 ans, tout enfant doit passer le bilan de grande section de maternelle (le BSEDS 5-6) qui est un moyen de dépistage des troubles spécifiques d'apprentissage (TSA), des troubles psychologiques et des retards de développement. Les résultats obtenus doivent être confrontés aux appréciations des enseignants. Le médecin scolaire informe la famille et l'oriente vers d'autres professionnels de la santé. Les parents sont bien entendu libres de choisir entre les structures de soins publiques et les professionnels exerçant à titre libéral. À l'école primaire, le médecin scolaire peut être informé par les enseignants des difficultés scolaires d'un élève, notamment pour l'acquisition de la lecture. Il peut alors lui faire passer un bilan spécifique de dépistage des troubles d'apprentissage du langage écrit, l'ODEDYS. Tout problème de comportement doit lui être signalé. Il convoque alors l'enfant et sa famille et conseille un suivi si nécessaire. Le médecin scolaire dispose d'informations médicales concernant l'enfant dont il peut informer les enseignants avec l'accord de la famille. Il s'assure du suivi des prises en charge conseillées. Il est membre des commissions d'orientation des élèves, les CCPE* et CCSD* et participe aux décisions d'orientation dans des classes d'intégration ou des établissements spécialisés. Il peut accorder des conditions particulières pour les examens : un tiers de temps supplémentaire, présence d'une secrétaire... L'effectif des médecins scolaires est insuffisant. Dans certains départements, un médecin scolaire a la responsabilité de 16 000 élèves, ce qui le met dans l'impossibilité de remplir ses nombreuses missions. C'est ainsi que de nombreux enfants ne peuvent bénéficier à l'âge de 5-6 ans d'un bilan de dépistage de troubles du langage ou du développement psychomoteur.

L'orthophoniste

Spécialiste du langage et de ses troubles, l'orthophoniste a un rôle essentiel de prévention, de dépistage et de rééducation de toutes les pathologies du langage : langage oral (retard de parole et de langage), langage écrit (dyslexie, dysorthographie, dysgraphie). Il rééduque les pathologies de la voix, comme les bégaiements et les dysphonies, mais il peut aussi intervenir auprès d'enfants présentant des troubles de l'attention, de la mémoire et des dyscalculies pour des évaluations et des rééducations. Les enfants souffrant de retards mentaux ou de psychoses peuvent apprendre en orthophonie d'autres formes de communication non verbale comme les gestes et les pictogrammes. Les orthophonistes exercent dans des centres, CMP*, CMPP*, des services hospitaliers ou dans des cabinets privés. Une consultation chez un orthophoniste se fait sur prescription médicale : « Bilan orthophonique avec rééducation si nécessaire. » L'orthophoniste réalise un bilan dont le compte rendu détaillé est adressé au médecin prescripteur. Ce bilan permet d'établir un diagnostic et éventuellement un projet thérapeutique. Il décide du nombre de séances, de leur fréquence, une série de 30 séances dans un premier temps renouvelable par séries de 20. Les séances ont lieu une ou deux fois par semaine, durent 30 ou 45 minutes et sont prises en charge par la Sécurité sociale. Lorsqu'un bilan est prescrit au même titre que d'autres bilans, psychologique et/ou psychomoteur, pour une appréciation globale d'un enfant, l'ordonnance précisera « bilan d'investigation ». L'orthophoniste informe les parents et les enseignants (avec l'accord de la famille) des difficultés de l'enfant et de leurs conséquences sur les apprentissages et le comportement. Une meilleure compréhension des troubles permet ainsi à chacun de réajuster son attitude et ses attentes. La technique est adaptée aux difficultés repérées par le bilan et à la personnalité de l'enfant. Il doit progressivement acquérir les compétences linguistiques de base puis les utiliser pour apprendre et communiquer. L'adhésion des parents au projet de rééducation est utile. Permettre à l'enfant d'utiliser les codes du langage oral, d'écrire avec plaisir et d'acquérir estime de soi représente les finalités de toute rééducation. Il peut être utile d'interrompre le travail de rééducation après plusieurs mois ou plusieurs années si s'installe une lassitude chez l'enfant (voire chez l'orthophoniste), puis de le reprendre ultérieurement lorsque l'enfant a retrouvé un peu de motivation. La rééducation peut aussi se poursuivre avec un autre orthophoniste. La rééducation ne peut être confondue avec le soutien scolaire : l'orthophoniste intervient pour un trouble diagnostiqué par un bilan et utilise des compétences techniques spécifiques.

Les psychologues

Leur formation universitaire leur permet d'intervenir dans des situations très diverses avec des fonctions différentes. Ils peuvent exercer dans des équipes hospitalières ou à titre libéral comme psychologue clinicien, psychothérapeute ou neuropsychologue.

Le psychologue clinicien

Observation, dialogue et passation de tests d'efficience permettent aux psychologues cliniciens de comprendre le développement intellectuel et affectif de chaque enfant. Chaque bilan, chaque test, chaque résultat chiffré ou non ne peuvent être compris et interprétés indépendamment du parcours biographique de chaque enfant, de son histoire familiale et sociale. Un seul entretien ne peut souvent suffire à une compréhension des difficultés d'un enfant. Prendre le temps nécessaire, rassurer l'enfant, lui laisser le temps de la réticence puis de la confiance sont des étapes que seules plusieurs consultations permettent.

Le psychothérapeute

Il dispose de plusieurs modèles psychothérapiques s'inspirant de différentes références théoriques telles que la psychanalyse ou le comportementalisme. Le psychothérapeute comportementaliste va aider l'enfant à modifier son comportement en agissant sur les symptômes alors que le psychanalyste favorise l'expression des émotions et des affects (par le jeu et le dessin chez le jeune enfant) afin de dénouer les conflits et surmonter les inhibitions. Le rythme des séances est le plus souvent hebdomadaire. La durée varie de quelques mois à quelques années. Psychothérapie et rééducation peuvent être et sont souvent complémentaires.

Le neuropsychologue

La neuropsychologie est une discipline encore jeune. Médecins, psychologues, orthophonistes psychomotriciens et pédagogues peuvent suivre un enseignement de neuropsychologie, mais le statut de neuropsychologue est encore mal défini dans notre pays. Le neuropsychologue va dépister et diagnostiquer les troubles spécifiques d'apprentissage et les troubles du développement. Ses outils lui permettent d'étudier les relations entre les structures cérébrales et les différentes fonctions que sont le langage, la motricité, l'attention, la mémoire, la perception et les émotions. Il étudie tout particulièrement les mécanismes complexes des apprentissages. L'exploration de ces nombreuses fonctions est complémentaire de l'évaluation des capacités intellectuelles et permet une meilleure compréhension de certains déficits. Pour chaque enfant, le neuropsychologue peut établir un profil de ses compétences et faiblesses cognitives. Ces données sont à interpréter en fonction du développement de l'enfant, des circonstances familiales et du cursus scolaire. Lorsque l'approche neuropsychologique est à privilégier sur le plan thérapeutique, le neuropsychologue va alors se baser sur les résultats du bilan pour définir les besoins spécifiques de l'enfant et orienter le travail de rééducation.

Le psychologue scolaire

Il dépend de l'Éducation nationale, son statut et sa formation sont donc spécifiques. Il occupe une place privilégiée auprès de l'enfant en tant que médiateur entre l'école et sa famille. Pendant longtemps, la formation des psychologues scolaires s'est limitée à l'approche psychanalytique ou socioculturelle des difficultés scolaires. Depuis l'essor des sciences cognitives, le champ de leurs connaissances et de leurs pratiques s'est élargi. Ainsi le psychologue scolaire peut identifier dès la maternelle les enfants à risque de troubles d'apprentissage, puis dépister les dysfonctionnements et orienter les familles vers les professionnels spécialisés. Il peut proposer un soutien psychologique lorsqu'un enfant présente des troubles affectifs ou relationnels ne révélant pas un trouble grave du développement ou de la personnalité. Il peut également intervenir auprès d'enseignants confrontés à des classes « à problèmes » afin de les aider à résoudre des conflits. Lorsque l'école dispose d'un RASED, réseau d'aide spécialisée aux élèves en difficultés, il travaille en étroite collaboration avec les rééducateurs et les instituteurs spécialisés. Le psychologue scolaire participe, comme le médecin scolaire, aux commissions d'orientation des élèves en difficultés.

Le psychomotricien

La profession de psychomotricien a été officialisée en 1963 par le ministère de l'Éducation nationale. Elle n'a cessé d'évoluer : reconnue comme profession paramédicale en 1976, autorisée à exercer en libéral depuis 1986, ce n'est que depuis 1995 que le statut d'auxiliaire de la médecine lui a été attribué. Les études de psychomotricité sont en perpétuel remaniement mais le champ d'application ne cesse de s'élargir. Il nous semble important de commencer par définir succinctement ce qu'est la psychomotricité. Comme le mot l'indique, la psychomotricité étudie les relations entre le psychisme et le corps. L'expérience et la perception de toute situation se manifestent par une manière d'être corporelle. Lors du développement du petit enfant, les nouvelles acquisitions motrices vont lui permettre une gestualité de plus en plus fine et précise. Parallèlement, de nouvelles fonctions psychiques telles que la prise de conscience et l'intentionnalité vont contribuer au perfectionnement de la motricité. Le contrôle et la coordination des mouvements, les différentes fonctions motrices, le schéma corporel, le corps dans le temps et l'espace sont autant de signes de notre existence corporelle qu'étudie la psychomotricité. De nombreux tests psychomoteurs étalonnés vont apprécier les différentes fonctions non verbales, les « savoir-faire » : le tonus, la statique, le corps en mouvement, les gestes, la latéralité, les repères dans le temps et l'espace... Lorsque les troubles sont isolés, la seule intervention du psychomotricien peut suffire. Mais, dans un grand nombre de situations, une collaboration avec d'autres spécialistes s'avère indispensable. Un bilan psychomoteur peut aider à la compréhension de retards de développement, de dyspraxie, et de certains troubles anxieux avec inhibition. Les résultats seront confrontés aux autres bilans pour la décision thérapeutique. Une rééducation de psychomotricité associée ou non à une autre prise en charge est indiquée si l'approche corporelle est à privilégier. Le psychomotricien va proposer des exercices dynamiques sous forme de jeux, tout en travaillant l'équilibre, le contrôle moteur, la coordination des gestes, le graphisme, les rythmes. La rééducation se propose d'améliorer les fonctions déficitaires et d'apprendre à utiliser des stratégies compensatrices. La relaxation est également une technique qu'utilise le psychomotricien chez l'enfant et l'adolescent pour tous les troubles psychomoteurs mais aussi pour les troubles anxieux, émotionnels et le bégaiement.

L'enseignant spécialisé

Il intervient dans les écoles ou collèges auprès des élèves qui ont besoin d'une pédagogie adaptée à leurs difficultés qu'elles soient liées à une maladie, un handicap ou à des troubles spécifiques d'apprentissage.

Tout instituteur ou professeur des écoles peut devenir enseignant spécialisé en passant un examen qui permet d'obtenir le CAPA-SH (certificat d'aptitude professionnelle pour les aides spécialisées, les enseignements adaptés et la scolarisation des élèves en situation de handicap).

L'enseignant spécialisé a plusieurs rôles. Il exerce au sein des RASED et propose aux élèves en difficulté, après analyse de la situation scolaire, des pratiques pédagogiques différenciées, ceci, en collaboration étroite avec l'enseignant. Dans les SEGPA (sections d'enseignement général et professionnel adapté), il intervient pour l'orientation et l'insertion professionnelle et contribue plus particulièrement à l'acquisition de l'autonomie et au développement de la socialisation de l'élève. Sa mission est pédagogique mais aussi éducative. Il fait part à la famille de toute décision pédagogique et projet d'orientation.

D'autres professionnels de la santé pourront être consultés dans des situations particulières. Nous ne ferons que citer l'orthoptiste qui rééduque la motricité oculaire, l'oto-rhino-laryngologiste qui explore notamment la fonction auditive, le kinésithérapeute qui rééduque certains troubles moteurs et musculaires.

CONCLUSION

Place de la psychiatrie dans la compréhension de l'échec scolaire

> « Je tiens pour impossible de connaître le tout si je ne connais les parties ni de connaître les parties si je ne connais le tout. »
>
> Blaise PASCAL

L'échec scolaire représente l'un de ces grands enjeux de société sur lesquels ne s'épuisent ni les passions ni les idéologies. Il n'est pas dans notre intention d'ajouter de nouvelles querelles disciplinaires ou corporatistes, mais s'il devait en être ainsi ce serait à notre plume défendante. Il est vrai que nous pensons que la psychologie et la médecine peuvent éclairer la compréhension de l'échec scolaire mais, pour autant, nous souhaitons que la pédagogie, la sociologie et la politique gardent toute leur place.

Le mythe d'une école républicaine qui libère des inégalités sociales, qui émancipe des pesanteurs familiales et qui transcende les barrières culturelles a fait long feu. Les réussites scolaires les plus méritantes ne peuvent masquer l'âpreté de la compétition pour le plus grand nombre qui ne dispose ni des codes ni des privilèges pour en surmonter tous les obstacles.

Les principes égalitaires et démocratiques sont d'application délicate lorsque la carte scolaire est contournée pour donner à ses propres enfants le meilleur collège. Près de 40 % des élèves parisiens inscrits en 6e évitent le collège de leur secteur (29 % pour l'ensemble des collégiens de France). Faute d'une bonne adresse, leurs parents ont opté pour le privé ou obtenu une dérogation par une option judicieuse de filière, une domiciliation de complaisance ou une recommandation. Toutes les études indiquent que l'effet « établissement » est au moins aussi déterminant que l'origine sociale. À niveau scolaire identique, la progression est différente selon les établissements et les enfants de tous milieux obtiennent un meilleur niveau dans les collèges huppés. Les enseignants et les cadres n'ignorent rien de cette situation. Ils sont les premiers à privilégier la stratégie rationnelle du sauve-qui-peut et à obtenir majoritairement ces dérogations. La compétition scolaire obéit à toutes les règles de la compétition sociale.

Le passage au lycée n'est guère plus égalitaire. Une enquête de l'Éducation nationale montre que 66 % des cadres contre 18 % des ouvriers demandent pour leurs enfants une orientation en lycée général à même niveau de moyenne (inférieur à 9 au contrôle continu). Les conseils de classe ont leur mot à dire, mais ne corrigent que très rarement cette autosélection sociale. À niveau scolaire identique, les enfants de cadres, sont surreprésentés dans les classes de premières S et dans les classes préparatoires aux grandes écoles.

Dès l'entrée en maternelle, les compétences des enfants se distinguent selon leur appartenance sociale, notamment dans le domaine de la logique verbale. Cet écart initial va s'accroître à l'école primaire puis au collège. La destinée scolaire est en lien étroit avec le niveau d'études des parents plus qu'avec tous les autres paramètres corrélés tels que la catégorie socioprofessionnelle ou les revenus. Près de 55 % des élèves de troisième dont le père ou la mère n'a pas de diplôme sont en retard scolaire contre 10 % pour ceux dont l'un des deux parents a un diplôme de l'enseignement supérieur. Les parents les plus diplômés consacrent plus de temps au travail scolaire de leurs enfants, essentiellement en raison de leur maîtrise du programme. La faiblesse de l'aide des parents les moins diplômés s'accentue avec l'avancement des études de leurs enfants, d'autant que ce sont ces mêmes parents qui disposent de moins de ressources pour les cours particuliers (cette question est rarement posée dans l'évaluation des stratégies pédagogiques). Le niveau des diplômes de la mère est plus influent que celui du père dans la réussite scolaire, les mères consacrant deux fois plus de temps à l'aide au travail scolaire que les pères. (En moyenne les deux parents additionnent 20 heures par mois et par enfant en CP, 16 heures en CM2 et 9 heures en troisième).

L'égalité des chances est une fiction. Un million d'enfants vivent en France sous le seuil de pauvreté et connaissent insécurité, habitat dégradé et surpeuplé. Le taux de redoublement passe du simple au double selon que l'enfant dispose ou non de sa propre chambre. Les entraves matérielles se doublent souvent d'obstacles culturels.

L'adéquation ou l'inadéquation entre la culture scolaire et la culture familiale fige les classes sociales. Depuis les années 1960 et sous l'influence d'auteurs comme Bourdieu, cette conception « d'une école qui reproduit les inégalités » reste l'un des credo de l'école française de sociologie. Elle nous paraît toujours d'actualité, mais la sociologie politique ne peut tout éclairer et la pédagogie a sa part d'ombre et de lumière. Ainsi, il apparaît qu'un long passage en école maternelle donne les meilleures chances de connaître une bonne scolarité à l'école primaire ce qui se traduit par un écart de moyenne de 2 à 3 points (sur 20) à l'entrée en 6e entre ceux qui ont passé trois ans à l'école maternelle et ceux qui ne l'ont pas fréquentée.

La comparaison des pays d'Europe montre un taux de retard scolaire variant de 2 à 50 %. La France détient la palme européenne pour les redoublements avec un taux d'élèves en retard six fois plus élevé que le taux d'élèves en avance.

Dès le primaire, le redoublement est banalisé bien que nombre d'études montrent que, pour un même niveau de difficultés scolaires à la fin du CP, la progression l'année suivante est plus rapide en CE1 que lors d'un deuxième CP (à niveau scolaire comparable, il semble de surcroît que les enfants d'ouvriers redoublent plus que les enfants de cadres !). Le redoublement provoque isolement et autodépréciation et représente finalement l'un des principaux facteurs de démotivation pour l'enfant et sa famille, ce qu'ont bien compris des pays comme le Danemark ou l'Angleterre qui proposent une promotion automatique des élèves (redoublement : 0 %) et une pédagogie différenciée pendant que la France maintient des records de redoublement et d'uniformité pédagogique. L'OMS conduit tous les quatre ans une enquête sur « le bien-être des jeunes en Europe ». La France se situe au treizième rang (sur trente-cinq) des élèves de 11 ans aimant beaucoup l'école mais seulement au… vingt-cinquième rang pour les collégiens de 13 à 15 ans.

Mais d'autres paramètres semblent influents, ainsi la comparaison d'élèves de CP montre que la progression de leurs résultats scolaires dépend grandement de la *compétence pédagogique* du maître à un niveau d'influence proche de celui exercé par la famille. Autrement dit, il faut admettre que la chance ou la malchance d'être confié à un maître plutôt qu'à tel autre s'ajoute de façon déterminante aux inégalités sociales ou culturelles.

Tous ces faits et arguments sociaux, culturels et pédagogiques incitent à une compréhension de l'échec scolaire en termes politiques (c'est la faute à l'école et à la société). Mais le meilleur maître et la meilleure famille ne garantissent pas toujours le succès. Il faut donc pour chaque enfant aller au-delà de considérations générales, fussent-elles pertinentes. Bourdieu lui-même concédait que « la vérité sociale n'épuise pas la totalité d'une personne », même s'il précisait que « la recherche sociologique se doit de suspecter et de déceler méthodiquement l'inégalité culturelle socialement conditionnée sous les inégalités naturelles apparentes puisqu'elle ne doit conclure à la nature qu'en désespoir de cause » (1964). On ne saurait mieux formuler la réticence d'une certaine sociologie à reconnaître les inégalités de la nature. C'est l'inépuisable débat de l'inné et de l'acquis. Ceux qui pensent que l'intelligence relève aussi ou surtout de nos gènes sont soupçonnés du pire par ceux-là mêmes qui ne jurant que par l'influence de l'environnement sont accusés de succomber au politiquement correct.

Il n'existe à ce jour aucune méthodologie permettant de quantifier précisément les parts respectives du biologique et du social dans le déterminisme de l'intelligence sans que pour autant il soit légitime de renoncer à l'implication de l'une ou de l'autre de ces deux composantes. **La complexité d'une problématique ne justifie pas sa résolution par une préférence morale et politique.** Le fait de souligner l'importance des facteurs sociaux et culturels dans le développement de l'intelligence et de la personnalité ne signifie pas que nous sommes sans patrimoine psychique génétique sauf à croire au mythe rousseauiste qui voudrait que nous naissions tous identiques et façonnés de la même cire vierge. Homère écrivait déjà que « les dieux n'accordent pas les mêmes avantages de l'esprit à tous les hommes » (*Odyssée*, chant VIII, VIIIe siècle avant J.-C.).

L'intelligence ne peut se définir par une seule fonction mais par la résultante de nombreuses qualités telles que la capacité d'abstraction, de raisonnement, de compréhension, d'élaboration, d'adaptation, d'expression, de mémorisation, d'attention, de concentration, de représentation, d'évocation, d'observation, de synthèse, d'analyse, d'association, d'apprentissage, de perception, de structuration, d'organisation, d'intégration… chacune de ces aptitudes se déclinant sur son propre mode. Ainsi la capacité de mémorisation peut être visuelle et auditive ou immédiate et prolongée.

De surcroît, l'intelligence ne peut s'apprécier indépendamment de facteurs affectifs ou de traits de personnalité. Il n'est pas indifférent pour l'exercer d'être notamment d'humeur joyeuse ou de tempérament triste, fatigable ou résistant face à l'effort ou à l'adversité, sociable ou réticent face aux situations nouvelles, paisible ou réactif dans l'expression de ses émotions ou encore sensible ou impassible face aux encouragements et à l'humiliation. Ce que nous appelons l'intelligence est la résultante d'une multitude d'aptitudes et d'inaptitudes et aucune recherche sur leurs significations ou leurs origines ne peut échapper à cette complexité. En particulier, les recherches en biogénétique.

Les études familiales sont peu démonstratives car l'interaction génétique-environnement est difficile à démêler. Si un enfant et son père sont tous deux anxieux, comment distinguer ce qui relève de la vulnérabilité génétique ou de l'influence éducative ? En revanche, les études de gémellité qui comparent les jumeaux monozygotes et les jumeaux dizygotes sont beaucoup plus pertinentes, surtout si elles sont confirmées par des études d'adoption (on compare les traits des enfants adoptés avec leur famille biologique et avec leur famille adoptive). Depuis plusieurs décennies, de nombreuses études ont montré la réalité d'une vulnérabilité génétique associée à des facteurs d'environnement dans la genèse des troubles psychiques.

Les pédagogues s'inquiètent d'une psychiatrisation de l'école et l'échec scolaire continue d'être prioritairement analysé en problématique collective. Une inspectrice générale de l'Éducation nationale peut écrire que « l'approche psychologique et individuelle de l'échec scolaire a reculé, presque jusqu'à disparaître pour faire place à des approches – diverses et presque toutes pertinentes – de type macrosociologique » (Francine Best, *L'Échec scolaire*, collection « Que sais-je ? », 1999). Ce fanatisme feutré est probablement minoritaire, mais il se manifeste aussi dans la sphère politique. Ainsi la commission du débat national sur l'avenir de l'école a entendu plus de « deux cents organisations, experts et personnalités » mais pas un seul représentant pour la pédopsychiatrie ou pour une discipline connexe telle l'orthophonie. Comment s'étonner ensuite que le rapport de cette commission remis au président de la République et au gouvernement n'abonde qu'en lieux communs, vœux laïques et autres promesses sur « l'égalité des chances et la réussite de chacun » (*Rapport Thélot*, La Documentation française, 2004).

Polémique dans *Le Monde de l'éducation*

« On s'imagine que, pour accéder à la complexité du réel, il faut articuler les disciplines, mais je ne crois pas que la pluridisciplinarité permette une vision plus complète. Dans *L'Homme pluriel*, j'ai même écrit qu'elle pouvait faire voir plus flou : on obtient des mélanges assez improbables où plus personne ne se retrouve. En revanche, je suis persuadé qu'un chercheur doit lire le plus possible en dehors de sa discipline. Il est impossible d'acquérir plusieurs points de vue disciplinaires dès le départ [...]. À mon avis, les cognitivistes ne peuvent pas comprendre l'échec scolaire. Étudier le fonctionnement du cerveau, savoir quelle zone est activée lorsqu'on déplace les yeux pour lire ou lorsqu'on fait du calcul mental, c'est passionnant. Mais cela n'a aucun rapport avec l'échec scolaire, dont nous savons et nous pouvons prouver que les causes sont sociales ou culturelles. Aussi vrai que l'astronomie ne se permettrait pas d'expliquer l'échec scolaire, les psychologues cognitivistes ne devraient pas s'y intéresser [...] sauf à considérer qu'il y aurait un problème dans la structure du cerveau des gens de milieu populaire, les sciences du cerveau ne sont d'aucun secours pour expliquer l'échec d'un apprentissage scolaire ». Bernard Lahire, professeur à l'école normale supérieure de Lyon-Lettres, *Le Monde de l'éducation*, octobre 2006.

« Bernard Lahire écrit que "*nous savons et nous pouvons prouver que les causes de l'échec scolaire sont sociales ou culturelles. Aussi vrai que l'astronomie ne se permettrait pas d'expliquer l'échec scolaire, les psychologues cognitivistes ne devraient pas s'y intéresser*" [...] On devine le fond du raisonnement : puisque, principalement, l'échec scolaire affecte les classes populaires et épargne les milieux bourgeois, nous pouvons en conclure que tous les échecs scolaires sont dus à des obstacles culturels et sociaux. Poursuivons ce syllogisme et excluons les pauvres de toute aide psychologique. Réservons-la aux riches qui eux, Dieu merci, sont indemnes d'entraves culturelles et sociales.

La réalité de l'échec scolaire est infiniment plus complexe et beaucoup d'énigmes restent à éclaircir. Des milliers de chercheurs dans le monde et de toutes disciplines (sociologie, pédagogie mais *aussi* psychologie, médecine et neurobiologie) tentent d'en comprendre tous les aspects. Nous savons dès à présent, que nombre de troubles attentionnels, oppositionnels, cognitifs, anxieux ou émotionnels peuvent relever d'une composante génétique et risquer ainsi de plomber la scolarité de génération en génération. L'argumentaire du "tout social" est un leurre politiquement correct. On peut en effet échouer à l'école pour des raisons sociales mais on peut tout autant perpétuer l'échec social pour des raisons scolaires. Ceux qui s'opposent à l'approche psychologique ou médicale de l'échec scolaire croient défendre une idéologie généreuse de lutte contre les inégalités sociales, mais faute d'une compréhension pluridisciplinaire de l'échec scolaire, ils concourent paradoxalement à l'immobilisme social » (Gabriel Wahl, *Le Monde de l'éducation*, décembre 2006).

La réussite scolaire ne relève pas des seuls paramètres sociaux et culturels, elle dépend aussi des capacités individuelles. Mais la seule évocation de la possibilité d'une variation des aptitudes d'un enfant à l'autre suscite l'opprobre chez de nombreux sociopédagogues face à ce qu'ils perçoivent comme une provocation. (« Plus personne, aujourd'hui, n'impute l'échec d'un élève à un don inné ou à une absence de don », F. Best, déjà citée).

Les taux de prévalence* des troubles psychologiques sont rarement versés aux débats relatifs à l'échec scolaire, bien que ces données soient accessibles à tous. La déficience intellectuelle concerne environ 1 % des enfants et des adolescents ; la dépression 2 % des enfants et 5 % des adolescents ; la schizophrénie moins de 1 % ; les troubles de l'attention avec ou sans hyperactivité de 3 à 5 % ; les troubles des conduites et du comportement de 2 à 9 % selon l'âge ; les troubles de la personnalité près de 15 % ; les troubles de l'apprentissage de 5 à 8 %. Si l'on considère la fréquence des troubles associés (par exemple, près de 60 % des enfants des enfants présentant un trouble de l'attention souffrent aussi d'un trouble oppositionnel) et l'approximation des chiffres (ils varient selon les études et les critères de diagnostic), on peut retenir **pour l'ensemble des enfants et des adolescents, une prévalence de l'ordre de 20 % pour l'ensemble des troubles psychologiques.**

Une partie de ces troubles ne détermine pas d'échec scolaire, par exemple un enfant anxieux qui craint plus que d'autres les remontrances pourra étudier avec plus d'ardeur. De même, il va de soi aussi que tous les échecs scolaires ne relèvent pas toujours d'une cause psychiatrique explicite, mais précisons cependant que, selon une étude portant sur 115 enfants redoublant ou triplant le cours préparatoire, seuls 10 % ne présentaient pas de causes plausibles (Y. Blanchon, *Échec scolaire en cours préparatoire,* 1990-1994). Mais, globalement, le lien entre trouble psychiatrique et échec scolaire reste déterminant. Les parents ne s'y trompent pas, puisque les deux tiers des consultations en pédopsychiatrie sont motivés par des difficultés scolaires.

Comme nombre de ces troubles peuvent relever d'une vulnérabilité génétique (par exemple la dyslexie ou les troubles de l'attention), ils peuvent s'observer de génération en génération et donc participer de la panne de l'ascenseur social.

Un sondage réalisé auprès de 2 184 jeunes professeurs des écoles (Institut CSA, avril 2004) indique que 39 % des enseignants « considèrent que, pour lutter contre l'échec scolaire, il faut recentrer l'enseignement sur les fondamentaux (lire, écrire, compter) ; 61 % souhaitent limiter les redoublements ; 70 % mettre l'accent sur la baisse du nombre d'élèves par classe ; 59 % assurer un suivi individualisé des élèves en difficulté ». Aucune mention dans ce sondage sur la possibilité d'un bilan et d'un suivi médico-psychologique pour les enfants en échec scolaire. Il faut dire que les IUFM donnent le plus souvent la priorité à l'approche sociologique ou pédagogique de l'échec scolaire. La lecture des cours sur l'échec scolaire dispensés dans les IUFM est à cet égard très explicite. On apprend à lire Bourdieu dans le texte, à débattre des différentes thèses sociopolitiques, mais on aborde beaucoup plus sobrement la médecine, la psychologie ou la psychiatrie. Comment s'étonner que des enfants en échec ne viennent consulter qu'après deux, trois, quatre années et plus de difficultés scolaires, au grand étonnement des parents : « Personne ne nous l'avait conseillé. » Les enseignants n'ont certes pas de mission de diagnostic ou de soins, mais si nombre d'entre eux prennent cependant l'initiative de participer

La docimologie

La docimologie étudie les paramètres qui influencent la notation d'un examen et l'évaluation des élèves et notamment la **stabilité intra-correcteur** (une même série de copies est corrigée à plusieurs reprises par un même enseignant) la **concordance intercorrecteurs** (correction d'une même série de copies par plusieurs enseignants) ou la **correction renseignée** (le correcteur reçoit des informations sur l'élève évalué).

De l'essentiel des données fournies par la « docimologie critique » on peut citer :

• *L'absence de concordance entre correcteurs*. La comparaison des notes pour une même copie montre fréquemment des écarts importants (dans certaines études le différentiel peut varier de 1 à 13 sur 20 selon le correcteur).

• *L'effet Posthumus* (du nom d'un enseignant hollandais en poste en en Indonésie) provoque une distribution gaussienne des notes dont la courbe est peu dépendante des compétences des élèves en début d'année. Pour être crédible, un professeur doit ajuster son enseignement et sa notation afin d'obtenir une courbe de Gauss avec des bons et des mauvais élèves. C'est la « constante macabre » qui sélectionne plus qu'elle n'évalue : les notes, après une première correction, suivent une courbe de Gauss. Si on ne retient que les copies proches de la moyenne, de nouvelles corrections, par d'autres examinateurs, aboutissent à la constitution de nouvelles courbes en cloche avec de nouveau des forts, des moyens et des faibles. Les moyens d'hier devenant alors forts ou faibles…

• *L'effet de halo* influence la notation des enseignants par la connaissance vraie ou fausse qu'ils ont de leurs élèves. Dans l'étude de Weiss (1969), on présente à un groupe d'instituteurs deux rédactions comme étant le fait pour la première « d'un élève peu doué, aimant les BD et dont les parents sont employés » et pour la seconde « d'un élève doué dont le père est rédacteur d'un quotidien connu ». Puis on inverse les copies pour un deuxième groupe d'instituteurs. Pour tous les critères d'appréciation, y compris pour l'orthographe, l'élève « doué » obtient de bien meilleurs résultats que son camarade « peu doué ». *Le mythique effet Pygmalion* (ou l'effet Rosenthal) s'apparente à l'effet de halo, mais il va plus loin. La prédiction de l'enseignant influencerait non seulement l'évaluation mais aussi… les performances de l'élève.

d'actions de prévention et de conseils, pourquoi ne pas en suggérer l'usage et la promotion à toute l'institution scolaire ?

Des petits signes d'apparence anodine peuvent être à l'origine d'un échec scolaire. Par exemple, cet enfant dont on dit qu'il « ne fait pas beaucoup d'efforts, ne parvient que rarement à se concentrer et ne cesse de s'agiter » peut souffrir d'un authentique déficit de l'attention avec hyperactivité pour lequel des traitements spécifiques peuvent être proposés. Ce garçon qui « depuis quelque temps semble moins joueur, s'attrister de tout et se montrer peu enclin au travail » pourrait souffrir en silence d'une dépression. Et pour cet écolier « vif, intelligent mais qui s'embrouille dès qu'il s'agit de chiffres », il ne faut pas se résigner à conclure, fataliste, « qu'il n'est pas doué pour les maths », mais préalablement rechercher une dyscalculie dans le cadre d'un bilan en orthophonie.

Pour confirmer ces diagnostics, un spécialiste doit s'entretenir avec l'enfant et ses parents, connaître l'histoire familiale, accéder aux bulletins scolaires de l'année ainsi que des années antérieures, proposer quelques tests et questionnaires d'aide au diagnostic, s'interroger sur le retentissement pour l'enfant et la famille, sur les attitudes éducatives. Mais qui consulter ? Un psychiatre, un psychologue, un orthophoniste, un phoniatre, un psychomotricien... La liste est loin d'être exhaustive et, précisément, nous espérons que la lecture de ce livre, chapitre après chapitre, permettra aux enseignants par leurs conseils et aux parents par leurs choix, de consulter au plus près des difficultés de l'enfant.

Que d'étapes à franchir pour réussir sa scolarité. Que d'obstacles personnels, familiaux, sociaux, culturels, idéologiques, institutionnels, éducatifs, pédagogiques, docimologiques, psychologiques et médicaux à surmonter. L'ambition de ce livre est d'apporter un éclairage sur la place de la « psy » dans la compréhension nécessairement complexe et pluridisciplinaire de l'échec scolaire. Aussi loin qu'il est possible de la tentation des idéologies et des anathèmes.

Douze propositions pour lutter contre l'échec scolaire

1.
Proposer avant toute décision de redoublement, un bilan pluridisciplinaire pédagogique, médical et neuropsychologique

En dépit d'études qui montrent l'inutilité et même la nocivité du redoublement, la France reste la championne de cette pratique en Europe. Le redoublement doit être considéré comme une décision grave qui ne saurait être légitime sans un bilan pluridisciplinaire préalable en concertation avec les parents. La seule faiblesse des résultats scolaires ou un « comportement immature » (expression qui souffre à la fois d'un usage extensif et d'une sémantique approximative) ne peuvent justifier – sans autre forme d'investigation – une décision de redoublement.

Jonas, 7 ans. L'institutrice demande le redoublement du CP. Les résultats scolaires sont faibles et les parents signent leur accord en confiance mais par précaution ils consultent en pédopsychiatrie. Le bilan laisse peu de doute sur les causes de l'échec scolaire : trouble attentionnel majeur et précocité intellectuelle (QI à 135). Le pédopsychiatre téléphone à l'institutrice (qui est aussi la directrice), tente d'expliquer que le redoublement est inutile et pourrait même aggraver les difficultés scolaires. Réponse de l'institutrice : « La décision est prise, on ne revient pas dessus, aujourd'hui tous les enfants sont surdoués, je ne m'explique pas comment en une heure vous pouvez mieux comprendre un enfant que je connais depuis une année. »

Le pédopsychiatre téléphone à l'inspecteur d'académie, tente d'expliquer que le redoublement…

L'INSPECTEUR : « Je comprends vos arguments mais je ne peux déjuger une directrice d'école. »

LE PSY : « L'intérêt de l'enfant devrait primer sur toute autre considération. »

L'INSPECTEUR : « Je vous répète que je ne peux déjuger une directrice d'école. »

LE PSY : « J'ai l'impression de parler à un guichet. »

L'INSPECTEUR : « Puisque vous me traitez de guichet, l'entretien est clos. »

2.
Proposer à tout élève en difficulté scolaire une aide personnalisée

L'idéal républicain d'égalité ne doit plus cautionner l'uniformité pédagogique. L'école publique doit apporter un soutien personnalisé à chaque enfant en difficulté. La loi d'orientation pour l'avenir de l'école (*sic*) du 23 avril 2005 prévoit dans son article 16 la création de PPRE, « de programmes personnalisés de réussite éducative, de plans coordonnés, d'actions conçues pour répondre aux difficultés d'un élève risquant de ne pas maîtriser les connaissances et les compétences à la fin d'un cycle, élaborés par l'équipe pédagogique et discutés avec les parents ». Cette loi est applicable dès la rentrée 2006 mais elle définit plus les objectifs qu'elle ne donne de moyens ou ne précise leur mise en œuvre… Selon le dernier rapport du comité de l'éducation de l'OCDE, « l'échec scolaire persiste en 2006 dans la grande majorité des pays évolués » mais il s'ajoute en France des « caractères aggravants » tels que « le manque notoire d'individualisation des stratégies d'enseignement et d'apprentissage ». Le soutien scolaire en individuel (ou en petits groupes) pourrait être généralisé et proposé dans les établissements publics pour tous les élèves en difficulté. C'est ainsi que l'on pratique en Finlande : la diversité pédagogique se substitue dans ce pays à la seule alternative du passage ou du redoublement telle qu'elle se perpétue en France.

3.
Cesser de considérer l'échec scolaire comme une faute morale

La responsabilité de l'échec scolaire est parfois attribuée aux parents : « L'hyperactivité est une excuse pour désigner des élèves mal élevés qui n'ont rien à faire de l'école » (un principal de collège, mai 2007), « Les difficultés scolaires sont le reflet des difficultés familiales » (un médecin scolaire, septembre 2006), mais la société peut également être déclarée fautive : « Une fois débarrassée de l'aliénation capitaliste, la majorité des hommes accédera au niveau d'Aristote, de Goethe, de Marx… » (Trotski, cité en salle de profs, septembre 2006). Mais l'élève lui-même représente souvent le fautif idéal, il « fait montre de paresse, refuse de travailler, ne veut rien faire, ne fait aucun effort, ne présente aucune disposition pour les études ou perd son temps à l'école… » (bulletins scolaires, année 2006-2007). C'est peu dire que certains mots peuvent décourager les enfants ou accabler les parents. L'humiliation pour les « mauvais élèves » est loin d'être la règle, mais, pour les enfants qui la subissent, elle s'ajoute aux tourments de l'échec (perte d'estime de soi, tristesse, anxiété, idées de renoncement ou de révolte, vexations, punitions).

La lecture des appréciations des bulletins scolaires des enfants en échec scolaire est parfois accusatoire (comme peut l'être un… réquisitoire). Le vocabulaire utilisé semble alors attribuer l'échec scolaire à une intentionnalité malveillante de l'enfant, à une volonté de nuire, à une faute morale. On peut consoler ceux qui vivent un échec amoureux ou plaindre ceux qui connaissent un échec professionnel mais « l'on se doit » de gronder, d'accuser, de menacer et de punir les enfants en échec scolaire. Un enfant confronté à des difficultés scolaires souffre autant de son échec que de l'incapacité des adultes à le comprendre et à l'aider.

4.
Instaurer dans chacun des IUFM un module d'enseignement général pluridisciplinaire sur l'échec scolaire intégrant la sociologie mais aussi la psychologie, la neuropsychologie et la psychiatrie

Les futurs enseignants doivent tous être rompus à la compréhension de l'échec scolaire dans la pluralité de ses causes et dans la complexité de ses conséquences et ne plus se satisfaire d'envolées lyriques métapédagogiques ou de slogans réducteurs tels que le « manque du désir d'apprendre ». Aucun argumentaire sociologique sur l'échec scolaire ou même la réalité d'une inconduite parentale, d'un obstacle culturel ou d'une souffrance sociale ne saurait proscrire par principe la recherche d'une autre cause. Nous avons déjà cité cette étude (lire p. 243, « Place de la psychiatrie… ») qui montre que 90 % des enfants en échec scolaire présentent des troubles médicaux ou psychologiques identifiés (troubles cognitifs, instrumentaux, comportementaux, anxieux, thymiques, etc.).

l'INSHEA (Institut national supérieur de formation et de recherche pour l'éducation des jeunes handicapés et les enseignements adaptés) n'a pas su conquérir tous les IUFM (instituts universitaire de formation des maîtres) de France. Nous avons en main le cours sur l'échec scolaire tel qu'il est dispensé dans un IUFM de la région parisienne. Une belle somme de citations de sociologues, Bourdieu en tête, mais pas un mot de médecine, de psychologie ou de psychiatrie. Il va de soi que nous estimons indispensable l'apport de la sociologie à la compréhension de l'échec scolaire mais cette discipline ne peut appréhender l'ensemble d'une problématique dont l'ampleur et les enjeux méritent mieux qu'une approche militante.

Près de 100 000 enfants sont déclarés en maltraitance ou en danger chaque année en France. Ce chiffre est à la hausse et concerne carences éducatives ou alimentaires, défauts de soins médicaux, psychologiques et psychiatriques, agressions physiques ou sexuelles, alcoolodépendance ou toxicomanie des parents, violence intrafamiliale, insalubrité du logement. Selon l'ODAS (Observatoire national de l'action sociale), la justice est saisie pour trois signalements sur cinq.

5.
S'inspirer du modèle canadien ou belge de l'orthopédagogie

Les futurs enseignants canadiens ou belges peuvent acquérir une compétence spécifique (troubles cognitifs, troubles comportementaux, autisme, enfants précoces, dyslexie-dysphasie, etc.) et obtenir leur diplôme correspondant d'orthopédagogue. Il n'est pas rare, en France, qu'une classe relais ou une CLIS* soit créée sur la base de la bonne volonté et de la débrouillardise sans qu'aucune formation initiale spécifique ait été proposée à l'enseignant. Les associations sauvent ce qu'elles peuvent en se substituant aux institutions publiques ou en collaborant en partenariat. Mais la liste des enfants exclus du système scolaire ou ne bénéficiant d'aucune aide s'allonge. Citons notamment les milliers d'enfants autistes en attente d'une place (lire page 175 « La scolarisation des enfants autistes ») ou les enfants précoces qui restent en souffrance de la reconnaissance de leurs problèmes spécifiques. Aucune politique, même ambitieuse, d'objectifs et de moyens dévolus à l'éducation spécialisée ne pourra pleinement réussir si elle ne s'accompagne prioritairement d'une formation des enseignants. La France pourrait s'inspirer de l'expérience réussie de nombreux pays et en particulier du Canada qui dispense un enseignement d'orthopédagogie. Quelques pays d'Europe offrent aux enseignants la possibilité d'acquérir des compétences sur différents handicaps et leurs stratégies spécifiques d'apprentissage. Citons notamment la Belgique qui délivre un diplôme d'orthopédagogie, les Pays-Bas, le Portugal, le Danemark, l'Écosse qui a créé un diplôme spécifique d'« *éducation des élèves éprouvant des difficultés d'apprentissage* » ou l'Espagne qui a instauré un cours obligatoire sur « *les bases psychologiques de l'enseignement spécial* ». Mais d'autres États membres, dont la France, ne délivrent qu'avec parcimonie des diplômes de spécialité aux futurs enseignants (le CAPA-SH, le certificat d'aptitude professionnelle pour les aides spécialisées, les enseignements adaptés et la scolarisation des élèves en situation de handicap).

6.
Rompre avec l'élitisme et le monolithisme de l'Éducation nationale

Osons une simplification : soit les cours particuliers sont inutiles et rien ne justifie leur financement fiscal (subvention des emplois à domicile), soit ils sont utiles et rien ne justifie leur accès social discriminatoire. À l'évidence, les cours particuliers ainsi que les cours privés (les « boîtes à bac » notamment) participent de la compétition scolaire et sociale et leur développement actuel justifie une évaluation de leur utilité scolaire et de leur impact social. Le parcours de ces élèves dont les difficultés scolaires sont perçues comme relevant d'une incapacité définitive (« n'a pas sa place au lycée ») et qui, exclus d'une Éducation nationale monolithique, notamment par le biais d'une orientation ou d'un redoublement contraints, parviennent à rebondir grâce à l'enseignement privé hors contrat pose au moins une question : l'Éducation nationale trop **élitiste** ne participe-t-elle pas de la sélection sociale (les « boîtes » privées étant inaccessibles aux plus pauvres) ? « Le professeur principal m'a annoncé que le conseil de classe allait décider pour mon fils une orientation en seconde techno, mais m'a cependant suggéré en confidence d'inscrire mon fils en seconde générale dans une école hors contrat, puisque nous en avions les moyens » (une mère, mai 2007). Mais, à l'évidence, tous n'ont pas droit à cette seconde chance : « Je viens d'être nommée dans une école d'un quartier sensible. Nombre des parents des élèves de ma classe de CE1 sont illettrés. Donner du travail à la maison est illusoire. Un début de solution, ce serait l'étude du soir, mais le coût de 1,50 euro par jour est inaccessible pour beaucoup. L'adjoint au maire chargé de l'enseignement nous a précisé que la commune n'avait pas les moyens d'offrir l'étude du soir à tous les enfants. Le bilan est assez sombre, près du tiers des élèves sont orientés en SEGPA. Aucun bilan préalable à ces orientations et les parents fatalistes ou peu informés s'inclinent le plus souvent. Faute de moyens, j'ai le sentiment de participer d'une sélection sociale pour beaucoup de ces enfants en capacité de poursuivre normalement leurs études » (Mlle B., professeur des écoles).

7. *Donner à la médecine scolaire et à la médecine générale un rôle de premier plan dans la prévention de l'échec scolaire*

La médecine scolaire doit se recentrer sur la scolarité et considérer l'échec solaire comme l'une de ses priorités. Le médecin scolaire se doit d'être un spécialiste de l'échec scolaire et de sa prévention au même titre que le pédopsychiatre, le psychologue scolaire ou tout autre intervenant du RASED. Le rôle de la médecine dans la prévention de l'échec scolaire ne peut se limiter aux causes explicitement médicales telles que les troubles de la vision, de l'audition, le saturnisme, les affections endocriniennes ou toute autre affection somatique. Les facultés de médecine ne dispensent qu'exceptionnellement des cours sur l'échec scolaire aux médecins généralistes. L'association « HyperSupers » (association d'aide aux personnes concernées par le TDAH) a placé en tête de ses souhaits « la mise en place de formations pour les médecins généralistes, pédiatres, médecins scolaires, permettant un meilleur dépistage du trouble déficit de l'attention/hyperactivité ». L'intervention de la médecine dans le domaine de la scolarité et de la pédagogie suscite encore la critique corporatiste de quelques sociologues et autres experts en pédagogie qui s'inquiètent et parfois même s'indignent de ce qu'ils appellent la « médicalisation » ou la « psychiatrisation » de l'échec scolaire. Ils ne seront pas trop fâchés d'apprendre que la médecine scolaire est confrontée à des « coupes de budget » qui aggravent la situation d'année en année. Les trois syndicats de médecins scolaires dénoncent d'une même voix leur impossibilité de « remplir toutes les missions qui leur sont imparties » en particulier l'examen de dernière année de maternelle qui comprend un examen du langage. Les associations de parents d'enfants dyslexiques et dyspraxiques rappellent que la passation de ce bilan en principe obligatoire n'est pas toujours réalisée, notamment dans les départements où l'on compte un médecin scolaire pour 16 000 élèves !

8.
Cesser de jeter un voile pudique sur la compétence pédagogique (l'effet « maître »)

La compétence pédagogique est à distinguer de la méthode pédagogique. Elle ne concerne que la *personne* de l'enseignant et représente de ce fait un sujet sacrilège proche de la critique *ad hominem*.

Il ne fait guère de doute que la qualité d'un enseignement tient aussi à la qualité de l'enseignant, à sa personnalité, à son expérience, à sa capacité d'enthousiasme, d'endurance, d'empathie, de séduction et de passion, à ses talents d'orateur, à son goût du partage des connaissances, à sa capacité de mettre en confiance les enfants, de les valoriser, de ne jamais susciter railleries et humiliations et de leur donner le plaisir de l'effort et de la réussite. Chacun sait qu'il existe des bons et des mauvais enseignants, mais l'Éducation nationale semble s'en résigner comme d'une fatalité. Il n'est pas rare de lire que la compétence pédagogique ne peut faire l'objet d'aucune étude objective. Une recherche[1] menée par deux psychologues scolaires vient nuancer cette opinion.

Une école de Vendée a accepté de soumettre les élèves de trois classes de CP à une évaluation en fin d'année de leur niveau de lecture et d'orthographe. Afin d'éliminer tout biais, les nouveaux élèves sont répartis au hasard dans les trois classes, la même méthode de lecture est utilisée par les trois institutrices et le niveau est évalué à l'aide de tests standardisés et chiffrés. Cette étude est reconduite cinq années de suite.

Les élèves de la **première classe de CP** obtiennent un taux d'échec de 10 % (non-obtention par des tests du niveau minimum requis de fin de CP). Très peu d'enfants de cette classe sont signalés au psychologue scolaire.

Les élèves de la **seconde classe de CP** obtiennent un taux d'échec de 27 %. Beaucoup d'élèves sont signalés au psychologue scolaire. La classe est séparée en deux groupes, les bons et les mauvais et très peu d'élèves moyens.

Les élèves de la **troisième classe de CP** échouent pour 42 % ! La compétence en lecture est moyenne, mais le niveau de l'expression écrite est catastrophique. La proportion d'enfants instables ou anxieux est maximale.

L'acquisition des connaissances et la maîtrise du comportement de l'enfant apparaissent liées étroitement au savoir-faire du maître. Plus ou autant que tous les autres paramètres.

1. J.-C. et F. Ravard, « La compétence pédagogique facteur méconnu dans l'échec scolaire », *Neuropsychiatrie de l'enfance et de l'adolescence,* 30e année, n° 9, septembre 1982.

9.
Rompre avec le monoïdéisme du « tout familial »

Il va de soi qu'un échec scolaire peut être lié à une détresse sociale ou à une souffrance familiale (la violence intrafamiliale en particulier), mais d'autres facteurs d'environnement, de nature sociale, médicale, psychiatrique ou biologique sont tout aussi influents et peuvent participer de l'échec scolaire. Il n'est pas dans l'intérêt de l'enfant de se précipiter sur les axiomes « familialistes » ou dans une psychothérapie passe-partout sans bilan neuropsychologique préalable, sans recherche de diagnostic médical et parfois même sans objectif clairement défini. La France est une terre freudienne et nombre de centres de consultation en pédopsychiatrie s'inspirent préférentiellement et parfois exclusivement de la psychanalyse sans toujours l'expliciter à des parents qui confient leurs enfants en toute ignorance de cause (« Le médecin doit à la personne qu'il examine, qu'il soigne ou qu'il conseille une information loyale, claire et appropriée sur les soins qu'il propose », article 35 du code de déontologie médicale). Les CMPP*, notamment, se présentent comme des institutions pluridisciplinaires (ce qui est vrai puisque des psychiatres, des psychologues, des orthophonistes et des psychomotriciens travaillent dans leurs centres) mais sans toujours préciser que pluridisciplinarité peut s'accommoder d'une idéologie qui, elle, n'a rien de plurielle. Lors de leur congrès du 3 décembre 2005, la fédération des CMPP adoptait une motion dans laquelle elle précisait assurer des consultations pour 200 000 enfants dans ses 306 centres, affirmait son attachement à « une psychopathologie fondée sur les apports de la psychanalyse » et qualifiait successivement les approches sociologique et médicale de « sociatrie » et de « biologiste normative ».

> Le premier psy m'a dit que si mon enfant était agité, c'était forcément lié au divorce et que c'était le problème et la solution, bien que je lui aie précisé que mon fils était agité bien avant les premières ombres conjugales. Le second, plus perspicace encore, voulait de toute force, qu'il l'avouât ou non, que mon fils fût victime d'attou-

chements de son père. Le troisième m'a expliqué longuement que je n'avais pas su tenir à mon fils le langage de la vérité, qu'il fallait oser lui dire qu'il avait un comportement de bébé, mais que rien n'était possible si subsistait un trop grand écart éducatif entre le père et la mère car les conflits œdipiens seraient insurmontables... J'avais lu quelques articles sur l'hyperactivité et j'en ai parlé aux psys. Tous trois ont écarté avec condescendance jusqu'à l'hypothèse même de ce trouble. Finalement je suis allée consulter un quatrième psy et obtenu confirmation de ce diagnostic. Le traitement actuel est un grand succès. Il était temps, l'institutrice m'avait menacée, à bout de nerfs, de renvoyer mon enfant en me précisant que l'école est un service, non un droit ! (Mme D., septembre 2006.)

10.
Lutter contre la violence scolaire, la surveillance et la protection des enfants

Tous les jours ou presque, les « psys » reçoivent des confidences spontanées ou sollicitées de leurs jeunes patients sur les menaces ou les brutalités qu'ils subissent à l'école. D'autres enfants moins nombreux confessent leurs exactions. Mais il est un point commun entre les bourreaux et leurs victimes : ils s'étonnent souvent de la faiblesse des réactions de la part des enseignants. « On s'amuse avec un copain, à chaque sortie de classe, à pousser une fille dans l'escalier ou à la frapper, c'est sa trouille qui nous amuse. Quand elle tombe, aucun prof ne réagit ou alors juste une fois pour dire d'arrêter. » Mathias, 11 ans, classe de 6e.

Les enfants qui en sont victimes perçoivent l'école, ses escaliers, couloirs et cours de récréation comme un lieu sans protection et sans surveillance. L'intensité de leur peur et de leur souffrance est sous-estimée, parfois assimilée à de la sensiblerie ou attribuée à trop de protection (« Il ne faut pas trop les couver, les laisser eux-mêmes résoudre leurs conflits ; il faut les laisser s'aguerrir ; s'il fallait intervenir à chaque fois, on n'arrêterait pas ; il faut leur apprendre la vie »). Les Anglo-Saxons appellent les comportements de harcèlement ou de tyrannie, le *bullying*, pour les distinguer de la délinquance explicite. Nombre de pays, notamment les pays scandinaves et le Canada, ont réagi et engagé des programmes de formation des enseignants à la lutte contre la violence à l'école. Ainsi, près de 80 % des écoles au Québec suivent ces programmes de prévention où la violence est réprimandée, dramatisée et analysée dès l'âge de 3 ans. La France en est loin. Le succès et l'audience de la pétition « Pas de zéro de conduite pour les enfants de 3 ans » auprès des professionnels de l'enfance laissent craindre que l'angélisme d'autruche ne continue à s'épanouir dans notre pays. L'absence d'intervention précoce, structurée et prioritaire face à la violence scolaire incite les agresseurs à plus de témérité et les victimes à se préoccuper davantage de leur protection que de leur scolarité. Comment étudier la peur au ventre ? Comment aimer une école soumise à la violence ? À notre connaissance, l'incidence de la violence entre enfants sur la scolarité n'a fait l'objet d'aucune étude d'envergure dans notre pays. Citons les résultats d'une enquête réalisée auprès de plusieurs centaines d'étudiants par une sociologue canadienne, Anne-Marie Ambert. À la question : *« Citez ce qui vous rendait le plus malheureux (pendant votre enfance et votre adolescence) et vous a laissé des séquelles psychologiques »*, seuls 9 % citaient des brimades en famille pendant que 37 % décrivaient des brutalités infligées par leurs camarades[2] !

11.
Ne plus soumettre financièrement les ZEP à la portion symbolique

La considération que l'on nous porte ou que nous avons de nous-mêmes influence nos performances. Les mesures de différenciation des élèves selon leur appartenance sociale (zones

2. Ambert, A.M., *Parents, Children and adolescents,* New York, Haworth Press, 1997.

d'éducation prioritaire) comportent un risque de dévalorisation, de démotivation et de découragement. Toutes les études montrent que les enfants désignés comme faibles pour eux-mêmes ou pour leur groupe social ou ethnique notamment ne parviennent, à égalité de potentialité scolaire, que rarement à égaler ceux qui se perçoivent comme forts. C'est l'*effet de contraste de groupe* qui s'ajoute aux faiblesses scolaires initiales. Les ZEP bénéficient de mesures favorables (plus d'heures, plus de profs, moins d'élèves) mais, en contrepartie, les élèves subissent une deuxième fois la stigmatisation de leur statut et la relégation dans leur quartier. En l'état actuel des moyens accordés aux ZEP, il n'apparaît pas certain que les « faveurs » pédagogiques soient suffisantes pour compenser les risques de la partition. Comparé aux classes hors ZEP, l'effectif moyen en ZEP ne baisse en moyenne que d'un élève par classe. Le budget supplémentaire alloué aux ZEP ne grimpe que de 6 à 7 %, mais les jeunes profs avec leur moindre salaire étant surreprésentés, le coût réel d'un élève en ZEP est inférieur à celui d'un élève lambda. Selon l'étude de Thomas Piketty, la « réduction d'un élève par classe de la taille de CE1 conduit à une augmentation de 0,7 point du score obtenu par les élèves défavorisés aux évaluations de maths du début de CE2… La légère politique de ciblage des moyens actuellement en vigueur en ZEP (taille moyenne des classes de 21,9 en ZEP contre 23,3 hors ZEP) permet de réduire d'environ 10 % l'écart de réussite. Cet écart pourrait être réduit de 40 % si l'on mettait en place un ciblage fort avec une taille de classe moyenne de 18 en ZEP et 24,2 hors ZEP ».

12.
Lutter contre la (grande) pauvreté

Paradoxe : l'éducation représente l'un des leviers les plus efficaces pour se délivrer de la pauvreté, mais l'un des principaux obstacles à la réussite scolaire est précisément la pauvreté.

Ce dilemme concerne près d'un million d'enfants en France selon les critères du seuil de pauvreté Insee ou deux millions selon le seuil européen, soit 8 % ou 16 % des moins de 18 ans. Nous ne disposons dans notre pays ni d'enquête d'envergure ni de programme national de lutte contre la grande pauvreté des enfants. Quelques indices permettent cependant d'en percevoir l'ampleur, ainsi près d'un quart de la population fréquentant des centres d'hébergement d'urgence ou d'aide alimentaire concerne des familles avec enfants ! Le lien entre échec scolaire et faiblesse socioculturelle des parents apparaît selon nombre d'études moins déterminant que la pauvreté monétaire. Une enquête portant sur la santé des collégiens du Val-de-Marne montre qu'il existe un risque dépressif de 42 % pour les enfants qui pensent que « dans la famille, pour acheter à manger, il y a des problèmes ou c'est un peu juste » contre 14 % pour les enfants qui répondent que « pour manger il n'y a pas de problèmes » (*Bulletin épidémiologique hebdomadaire*, 30 janvier 2007). Plusieurs recherches ont montré que le taux de cortisol augmente chez les enfants soumis à une souffrance socio-économique, provoquant un effet défavorable sur la mémoire et sur les capacités d'apprentissage et d'adaptation (professeur Sonia J. Lupien, département de recherche de l'hôpital Douglas à Montréal). Une autre étude du Département de l'éducation du Colorado indique que la pauvreté est une source d'échec scolaire quatre à trente fois plus déterminante que toute autre cause et notamment le niveau d'expérience des enseignants, le nombre d'élèves par classe ou le type de programme scolaire. La préoccupation pour la survie et l'insécurité pour se loger, se vêtir et se nourrir ne peuvent que provoquer ou aggraver les difficultés scolaires, notamment s'il convient de recourir à une aide périscolaire (aide familiale, cahiers de vacances, cours privés…) ou d'accéder à des consultations (orthophonie, orthoptie, psychologie, pédopsychiatrie…)

À lire : *Les Enfants pauvres en France* (www.cerc.gouv.fr).

L'échec scolaire en Europe

France. L'échec scolaire s'apprécie principalement par le taux de redoublement et la sortie de l'école sans qualification et par la « difficulté à atteindre un certain niveau de compétences et de connaissances à un âge donné ».

Espagne. *El fracaso escolar* s'appréhende par le taux d'échec aux examens et se définit par l'incapacité à « atteindre les objectifs généraux fixés par l'enseignement de base ».

Danemark. Il n'existe pas d'expression spécifique en danois pour désigner l'échec scolaire. « *Problemer i skolen* » qui signifie « problèmes à l'école » peut désigner un échec scolaire mais aussi des difficultés avec les enseignants ou les camarades. L'échec scolaire se définit cependant comme un abandon des études au terme de la scolarité obligatoire mais aussi comme « un déséquilibre entre l'habileté de l'élève, ses capacités naturelles et le profit qu'il retire de son enseignement ».

Angleterre. *The school failure* concerne tout élève qui ne parvient pas à réaliser son « potentiel individuel » (*under-achieving*).

Écosse. On préfère parler de « méthodes d'enseignement inadéquates » (*unappropriate teaching*) plutôt que d'échec scolaire.

Grèce. *η σχολική αποτυχία* est lié au niveau atteint par l'élève « au regard des buts et objectifs du programme d'études » et se mesure par les taux d'analphabétisme et d'abandon.

Portugal. *O malogro escolar* se définit par l'incapacité des élèves « à atteindre des objectifs définis de manière globale par cycle d'études » et se mesure aux taux de redoublement, d'abandon et d'échec aux examens.

Italie. *La dispersione scolastica o il fallimento nella scuola* sont considérés comme « l'incapacité à acquérir les connaissances de base » et appréciés par les taux de redoublement et d'abandon.

Allemagne. *Der Schulmiberfolg* concerne les taux de redoublement et d'abandon scolaire.

Pays-Bas. *De schoolmislukking* se définit par l'abandon précoce de la scolarité. (La législation précise que « l'élève doit progresser par rapport à lui-même ».)

Irlande. *The no acheviers or the lower acheviers* correspondent au « non-accomplissement du potentiel de l'élève ».

Luxembourg. Les échecs scolaires se mesurent aux taux de réussite aux diplômes.

Belgique. L'échec scolaire se définit en communauté française par des « objectifs cognitifs non atteints ».

Sources : OCDE, EURYDICE (le réseau d'information sur l'éducation en Europe, www.eurydice. org.)

Glossaire

Addiction. Désigne toute conduite de dépendance : alcoolisme, toxicomanies, troubles du comportement alimentaire, certains troubles de la sexualité et le jeu pathologique.

Affect. Émotion ou sentiment.

Alogie. Absence de logique ou logique hermétique.

Anhédonie. Incapacité à éprouver des émotions, à exprimer de la joie ou du plaisir.

Anosognosie. Absence (a-) de reconnaissance (gnosie) ou négation par le patient de sa maladie (*noso*).

Automutilation. Toute blessure que l'on s'inflige à soi-même.

AVS. Auxiliaire de vie scolaire (aide individualisée des enfants en grande difficulté d'adaptation ou d'apprentissage).

Cachexie. État d'affaiblissement et d'amaigrissement extrêmes.

Chronique. Qualifie toute maladie qui se développe lentement et longuement (par opposition à une maladie aiguë).

CIM 10. Classification statistique internationale des maladies et des problèmes de santé connexes sous l'égide de l'Organisation mondiale de la santé (OMS) depuis 1948.

Cognition. Mot issu du latin *cognitio* qui signifie action d'apprendre. Le sens initial a été extrapolé pour représenter les pensées de notre discours intérieur, révélant notre interprétation d'une situation ou d'une information teintée des émotions éprouvées. Avec l'apparition des thérapies comportementales, la cognition devient une fonction complexe regroupant l'ensemble des activités mentales qui ont pour objet le traitement de l'information.

Compulsion. Tendance impérative à accomplir des actions que notre raison ou notre conscience désapprouve.

Congruence. Qualifie deux événements qui surviennent ensemble (soit par simple simultanéité, soit par corrélation).

Discordance. Incohérence entre les idées et les émotions, dans le cours de la pensée ou l'enchaînement des actes.

Dopamine. Substance impliquée dans le métabolisme du cerveau. La dopamine est un neurotransmetteur*.

Dopaminergiques (antidopaminergiques). Médicaments qui favorisent ou contrarient les effets de la dopamine.

Double aveugle. Une étude en double aveugle (ou en double insu) permet d'étudier les effets d'un médicament par comparaison avec un autre médicament ou un placebo*. Ni le médecin ni le patient ne connaissent la nature du traitement administré et peuvent ainsi sans suggestion en mesurer l'efficacité et la tolérance.

DSM-IV. *Le Manuel diagnostique et statistique des troubles mentaux* (en anglais *Diagnostic and Statistical Manual of Mental Disorders*) est édité par l'Association américaine de psychiatrie (APA).

Dysharmonies évolutives. Terme imprécis et confus désignant les troubles graves du développement psychique chez l'enfant.

Dysmaturité. Désigne un enfant dont le poids de naissance est inférieur à la norme à terme (à distinguer de la prématurité qui concerne les enfants nés avant terme).

Dysthymie (dysthymique). Dépression peu intense mais prolongée.

Écholalie. Répétition de syllabes, de mots ou de phrases sans rapport avec la situation.

EMDR (*Eye movement desensitization and reprocessing*). Thérapie proposée en 1987 par une psychologue américaine, F. Shapiro. Des mouvements oculaires rapides permettraient de réorganiser la mémoire et de diminuer l'intensité émotionnelle liée à certains traumatismes.

Encoprésie. Absence de contrôle de la défécation.

Endogène. Qui provient de l'intérieur, qui est dû à des facteurs internes.

Énurésie. Absence de contrôle des mictions. L'énurésie peut être diurne ou nocturne, primaire (sans intervalle prolongé de propreté depuis la naissance) ou secondaire (avec intervalle).

Exogène. Qui provient de l'extérieur, qui est dû à des causes externes.

Extrinsèque. Synonyme d'exogène.

Fréquence. Nombre d'observations d'un événement.

Gènes de vulnérabilité. Gènes prédisposant à un trouble ou une maladie.

Gnosie. Faculté permettant de percevoir la forme d'un objet, de se le représenter et d'en saisir sa signification par l'un des cinq sens (vision, audition, olfaction, goût et toucher).

Graphème. Plus petite unité distinctive de la chaîne écrite ayant une référence phonique dans la langue parlée.

Hypoxie. Insuffisance d'apport d'oxygène (exemple, hypoxie ou asphyxie néonatale).

Idiosyncrasique. Désigne chez l'enfant autiste un langage peu compréhensible sinon par quelques proches.

Incidence. Nombre de cas de maladies apparus pendant une période de temps donnée au sein d'une population.

Jumeaux dizygotes/monozygotes. Les jumeaux sont issus soit de la fécondation de deux ovules par deux spermatozoïdes (jumeaux dizygotes ou faux jumeaux), soit de la division d'un œuf unique (jumeaux monozygotes ou vrais jumeaux disposant d'un patrimoine génétique identique).

Lobe frontal. Partie frontale de l'hémisphère cérébral.

Macroorchidie. Hypertrophie des testicules.

Néologisme. Mot nouveau rationnel (littérature, sciences) ou hermétique (schizophrénie).

Neuroplasticité. Définit les capacités d'adaptation anatomique et fonctionnelle du cerveau.

Neuropsychologie. Discipline étudiant les relations entre les structures cérébrales et les fonctions mentales et psychiques. À l'aide de tests, elle évalue les différentes fonctions que sont le langage, les praxies*, les gnosies*, l'attention et la mémoire. Elle contribue donc au diagnostic de nombreuses pathologies, à l'évaluation des troubles et à l'élaboration de rééducations spécifiques.

Neurotransmetteurs (ou neuromédiateurs). Substances chimiques libérées par une cellule nerveuse pour stimuler une cellule voisine. La sérotonine, la noradrénaline et la dopamine sont les principaux neuromédiateurs impliqués dans le mode d'action des psychotropes.

Nosographie/nosologie. Concerne la classification et la définition des maladies.

Nystagmus. Spasme des muscles de l'œil provoquant des mouvements oscillatoires et saccadés du globe oculaire.

Orthopédagogie. Domaine d'évaluation et d'intervention pédagogiques concernant les troubles d'apprentissage scolaire.

Pathognomonique. Désigne un symptôme caractéristique d'une maladie, dont la seule présence autorise à établir un diagnostic.

Phonème. Plus petite unité distinctive de la chaîne orale.

Placebo. Toute substance inefficace qui produit par suggestion un effet favorable (effet placebo) ou défavorable (effet nocebo).

Praxies. Ensemble de mouvements coordonnés nécessaires à une action donnée (intentionnelle).

Prévalence. Nombre de cas de maladies, ou tout autre événement enregistré dans une population déterminée englobant aussi bien les cas nouveaux que les anciens.

Prodrome. L'ensemble des symptômes marquant le début d'une maladie.

Psychologie cognitive. Étudie les fonctions psychologiques que sont le langage, la perception, la mémoire et le raisonnement ainsi que les modalités de traitement de l'information.

Psychose. Désigne principalement la schizophrénie.

Résonance magnétique fonctionnelle (IRM). Procédé d'imagerie non invasif, basé sur le principe de la résonance des atomes d'hydrogène sous l'action de certaines ondes de radiofréquence.

Saturnisme. Intoxication par le plomb par voie digestive ou respiratoire.

Schizo-affectif (trouble) ou schizophrénie dysthymique. Maladie dont la symptomatologie emprunte aux deux registres de la schizophrénie et de la bipolarité.

Secteur psychiatrique. La psychiatrie publique en France s'exerce en secteurs géographiques. Chaque habitant relève de son secteur en fonction de son adresse. Chaque secteur possède ou devrait posséder un service hospitalier, une unité d'accueil de jour, et des dispensaires (les CMP) proposant des consultations diversifiées (psychiatrie, psychologie, orthophonie, psychomotricité, assistant social). Un secteur de psychiatrie adulte correspond à environ 70 000 habitants, un secteur de psychiatrie de l'enfant à 210 000.

Sérotoninergique. Se dit d'un médicament antidépresseur qui agit sur la libération de la sérotonine par les cellules du système nerveux. La sérotonine est un neurotransmetteur.

Stéréotypie. Tendance à répéter le même mouvement ou les mêmes paroles sans but précis. Physiologiques lors des premiers mois de vie, les stéréotypies apparaissent par la suite lors d'atteintes neurologiques ou chez des individus souffrant *notamment* de psychoses, d'autisme ou de déficience intellectuelle.

Syndrome. Ensemble de symptômes d'une même maladie (exemple : le syndrome dépressif).

Temporo-spatial. Relatif au temps et à l'espace.

Thymie (thymique). Relatif à l'humeur, la bonne (la joie, le plaisir) et la mauvaise (la tristesse, la dépression).

Troubles bipolaires. Troubles de l'humeur associant phases dépressives, phases d'exaltation et intervalles sains.

WISC (Wechsler Intelligence Scale). Wechsler, psychologue américain a conçu un test d'intelligence qui porte son nom. Il est adapté à tous les âges, il propose trois échelles : le WPPSI s'adresse aux enfants de 4 à 6 ans et demi, le WISC de 5 ans à 15 ans 11 mois, la WAIS s'adresse aux sujets de 16 ans à 79 ans. WPPSI et WISC ont été récemment réactualisés. Chaque échelle est constituée d'une série de tests composites regroupés en tests verbaux et tests non verbaux dits de performance. Par la somme des notes obtenues à chacune des épreuves, on obtient deux notes correspondant aux tests verbaux et à ceux de performance. Ces notes sont ensuite converties en quotient intellectuel ou QI. On obtient ainsi le QI verbal ou QIV, le QI performance ou QIP et le QI global ou QIT. Le QI moyen étant de 100, Wechsler a utilisé une méthode de calcul de QI permettant de définir la position du sujet dans un groupe de même tranche d'âge. Les chiffres de QI ne sont que des indices. Il est nécessaire de tenir compte des notes obtenues aux différentes épreuves et de les interpréter en fonction du contexte clinique. Des informations précises sur chacune des épreuves et leur signification sont beaucoup plus utiles que la seule connaissance de la « note » globale.

Les sigles

AEMO : action éducative en milieu ouvert.
AES : allocation d'éducation spécialisée.
AIS : adaptation et intégration scolaire.
AVS : assistants d'éducation – auxiliaires de vie scolaire.
BREV : batterie rapide d'évaluation des fonctions cognitives
CCPE : commission de circonscription préélémentaire
CCSD : commission de second degré.
CDES : commission départementale d'éducation spéciale.
CLIS : classe d'intégration scolaire.
CMP : centre médico-psychologique.
CMPP : centre médico-psychopédagogique.
CNED : centre national d'éducation à distance.
CREAI : centre régional pour l'enfance et l'adolescence inadaptées.
EMP : externat médico-pédagogique.
ERTL4 : épreuve de repérage des troubles du langage.
IMP : institut médico-éducatif.
IRM : imagerie par résonance magnétique.
IRP : institut de rééducation pédagogique.
ODEDYS : outil de dépistage des dyslexies.
PAI : projet d'accueil individualisé.
PISA : projet individualisé et scolarisation adaptée.
PMI : protection maternelle et infantile.
PPRE : projet personnel de réussite éducative.
RASED : réseaux d'aide spécialisée aux élèves en difficultés.
SESSAD : service d'éducation et de soins spécialisés à domicile.

SESSD : service d'éducation et de soins spécialisés à domicile (pour handicapés moteurs).
SNC : système nerveux central.
TCC : thérapie comportementale et cognitive.
UPI : unité pédagogique d'intégration.

Bibliographie

➤ Ouvrages généraux ou classiques et principaux sites

H. HABIMAMA et coll., *Psychopathologie de l'enfant et de l'adolescent,* préface de Boris Cyrulnik, Montréal, Paris, Gaëtan Morin Éditeur, 1999.

J. DUMAS, *Psychopathologie de l'enfant et de l'adolescent*, Bruxelles, De Boeck, 2002.

J. HARRIS, *Pourquoi nos enfants deviennent ce qu'ils sont,* New York, Paris, Robert Laffont, Pocket Évolution, 1999 (remarquable synthèse sur la psychologie de l'enfant).

M. DURU-BELLAT, *Les Inégalités sociales à l'école. Genèse et mythes*, Paris, PUF, 2002.

P. BOURDIEU, *La Reproduction, éléments pour une théorie du système d'enseignement,* Paris, Éditions de Minuit, 1970.

F. DUBET, *Le Collège de l'an 2000,* Paris, La Documentation française, 1999.

B. LAHIRE, *Tableaux de famille, heurs et malheurs scolaires en milieux populaires,* Paris, Gallimard/Le Seuil, 1995.

G. NOIZET, *Psychologie de l'évaluation scolaire,* Paris, PUF, 1978.

P. MERLE, *Sociologie de l'évaluation scolaire,* Paris, PUF, 1998.

P. MERLE, *L'Élève humilié, l'école un espace de non-droit ?*, Paris, PUF, 2006.

B. BERGIER, G FRANCEQUIN, *La Revanche scolaire,* Paris, Eres, 2005.

N. CATHELINE, *Psychopathologie de la scolarité,* Paris, Masson, 2003.

J. DE AJURIAGUERRA, *Manuel de psychiatrie de l'enfant,* Paris, Masson, 1974.

Organisation mondiale de la santé, *CIM 10, Classification internationale des troubles mentaux et des troubles du comportement, descriptions cliniques et directives pour le diagnostic,* Paris, Masson, 1993.

American Psychiatric Association, *DSM-IV, Manuel diagnostique et statistique des troubles mentaux,* 4e édition, Paris, Masson, 1996.

www.education.gouv.fr, textes législatifs, directives, statistiques, rapports de commissions et publications.

www.u-bourgogne.fr/iredu, Institut de recherche sur l'éducation, sociologie et économie.

Expertise collective, *Troubles mentaux – Dépistage et prévention chez l'enfant et l'adolescent,* Paris, Éditions Inserm, 2002 (en ligne sur www.inserm.fr).

www.ocde.org ; http://ec.europa.eu ; www.education.unesco.org, trois sites d'études internationales.

http://cisad.adc.education.fr/hcee/, Haut Conseil de l'évaluation de l'école.

www.inégalités.fr, Observatoire des inégalités, de nombreux articles sur les inégalités scolaires signés Duru-Bellat.

www.association.ozp.nat/zep, Observatoire des zones d'éducation prioritaire.

www.ijvs.org ; www.obsviolence.com, deux sites sur la violence à l'école.

www.grenoble.iufm.fr/rural, Observatoire de l'école rurale.

www.iufm.education.fr, pour accéder à tous les sites des IUFM de France.

www.anaes.fr, Haute Autorité de santé.

www.inserm.fr, Institut national de la santé et de la recherche médicale.

www.échecscolaire.be, association de parents en Belgique francophone.

www.chu-sainte-justine.org/cise, site francophone canadien qui propose les coordonnées de plus de 300 sites et organismes d'aide et plus de 2 000 références bibliographiques sur la santé et la scolarité de l'enfant.

www.ascomeden.com, Association des conseillers médicaux de l'Éducation nationale.

www.afpssu.com, Association française de promotion de la santé scolaire et universitaire.

APEL, conseillers scolaires, psychologues et juristes répondent aux questions concernant les écoles privées. www.apel.asso.fr, n° Azur : 0810 255 255

UNAPEI, Union nationale des associations de parents de personnes handicapées mentales et de leurs amis, www.unapei.org.

➤ *Les troubles spécifiques des apprentissages : troubles du langage, dyslexies, dyscalculies, dyspraxies*

M. Delahaie, *L'Évolution du langage chez l'enfant. De la difficulté au trouble*, INPES, 2004.

A. Dumont, *Réponses à vos questions sur la dyslexie*, Pocket Évolution, 2003.

P. Messerschmitt, *Les Troubles d'acquisition du langage, la dyslexie, réponses aux professionnels de la santé*, Flohic Éditions, 1993.

P. Messerschmitt, *Ils ne savent pas lire… et s'ils étaient dyslexiques ? réponses aux parents*, Flohic Éditions, 1993.

P. Debray-Ritzen, *Lettre ouverte aux parents des petits écoliers*, Paris, Albin Michel, 1978.

N. Korsakova, I. Mikadzé, E. Balachova, *Les Enfants en situation d'échec scolaire dans les classes élémentaires*, Paris, L'Harmattan, 2003.

« Répondre aux besoins des élèves présentant des troubles spécifiques du langage écrit », *ANAE*, n° 80, décembre 2004.

« Prévenir l'illettrisme, réflexions, pratiques et perspectives », *ANAE*, n° 57, juin 2005.

« Repérage et dépistage des troubles du langage », *Rééducation orthophonique*, n° 204, décembre 2000.

« Dépistage néonatal systématique de la surdité », *Le Quotidien du médecin*, n° 7962, mai 2006.

« Troubles visuels et auditifs : agir à temps », *La Voix des parents*, le magazine de la PEEP, n° 335, mars-avril 2005.

« Dépistage des troubles de l'apprentissage scolaire : test, bilans, batteries ; intérêts et limites », *ANAE*, n° 66, mars 2002.

J.-M. Albaret, S. Carayre, R. Soppelsa, Y. Michelon, « Hétérogénéité des dyspraxies de développement : tentatives de classification », *ANAE*, n° 32, juin 1995.

J.-M. Albaret, « Les troubles d'acquisition des coordinations et les dyspraxies. Évolutions des terminologies et de la démarche diagnostique », *Évolutions psychomotrices*, n° 70, 2005.

C. Chevrie-Müller, J. Goujard, « Questionnaire Langage et comportement – 3 ans et demi », *Les Cahiers pratiques d'ANAE*, avril 1994.

« Apraxies et dyspraxies », *Évolutions psychomotrices*, n° 45, 1999.

« Les troubles sévères du langage chez l'enfant », *ANAE*, n° 42, juin 1997.

« Développement et cognition numérique. Compétences, déficits, troubles, évaluations », *ANAE.*, n° 85, décembre 2005.

« Lire, écrire, compter : perspectives neuropsychologiques », *ANAE*, n° 43, sept 1997.

« Langage écrit », *Troubles spécifiques des apprentissages. L'état des connaissances*, Signes éditions.

H. Bise, C. Goodman, *J'aide mon enfant à réussir à l'école*, Paris, Odile Jacob, 2004.

B. Abdelilah-Bauer, *Le Défi des enfants bilingues. Grandir et vivre en parlant plusieurs langues*, Hors collection Social, mai 2006.

Associations

AAD = Avenir dysphasie, www.asso-dysphasie.fr

APEDA, association française de parents d'enfants en difficultés d'apprentissage du langage écrit ou oral.

DYSLEXIA : association de professionnels qui évaluent, diagnostiquent les troubles du langage et orientent pour la prise en charge.

CORIDYS, association de parents et professionnels : elle coordonne les intervenants auprès des personnes souffrant de dysfonctionnements neuropsychologiques.

FEED, Fédération d'établissements scolarisant des enfants dyslexiques. Courriel : secretaire.feed@wanadoo.fr

➤ *Hyperactivité ou TDAH*

LE CENDREUX, KONOFAL, TOUZIN, *Réponses à vos questions sur l'hyperactivité* , Paris, Pocket Évolution, 2005.

M.-F. LE HEUZEY, *L'Enfant hyperactif* , Paris, Odile Jacob, 2003.

F. BANGE, M.-C. MOUREN-SIMÉONI, *Comprendre et soigner l'hyperactivité chez l'adulte,* Paris, Dunod, 2005.

P. DE COSTER, *TDA/H à l'école,* Bruxelles, Wolters-Plantin, 2005.

J. THOMAS, G. WILLEMS, *Troubles de l'attention, impulsivité et hyperactivité chez l'enfant, approche neurocognitive,* Paris, Masson, 2001.

C. BOUJON, C. QUAIREAU, *Attention et réussite scolaire,* Paris, Dunod, 1997.

Hoffman HEINRICH, *Crasse-tignasse,* Paris, L'École des loisirs, 1979. (Une bande dessinée de 1849 qui raconte l'histoire de « Philippe qui gigote », une œuvre d'un médecin allemand, traduite par Cavanna.)

www.tdah-France.fr, le site de l'association HyperSupers, d'aide aux personnes concernées par le TDAH. Éditions de brochures dont *Le TDAH et l'école.*

www.forumhyper.net, bibliographie commentée sur le TDAH.

➤ *L'enfant « intellectuellement précoce »*

A. ADDA, H. CATROUX, *L'Enfant doué, l'intelligence réconciliée*, Paris, Odile Jacob, 2003.

« L'enfant surdoué : détection et prise en charge », *ANAE*, n° 67, juin 2002.

« Actualité de l'enfant précoce », *ANAE*, n° 73, novembre 2003.

« Fonctionnement psychologique et apprentissage à l'école », *ANAE*, n° 81, mars 2005.

AFEP, Association française pour les enfants précoces *:* 3 *bis*, rue Albert-Joly, 78110 Le Vésinet, tél. : 01 34 80 03 90, www.afep.asso.fr

➤ *Les troubles anxieux*

M.-F. Le Heuzey, « Phobie scolaire : de l'école buissonnière au pédopsychiatre », *Neuronale*, n° 20, mars-avril 2005.

P. Canoui, P. Messerschmitt, O. Ramos, *Révision accélérée en psychiatrie de l'enfant et de l'adolescent*, Paris, Maloine, 1994.

J. E. Dumas, *Psychopathologie de l'enfant et de l'adolescent*, 2e édition, Bruxelles, De Boeck, 2005.

L. Vera, J. Leveau, *Thérapies cognitivo-comportementales en psychiatrie infanto-juvénile*, Paris, Masson, 1990.

E. Granier et coll., *Petit Guide de thérapie comportementale et cognitive… à l'usage des patients*, AFTA (Association française des troubles anxieux), 2003.

G. George, *Mon enfant s'oppose, Que dire ? Que faire ?*, Paris, Odile Jacob, 2000.

V. Goussé, M. H. Plumet, « Études neuropsychologiques et cognitives chez l'adulte et l'enfant dans le trouble obsessionnel compulsif », *ANAE*, n° 65, décembre 2001.

H. I. Kaplan, B. J. Sadock, *Synopsis de psychiatrie, pédopsychiatrie*, Paris, Masson, Williams & Wilkins.

D. Marcelli, *Les États dépressifs à l'adolescence*, Paris, Masson, 1995.

AFTOC, Association française de personnes souffrant de troubles obsessionnels et compulsifs : 12, rue Alfred-Lasson, 78250 Mézy-sur-Seine, tél. : 01 39 56 67 22, www.cpod.com/monoweb/aftoc.

➤ *Le surmenage scolaire : stress, démotivation, trouble de l'estime de soi*

C. André, F. Lelord, P. Légeron, *Le Stress*, Privat, 1988.

G. George, *Ces enfants malades du stress*, Paris, Anne Carrière, 2002.

M. Durrant, *Stratégies pratiques en milieu scolaire*, Satas, 1995.

C. André, F. Lelord, *L'Estime de soi*, Paris, Odile Jacob, 1999.

D. Pleux, « Confronter la démotivation scolaire : une approche cognitive », *Glossa*, n° 54, novembre 1996.

F. Nougaro, L. Vera, « Impuissance apprise et dyslexie », *Rééducation orthophonique*, n° 192, décembre 1997.

➤ *Les dépression*

Conférence de consensus, *Les Troubles dépressifs chez l'enfant,* Paris, 1995 (en ligne sur www.anaes.fr ou sur www.psydoc-france.com/

P. MESSERSCHMITT, D. LEGRAIN, *L'Enfant déprimé, Paris, Fayard, 2000.*

M.-C. MOUREN-SIMEONI, R. KLEIN, *Les Dépressions chez l'enfant et chez l'adolescent,* Paris, Expansion Scientifique, 1997.

L. VÉRA, *Mon enfant est triste, comprendre et aider l'enfant déprimé,* Paris, Odile Jacob, 2001.

M. CORCOS, P. JEAMMET, M. SPERANZA, *Les Dépressions à l'adolescence,* Paris, Dunod, 2005.

➤ *Les troubles du comportement*

Expertise collective de l'Inserm, *Trouble des conduites chez l'enfant et l'adolescent,* Paris, Éditions Inserm, 2005 (en ligne sur www.inserm.fr).

L. ROURE, *Comportements violents et dangereux et dangereux chez l'enfant et chez l'adolescent*, Paris, Masson, 2003.

P. MAZET, D. PERISSE, *Troubles du comportement de l'adolescent*, Paris, Masson, 2004.

G. GEORGE, *Mon enfant s'oppose. Que dire ? Que faire ?*, Paris, Odile Jacob, 2006.

B. WELNIARZ, « Agressivité et violence chez l'enfant », *Perspectives Psychiatriques*, vol. 45, n° 1, janvier-mars 2006.

➤ *L'enfant victime*

Les syndromes psychotraumatiques, *Neuropsy News,* numéro spécial, mars 2003.

K. SADLIER, *L'État de stress posttraumatique*, PUF médecine et société, 2001.

B. CYRULNIK, *Les Vilains Petits Canards*, Paris, Odile Jacob, 2001.

www.obsviolence.com, le site de l'Observation européen de la violence scolaire.

➤ *L'autisme*

ARTUSO D., *L'Aide au très jeune enfant atteint d'autisme*, Paris, Autisme France Diffusion, 2005.

U. FRITH, *L'Énigme de l'autisme*. Paris, Odile Jacob, 1991.

C. MILCENT, *L'Autisme au quotidien*, Paris, Odile Jacob, 1991.

E. SCHOPLER, *Activités d'enseignement pour enfants autistes,* Paris, Masson, 2000.

E. SCHOPLER, *Stratégies éducatives de l'autisme,* Paris, Masson, 2003.

R. JORDAN, S. POWELL, *Les Enfants tristes. Les comprendre, les intégrer à l'école,* Paris, Masson, 2001

Associations de parents et de professionnels

www.autismefrance.org
www.arapi-autisme.org
www.sesame-autisme.org
www.autistessansfrontières. com
www.leapoursamy.com

➤ *La schizophrénie*

Conférence de consensus, *Schizophrénies débutantes : diagnostic et modalités thérapeutiques,* Paris, 2003, (en ligne sur www.psydoc-france.com/, cliquer « sommaire » puis « conférence de consensus »).

C. TOBIN, *La Schizophrénie au quotidien,* Paris, Odile Jacob, 2002.

J. GARRABÉ, *La Schizophrénie : un siècle pour comprendre,* Paris, Les Empêcheurs de penser en rond, 2003.

F. SALOMON, *L'Enfant du silence : histoire d'une schizophrénie,* paris, Odile Jacob, 1998.

M.-L. BOURGEOIS, *Les Schizophrénies,* Paris, PUF, « Que sais-je ? », 2002.

D. GOURION, A. GUT-FAYAND, *Les Troubles schizophréniques. Vivre et comprendre,* Paris, Ellipses, 2004.

R. WHITE, *La Fin de l'été,* Paris, Pocket, 2003 (récit d'une adolescente schizophrène).

www.unafam.org, site de l'Union des amis et familles de malades psychiques.

➤ *Les déficiences intellectuelles*

« Du bilan neuropsychologique aux démarches pédagogiques, expériences concernant l'enfant cérébro-lésé », *ANAE,* n° 49-50, novembre-décembre 1998.

« La scolarisation des élèves handicapés se met doucement en place », *Le Monde*, 4 décembre 2005.

« Les unités pédagogiques d'intégration », *BO*, n° 21, 25 mai 1995.

« Le syndrome X fragile », *ANAE*, n° 45, décembre 1997.

« Le handicap mental et l'éthique », *ANAE*, supplément au n° 29, septembre 1994.

D. MARCELLI, *Enfance et psychopathologie*, Masson, 1996.

➤ *Les épilepsies*

« Neuropsychologie et enfants épileptiques », *ANAE*, numéro hors série, septembre 1996.

« Épilepsie, comportement et cognition », *ANAE*, n° 68, septembre 2002.

C. Bulteau, I. Jambaqué, V. Kieffer, O. Dulac, « Aspects neuropsychologiques du syndrome de pointes ondes continues pendant le sommeil lent », *ANAE*, n° 41, mars 1997.

« L'épilepsie en classe, questions, réponses et information », *Novartis Neuroscience*, novembre 2004.

J. de Ajuriaguerra, *Manuel de psychiatrie de l'enfant*, Paris, Masson, 1973.

Neuropsychologie et épilepsie, brochure disponible sur le site de Fondation française de recherche sur l'épilepsie : www.fondation-epilepsie.fr

Fondation française pour la recherche sur l'épilepsie, tél. : 01 47 83 65 36.

➤ *L'adolescent et le cannabis*

Drogues et dépendances, le livre d'information, éditions INPES, mars 2006.

P. Huerre, F. Marty, *Cannabis et adolescence, les liaisons dangereuses*, Paris, Masson, Albin Michel, 2004.

Drogues Info Service 24 heures sur 24 : 0 800 231 313.

Écoute cannabis : 0 811 912 020

www.drogues.gouv.fr

➤ *Quels spécialistes consulter ?*

Ph. Mazet, « Jusqu'où va le rôle de l'orthophoniste », *Rééducation orthophonique*, n° 164, décembre. 1990.

« Bilan psychomoteur, pour une nouvelle sémiologie et classification des troubles », *Évolutions psychomotrices*, n° 68 et 70, 2005.

« Recommandations et références médicales en orthophonie », *ANAE*, n° 44, novembre 1997.

« Neuropsychologies et neuropsychologues », *ANAE*, n° 69, octobre 2002.

P. Scialom, « La guidance parentale », *Évolutions psychomotrices*, n° 65, 2004.

« Les professionnels et leurs outils », in *Troubles spécifiques des apprentissages. L'état des connaissances,* Signes éditions.

AFTCC, Association de thérapie comportementale et cognitive : 100, rue de la Santé, 75674 Paris Cedex 14, tél. : 01 45 88 35 28, htpp://perso. wanadoo. fr/aftc

Remerciements

Annie Ribatet, Brigitte Kerneis, Kathleen Callet, Joëlle Canuet, Brigitte Dreyfus-Madelin, Jeanne Étiemble, Danièle Gauvrit-Prost, Christine Getin, Bernard Girbal, Pierre-Philippe Laget, Anne Marcovich, Régis Mitjavile, Benoît Pastisson, Catherine Quilici, Nathalie Rosenau, Magali Wahl.

Les chapitres 2, 6, 7, 8, 9, 10 ainsi que les douze propositions et la conclusion ont été rédigés par Gabriel Wahl.

L'introduction, la conclusion et les chapitres 1, 3, 4, 5, 11, 12, 13 et 14 ont été rédigés par Claude Madelin-Mitjavile.

Table

Chapitre 2
HYPERACTIVITÉ OU TDAH

Chapitre 3
L'ENFANT « INTELLECTUELLEMENT PRÉCOCE »

Chapitre 4
LES TROUBLES ANXIEUX

Chapitre 5

LE SURMENAGE SCOLAIRE :

STRESS, DÉMOTIVATION, TROUBLE DE L'ESTIME DE SOI

Chapitre 6

LES DÉPRESSIONS

Chapitre 7
LES TROUBLES DU COMPORTEMENT

Chapitre 8
L'ENFANT VICTIME

Chapitre 9
L'AUTISME

Chapitre 10
La schizophrénie

Chapitre 11
Les déficiences intellectuelles

Chapitre 12
Les épilepsies

Ouvrage proposé par Christophe André

• • • SAGIM • CANALE • • •

Achevé d'imprimer en août 2007
sur rotative Variquik
à Courtry (77181)

Cet ouvrage a été composé et mis en pages
chez Nord Compo (Villeneuve-d'Ascq)

Dépôt légal : septembre 2007
N° d'impression : 10330
N° d'édition : 7381-1991-X

L'imprimerie Sagim-Canale est titulaire de la marque
Imprim'vert® 2007

Imprimé en France